# ÉTUDES HISTORIQUES

---

## LA

# GUERRE DE MONTAGNE

### (NAVARRE 1834-35 ET KABYLIE 1841-45)

---

## LES

# DOMINATIONS FRANÇAISES

### SYRIE — CANADA — INDE — MORÉE
### ÉGYPTE — PLATA

PAR

## M. FR. DUCUING

---

# PARIS

## LIBRAIRIE DE L. HACHETTE ET Cⁱᵉ

BOULEVARD SAINT-GERMAIN, Nᵒ 77

---

## 1868

# OUVRAGES DU MÊME AUTEUR

## 106, rue Richelieu

---

**L'Exposition universelle de 1867 illustrée** : 2 forts volumes — 1000 pages — 700 dessins. — Publication autorisée par la Commission impériale.

    Prix, reliés rouge et or :           **30 fr.**

**Les Contemporains célèbres.** — 100 études — 100 portraits gravés. 1 volume in-4°.

    Prix :               **8 fr.**

Imprimerie générale de Ch. Lahure, rue de Fleurus, 9, à Paris.

LA

# GUERRE DE MONTAGNE

LES

## DOMINATIONS FRANÇAISES

10162. — IMPRIMERIE GÉNÉRALE DE CH. LAHURE
Rue de Fleurus, 9, à Paris.

# LA
# GUERRE DE MONTAGNE

### (NAVARRE 1834-35 ET KABYLIE 1841-47)

## LES
## DOMINATIONS FRANÇAISES

### SYRIE — CANADA — INDE — MORÉE
### ÉGYPTE — PLATA

PAR

## M. FR. DUCUING

PARIS

**LIBRAIRIE DE L. HACHETTE ET C<sup>ie</sup>**

BOULEVARD SAINT-GERMAIN, N° 77

1868

# AVANT-PROPOS

Des amis, peut-être trop complaisants, m'ont souvent engagé à réunir en volume les diverses études historiques que j'avais éparpillées dans les *Revues*. Le temps, l'occasion, des occupations diverses et absorbantes, le peu d'importance que j'attachais à ces essais, m'avaient empêché jusqu'ici de satisfaire à ces vœux de l'amitié.

Une main, que je ne connais pas, a pris le soin de colliger ces épaves de ma carrière d'homme de lettres, et de les déposer discrètement à mon adresse. J'ai relu ces divers essais, que j'avais depuis longtemps voués à l'oubli. Il m'a semblé que les transformations de toute sorte qui se sont accomplies leur rendent une sorte d'opportunité, comme point de rappel. Je désire que les lecteurs, s'il en reste pour des choses sérieusement écrites, soient de cet avis.

*La Guerre de montagne*, qui embrasse la campagne de Navarre, de 1834 à 1835, et la campagne de Kabylie, de 1841 à 1847, a été écrite sur les notes mêmes des acteurs de ces drames militaires : on peut donc avoir toute confiance dans l'exactitude du récit. Ce travail a paru dans la *Revue des Deux-Mondes* en 1851. Quand il parut, M. Buloz fut fort étonné de recevoir des lettres où on lui demandait pourquoi mon nom ne se trouvait pas dans l'*Annuaire militaire*. M. Buloz n'ignorait pas que ce travail avait été rédigé, pour ce qui concerne la Kabylie spécialement, sur des notes recueillies auprès de l'homme de guerre le plus remarquable qui se soit produit depuis les campagnes de l'Empire, l'illustre maréchal Bugeaud.

La nature de mes relations avec le maréchal Bugeaud vaut peut-être la peine que je les relate.

Comme journaliste, je me trouvais sur les marches du Palais-Bourbon avec MM. Armand Marrost et Cantagrel, le 23 février 1848 : et nous acclamions un peu bruyamment la dixième légion qui arrivait en débouchant par le pont de la Concorde, lorsque le maréchal Bugeaud, après M. de Morny, vint nous avertir très-paternellement que nous troublions la séance législative. Mais comme le maréchal venait en bourgeois à la tête de quatre hommes, je me permis de lui faire observer que nous ne pouvions le considérer que comme un caporal. Je n'oublierai jamais le regard sévère que me lança le maréchal en rentrant dans la salle des séances.

La première fois que je revis le maréchal, après cette sortie de jeune homme dont je m'accuse, ce fut à son retour du camp des Alpes. M. le comte Vigier, qui m'honorait de sa bienveillance, lui avait donné l'hospitalité dans son hôtel. Un jour que j'allais voir le comte malade, je rencontrai le maréchal sur l'escalier, lui descendant, moi montant. Je dois dire qu'il me parut bien vieilli; mais je retrouvai le même regard sévère qu'il m'avait lancé sur l'escalier du Palais-Bourbon.

« Je vous connais, vous, me dit-il avec cette familiarité un peu brusque qui lui était ordinaire, où vous ai-je vu ? »

Je lui rappelai très-froidement la circonstance. Il eut certainement la tentation de me tirer par l'oreille : mais réflexion faite, il me prit le bras en m'injuriant très-fort, et ne voulut plus me lâcher : il m'injuria jusqu'à la porte du Palais-Bourbon, où il me fallut l'accompagner.

Depuis ce jour, le concierge de l'hôtel reçut l'ordre de me prévenir, toutes les fois que j'irais rendre visite à M. le comte Vigier, d'avoir à sonner chez le maréchal Bugeaud.

Cher grand homme! nul ne peut dire mieux que moi quels trésors de bonté, d'indulgence et de dévouement patriotique résidaient dans son âme!... Il avait espéré férir son dernier coup contre Radetzki, son rival de gloire; aussi avec quelle ardeur et quelle joie il avait organisé le camp des Alpes! Une politique qu'il n'a jamais bien comprise avait brisé ses projets : sur un mot arraché à Charles-Albert, et qu'il ne pouvait pas ne pas dire : *Italia si fara da se*, le camp des Alpes avait été dispersé. C'est pourquoi j'avais revu le maréchal Bugeaud si vieilli.

Il ne se plaignait de personne, pourtant. Mais le coup qu'il avait reçu était mortel. On dit qu'il est mort d'une boisson trop froide. N'en croyez rien : il est mort du camp des Alpes dispersé.

Qu'on ne dise pas que son esprit était affaibli. L'homme qui trouve ce mot mémorable : « Les majorités sont tenues à beaucoup plus de modération que les minorités, » ne jouit pas seulement de tout son bon sens; il a aussi une dose d'esprit politique que je voudrais voir à beaucoup d'hommes d'État.

Pendant que le général Changarnier, en pleine

popularité, rendait peu de justice au général Bugeaud, celui-ci, qui le savait, disait du général Changarnier : « C'est le seul homme à qui j'oserais confier une armée. »

La supériorité, à mon avis, est toujours du côté de celui qui rend justice à son adversaire.

Le maréchal Bugeaud était devenu loquace comme Nestor, sur la fin de sa vie. C'est de ces confidences, pleines de faits et de révélations, que j'ai profité pour écrire *la Guerre de montagne*. Il me semblait toujours, en le quittant, que j'aurais été de force à lui servir d'officier d'état-major, tant il était intelligent et intelligible dans ses explications stratégiques.

Qu'on ne s'étonne donc pas si j'ai parlé des choses militaires avec une certaine suffisance : j'ai eu pour instructeur le maréchal Bugeaud.

On verra que je me suis inspiré de ses préceptes en parlant de la guerre d'Amérique avant qu'elle fût terminée.

Quant au travail sur les *Dominations françaises*, qui a paru en 1852, dans la *Revue contemporaine*, je puis dire que le maréchal Bugeaud n'y a pas été non plus étranger. Discutant avec lui sur l'avenir de notre race et sur les destinées de la France, l'opinion du maréchal était que nous devions renoncer désormais aux expéditions lointaines, qu'elles avaient servi en tout temps et en tout lieu à constater notre impuissance bien plus encore que notre héroïsme, et que ce serait une faveur de la Providence si nous parvenions à conserver même l'Algérie, où les fautes balançaient déjà notre gloire.

Les *Dominations françaises* m'ont coûté bien du travail pour un résultat fort incomplet. Des mois de recherches sont condensés parfois dans une seule ligne, particulièrement pour notre établissement en Morée, où les documents historiques manquaient et où il fallait compulser les chroniques. Voulant relater chaque expédition dans un trait saillant, il m'a fallu mettre en un chapitre la matière de plusieurs volumes.

C'est ce qui a fait dire des *Dominations françaises*, lorsqu'elles parurent, par un homme illustre, que c'était de *l'histoire de cape et d'épée*. Je n'y contredis pas : j'ajoute seulement que cette prétendue histoire de cape et d'épée a été résumée avec la patience d'un bénédictin.

Pourquoi est-ce que je retire aujourd'hui, des recueils où elles dormaient, ces études historiques déjà vieilles? C'est parce qu'il est bon, précisément, de reporter le souvenir sur ce qui fut, en présence de ce qui est.

L'art militaire a fait, de nos jours, de grands

progrès matériels. La mousqueterie et l'artillerie ont été tellement perfectionnées que deux armées en présence semblent condamnées à une mutuelle et rapide destruction.

On dit même qu'à Solferino, la bataille fut gagnée, sans qu'on s'en doutât, par les effets de l'artillerie nouvelle, foudroyant un ennemi invisible derrière des collines.

Et quels progrès depuis 1859 ! Aujourd'hui, le ministre de la guerre déclare que nul être vivant ne pourrait rester debout une seule minute après le feu d'un bataillon, tirant à mille mètres. Nous sommes déjà loin de Sadowa, où le fusil à aiguille a fait sa première apparition.

Autrefois, l'art de la guerre consistait à obtenir le résultat le plus décisif et le plus glorieux, en tuant le moins d'hommes possible. C'était la science des combinaisons stratégiques aidée par l'héroïsme des soldats. Aujourd'hui je crains bien qu'on n'ait renversé tout cela, et qu'on n'arrive jamais qu'à des résultats d'autant plus maigres que le massacre sera plus grand.

Le jour où cela sera constaté par un tragique et formidable exemple, ce jour-là sera le dernier jour de la guerre et par conséquent des armées permanentes.

Si la science devait servir à nous perdre au

lieu de nous sauver, elle mériterait nos malédic-
tions.

Ce n'est pas que je croie, non, à la fin des guerres
et des armées permanentes. Car, m'est avis que la
baïonnette héroïque et bien dirigée prévaudra
toujours dans un champ de bataille sur la balle la
plus rapide et portant le plus loin.

Ceux qui partageront ma conviction liront les
études qui suivent.

FR. DUCUING.

# LA
# GUERRE DE MONTAGNE

## ET LES

## DOMINATIONS FRANÇAISES

## I

## LA GUERRE DE MONTAGNE

Lorsque Napoléon disait : « Porter une plus grande force sur un point donné dans un moment donné, c'est vaincre, » il parlait de la guerre de plaine. Il n'en est point de même dans la guerre de montagne. Ici, les expédients suppléent aux ressources. La force n'a plus de centre ; elle n'est plus dans la concentration, elle est plutôt dans la diffusion et l'éparpillement des moyens d'action. Les trois grandes puissances de l'Europe ont chacune leur guerre de montagne : la Russie a le Caucase, l'Angleterre a l'Afghanistan, la France a l'Atlas. Le sort des empires peut se jouer de nouveau dans les plaines fameuses, mais c'est toujours dans les montagnes que s'abrite le génie de la résistance en tout pays : c'est là que les nationalités opprimées, comme les minorités insurrectionnelles, cherchent leur recours contre la domination qui leur pèse. Si les monts Karpathes avaient pu servir de base d'opérations aux insurgés polonais et hongrois, qui peut assurer que la Pologne et la Hongrie n'auraient pas, avant de succomber, épuisé les forces de la Russie et de l'Autriche ? Nous l'avons éprouvé nous-mêmes dans les Cévennes et dans le Bocage : il suffit de quelques partisans résolus pour tenir en échec les destinées de toute une nation.

Dans la guerre de montagne, la partie n'est jamais égale entre les belligérants, comme cela a toujours lieu dans la guerre de plaine. Pour l'un, les conditions de cette guerre sont tout entières dans l'organisation des moyens d'attaque ; pour l'autre, elles sont dans l'organisation des moyens de résistance. Épuiser les forces et les ressources de l'agression par le génie de la défensive, telle est la loi du plus faible. Avoir raison des ressources de la résistance par l'emploi bien compris et opportun des forces de l'attaque, telle est la loi du plus fort. Purement défensive pour l'un, la guerre de montagne est essentiellement et impérieusement offensive pour l'autre. Ce n'est point, en effet, à ceux qui s'insurgent de vaincre l'armée qui les envahit ; c'est sur celle-ci que pèse exclusivement la nécessité de la victoire. Tant que l'envahi résiste et se défend, c'est l'envahisseur qui est vaincu. Y a-t-il plus de génie militaire à vaincre qu'à résister ? Je serais porté à le croire. Dans la guerre de montagne, du moins, c'est l'agresseur qui a contre lui les chances les plus défavorables. N'a-t-on pas vu les meilleurs généraux de l'Espagne se briser contre la force de résistance de Zumalacarregui dans la guerre de Navarre, et Mina lui-même, le héros de l'indépendance en 1812, perdre dans l'offensive contre les Navarrais la gloire qu'il avait acquise en résistant avec eux à l'invasion de nos armées? N'a-t-on pas vu aussi nos généraux, en Afrique, laisser l'Europe douter de la réalité de notre conquête jusqu'au jour où le maréchal Bugeaud trouva contre les Kabyles et les Arabes le système de guerre qui devait avoir raison de leur résistance?

Comme défensive, la guerre de montagne présente des avantages considérables au chef qui la dirige. C'est d'abord une population complice qui le seconde et l'approvisionne; c'est la connaissance des lieux qui lui permet tantôt d'éviter l'agresseur en le fatiguant, tantôt de le surprendre dans l'endroit et à l'heure propices, tantôt enfin de le forcer, par d'opportunes diversions, à diviser ses troupes pour l'atteindre en détail. C'est ce côté défensif de la guerre de montagne que nous montrent les campagnes de Zumalacarregui.

Comme offensive, au contraire, la guerre de montagne n'offre au général d'armée que peu de gloire à récolter et beaucoup de difficultés à vaincre. D'abord, telle est la nature de l'esprit humain que l'intérêt et les sympathies se portent invariablement du côté de celui qui se défend contre celui qui attaque. Pour celui-ci, la nécessité de pressurer les populations pour alimenter son armée et de sévir contre elles pour prévenir ou punir leur participation dans la guerre rend son rôle souvent odieux. Et puis, s'il ne connaît pas la contrée où il opère, il est presque toujours exposé à tomber dans une embuscade, à faire fausse route, à perdre ses convois. S'il subit un échec, l'opinion publique s'émeut et le change en désastre. Dans la perspective politique où il se trouve placé, un engagement de quelques compagnies produit l'effet d'une grande bataille, de même qu'un coup de fusil, répercuté par les rochers, produit l'effet d'un coup de canon. La condition de l'agresseur dans la guerre de montagne est de toujours vaincre, sans que la victoire soit jamais décisive avec un ennemi qui fuit, qui se dérobe et n'est jamais réputé vaincu tant qu'il résiste. Il lui faut cependant faire manœuvrer son armée à travers un pays accidenté avec la même précision que s'il était sur un champ de bataille; faute d'une direction intelligente et vigoureuse, une armée de vingt mille hommes qui serait, par exemple, divisée en cinq corps, n'aurait pas plus d'action dans un pays de montagne qu'une armée de quatre mille hommes. Il faut tout calculer au plus juste, le temps, les distances et les ressources; il faut se montrer infatigable et toujours prêt au combat, afin d'enlever à l'ennemi l'envie de tendre des embûches et l'espoir des surprises, afin, en un mot, de le démoraliser par une initiative incessante. — Ce sont ces conditions de l'offensive qu'on a vues si admirablement remplies dans les campagnes du maréchal Bugeaud en Afrique.

Ces deux guerres de Navarre et de Kabylie peuvent être regardées comme deux grandes expériences militaires qui se complètent l'une par l'autre. Jamais cependant on n'a essayé de contempler d'ensemble la suite de combats et d'opérations variées dont les Pyrénées de 1833 à 1835 et l'Atlas de 1841 à 1847 furent le théâtre. Peut-être le moment est-il venu de s'élever à une vue plus complète de ces deux guerres, dont l'une n'est pas encore terminée, et dont l'autre pourrait bien recommencer : le rapprochement que nous essayons ne manque pas de quelque à-propos à l'époque agitée où nous sommes. Il y a d'ailleurs entre les Navarrais et les Kabyles de telles ressemblances de caractère, de mœurs et d'habitudes, qu'on les saisira sans qu'il soit besoin de les noter.

# LIVRE PREMIER

## LA NAVARRE 1834-1835

---

### ZUMALACARREGUI

### I

On sait comment naquit en Espagne la guerre civile de 1833. Le mariage de Ferdinand VII avec
Christine de Bourbon avait divisé la Péninsule en
deux partis, les constitutionnels et les apostoliques,
qui devinrent les *christinos* et les *carlistes*. La mort
de Ferdinand, arrivée le 29 septembre 1833, donna
le signal des hostilités. Pendant qu'on couronnait en
toute hâte à Madrid la jeune Isabelle II, don Carlos,
frère du roi défunt, retiré en Portugal auprès de son
beau-frère don Miguel, lançait sur l'Espagne sa pro-
clamation de prétendant, et ce manifeste, répandu à
travers les provinces comme une traînée de poudre,
amena aussitôt une explosion générale. Huit jours
après, l'étendard de l'insurrection flottait sur toutes
les montagnes en deçà de l'Èbre. Vingt mille volon-

taires de la Biscaye et de l'Alava, commandés par les brigadiers Zavala et Urangua, étaient accourus à Bilbao et à Vittoria se ranger sous les ordres de Valdespina et Vérastégui. Le général Santos-Ladron, que son grade militaire et la considération dont il jouissait dans les provinces désignaient comme chef de l'insurrection, venait également de soulever dans la Navarre tout le riche bassin qui s'étend de la région des montagnes d'Estella jusqu'à l'Èbre, et qu'on nomme la *Ribera* ou bassin de Navarre.

Cependant cette première levée de boucliers devait avoir une fin malheureuse et tragique.—Au moment où le vieux et habile général Saarsfield s'avançait contre l'insurrection à la tête d'un corps d'armée, le brigadier Lorenzo sortait de Pampelune avec sept ou huit cents hommes à la rencontre de Santos-Ladron. Il le trouva une première fois en arrière d'Estella; mais l'Arga, grossie par les pluies, séparait les combattants. Santos-Ladron se retira à Los Arcos, après avoir commis l'imprudence de diviser ses forces, en envoyant son lieutenant Iturralde à Lodosa avec un fort détachement. Le lendemain, il commettait une imprudence plus grande encore, en offrant le combat à Lorenzo avec des volontaires mal armés, point exercés et moitié moins nombreux que leurs adversaires. Aussi, ces volontaires ne songèrent-ils même pas à se défendre, et Santos-Ladron, hébété ou pris de vertige, se précipita, lui douzième, au-devant des christinos, qui le firent prisonnier. Santos-Ladron pris, l'insurrection n'avait plus de tête, et les nom-

breuses bandes qui venaient la grossir se dispersèrent, — les Navarrais dans les montagnes d'Estella
sous la conduite d'Iturralde, — les Castillans à Logroño, où ils s'enfermèrent, sous le commandement
de Garcia.

Après Santos-Ladron, le seul homme sur lequel
comptât l'insurrection était Eraso, ancien colonel des
carabiniers de Navarre, licenciés après 1830 ; mais
Eraso était en ce moment retenu prisonnier par le
gouvernement français. L'exécution de Santos-Ladron,
fusillé le 15 octobre 1833 dans les fossés de Pampelune, empêcha seule les volontaires d'Iturralde de se
débander pour rentrer dans leurs villages. La nouvelle de cette mort tragique causa une sensation profonde dans toute la Navarre : elle réveilla les haines,
arma les vengeances, ameuta les intérêts. Tous les
hommes que leurs opinions carlistes mettaient en
évidence, craignant le même sort que Santos-Ladron,
allèrent au-devant du danger pour échapper à la per-
sécution. Le lendemain, trois cents jeunes gens des
premières familles de Pampelune rejoignirent les insurgés dans les défilés de la Berrueza. Une junte carliste, composée de personnages influents, s'était déjà
réunie dans le village de Piédramilléra.

Ce fut vers ce village que se dirigea, le 29 octobre, par une journée humide et sombre, un homme
d'un certain âge, enveloppé d'un manteau gris-brun,
qui cachait à moitié son costume militaire, et monté
sur un petit cheval navarrais qu'il éperonnait avec impatience. Il était sorti le matin de Pampelune, à pied,

le manteau sur les yeux pour n'être point reconnu, et les sentinelles des portes, voyant sa démarche fière et insouciante, n'avaient point osé l'arrêter au passage. Arrivé à Huerte-Araquil, il prit avec lui deux notables de ce village, et continua sa route avec eux. Le lendemain, ces trois hommes arrivaient au camp des insurgés.

Leur entrée à Piédramilléra fit une certaine sensation. Le manteau de l'inconnu, s'étant écarté, avait laissé voir aux soldats assemblés un costume de colonel de l'armée espagnole. Quelques officiers, qui l'avaient respectueusement salué au passage, avaient prononcé le nom de don Thomas Zumalacarregui : ce nom n'avait réveillé aucun souvenir dans la foule. Il fallut que les officiers racontassent aux insurgés les antécédents de ce colonel inconnu, comment les régiments qu'il avait commandés étaient toujours les mieux disciplinés et les mieux tenus, comment il avait été mis en retrait d'emploi en 1832, étant gouverneur du Ferrol, comment il avait été soumis à une enquête à cause de ses opinions royalistes, ce qui le décida à donner sa démission, et comment il avait obtenu, en juillet 1833, par la sollicitation de ses amis, de se retirer à Pampelune, sous la surveillance ombrageuse du gouverneur général Sola, auprès de sa femme et de ses trois filles.

« Alors il est des nôtres? demandèrent les insurgés.

— Don Thomas est d'Ormaiztegui, en Guipuzcoa, à quelques lieues de chez nous, » répondirent les officiers.

Aussi, lorsque Zumalacarregui sortit de chez Iturralde, où la junte s'était assemblée pour le recevoir, la foule acclama-t-elle don Thomas. Les insurgés, qui sentaient déjà que celui-là allait devenir leur chef, le regardèrent avec une attention respectueuse. C'était un homme de quarante-cinq ans (il était né le 29 septembre 1788), d'une taille un peu au-dessus de la moyenne, mais légèrement voûté. De sa lèvre supérieure, fine et mobile, tombaient deux moustaches noires, qui allaient rejoindre des favoris peu fournis. Ses deux yeux, presque ronds et rapprochés, lançaient un regard pénétrant, tout chargé de commandement. Le trait le plus caractéristique de son visage pâle et régulier était un menton proéminent comme celui de l'empereur Napoléon, signe manifeste d'une volonté absolue et implacable. Tel était l'homme qui, des cendres presque éteintes de l'insurrection, allait faire jaillir un incendie qui devait embraser toute l'Espagne à quelques mois de là.

Pour le moment, Zumalacarregui partait avec les notables de la Navarre, chargé d'aller demander des secours aux insurgés de l'Alava et de la Biscaye, et de combiner avec eux des moyens d'action ; mais le marquis de Valdespina et Vérastégui ne pouvaient rien pour Iturralde : ils se disposaient à abandonner l'un Bilbao, l'autre Vittoria, à l'approche des christinos. Ils refusèrent donc les secours, mais ils offrirent à Zumalaca regui de le prendre pour second. Or, il ne convenait à l'ancien colonel d'être le second de personne, ni de Valdespina ou de Vérastégui, qui étaient à peine des militaires, ni de Iturralde, qui avait un grade inférieur au sien.

Aussi, à peine de retour au camp d'Arronitz, il dit aux officiers et à la junte: « Je veux commander ici. » Les officiers et la junte, déjà fatigués de l'inaction et de l'inexpérience d'Iturralde, élurent aussitôt Zumálacarregui d'une commune voix. Iturralde se récria, disant qu'il avait le premier levé l'étendard de l'insurrection avec Santos-Ladron, et que, ce général étant mort, le commandement lui revenait de droit, jusqu'à ce que le roi Charles V en eût décidé autrement. Il paraît même qu'en sa qualité de chef militaire, il envoya l'ordre à deux compagnies d'arrêter Zumalacarregui; mais le commandant Sarraza, le second d'Iturralde, fit aussitôt battre le rappel, rassembla les volontaires dans un champ, près du village, sur les bords de l'Éga, et, les mettant au port d'armes, il leur dit à voix haute: « Volontaires, au nom de notre seigneur le roi, le colonel don Thomas Zumalacarregui sera reconnu pour commandant général intérimaire de la Navarre. » Et, avant de rengainer son épée, le commandant Sarraza ordonna aux deux mêmes compagnies qui devaient arrêter Zumalacarregui d'aller entourer le logis d'Iturralde et de le garder à vue. Les deux compagnies obéirent. Tout était dit. Ce fut une de ces révolutions de camp si familières aux soldats espagnols.

Le premier acte d'autorité de Zumalacarregui fut de choisir pour son second précisément Iturralde. Il déclara en outre qu'il était prêt à remettre le commandement au colonel Eraso, sitôt qu'il se présenterait. Puis, le nouveau commandant s'avança vers ses troupes, leur fit prendre les armes et passa la revue. Après la revue, Zumalacarregui leva son épée : les bataillons se formèrent en cercle autour de lui, et un profond silence s'établit. « Volontaires ! dit le général d'une voix forte et pleine d'autorité, vous avez eu jusqu'ici deux réaux de paye : à partir de demain, vous n'en n'aurez qu'un. Notre trésor est vide ; mais je prends votre solde sous ma responsabilité. Beaucoup d'entre vous n'ont pas de fusil, et la plupart de ceux qui ont des fusils n'ont pas de baïonnette pour combattre de près, ils n'ont aussi ni poudre ni balles pour combattre de loin : vous n'êtes donc pas armés, vous êtes à peine vêtus, et voici l'hiver ! Les montagnes dans lesquelles il faudra nous retirer pour échapper à l'ennemi, jusqu'à ce que vous soyez en mesure de le combattre, seront bientôt couvertes de neige, et il vous faudra y supporter le froid et la faim, car vos villages seront incendiés et vos enfants seront égorgés, à moins que vous ne restiez unis pour résister d'abord et vous venger ensuite : c'est une guerre sans rémission qu'on vous fera et que vous devez rendre ; êtes-vous prêts ? » Une immense acclamation suivit ces paroles étranges, et Zumalacarregui reprit d'une voix plus éclatante : « Eh bien ! si, pour défendre vos foyers, pour protéger vos familles, pour soutenir votre sainte cause, vous ne reculez ni devant les privations, ni devant les fatigues, ni devant le danger, je vous ferai trouver tout ce qui vous manque, munitions, équipements et vivres.

Je vous montrerai comment on se glisse au milieu des bataillons pour les disperser; je vous dirai où il faut se cacher pour les surprendre, où il faut courir pour enlever leurs convois. Ce n'est point une guerre à ciel ouvert que je vous propose; vous y seriez vaincus : c'est une guerre de ruses, de marches forcées et d'embuscades. Vous n'avez ni poudre, ni fusils, ni canons, comme vos ennemis; vous n'avez qu'un moyen de vous en procurer : c'est de les prendre sur vos ennemis. Je vous demande une obéissance absolue, une confiance sans bornes : je ne vous promets rien que des nuits sans sommeil, des journées sans repos, des fatigues sans nombre; mais je vous conduirai, Dieu aidant, à la gloire et au triomphe. Acceptez-vous? » Les volontaires navarrais lancèrent en l'air leurs berrets ronds, et leurs cris d'enthousiasme remplirent les échos de la montagne, et de la vallée. Ces paysans sans armes demandaient à courir sus aux christinos; ils étaient quinze cents à peine !

Par ce rude programme, on peut déjà se figurer ce que sera la lutte.

Le théâtre de la guerre n'est pas moins bizarre que le plan de campagne : il n'a guère plus de vingt lieues d'étendue en long et en large. C'est la Navarre, et plus particulièrement cette partie de la Navarre dont Pampelune est le centre. Cette province de Navarre, qui s'intitule royaume, quoiqu'elle n'ait pas plus de deux cent cinquante mille habitants, est une grande masse de montagnes où les vallées ont peine à trouver d'abord une issue, et filtrent, pour ainsi dire, entre les sierras qui la pressent, comme des ruisseaux qui élargissent leur lit à mesure qu'ils avancent, jusqu'à ce qu'enfin elles se réunissent, après avoir couru en tous sens, en un grand bassin qui s'incline vers l'Èbre, et qui est circonscrit de l'est à l'ouest par le cours de trois rivières, l'Aragon, l'Arga et l'Éga : c'est la Ribera. Chaque fissure de montagne forme donc une vallée de trois, quatre ou six villages, suivant son étendue. Ce sont le Bastan et ses annexes, au nord ; puis, en descendant au sud, Lanz, Erro, Roncevaux, Ayescoa, Salazar, Roncal, etc. ; enfin les Amescoas, Borunda, Berrueza, Solana, Guezalaz, Araquil, etc.

En inclinant à l'ouest, de Pampelune à Vittoria, on trouve cette fameuse route qui rejoint les deux plaines au bord desquelles sont assises les deux capitales de la Navarre et de l'Alava, et où nous allons retrouver ces mêmes guerrillas si funestes à nos convois durant notre guerre en Espagne.

Les Navarrais qui habitent ces villages perdus au sein des montagnes sont des cultivateurs paresseux et des soldats infatigables. Tant qu'ils ne sont pas sollicités par des distractions excessives ou par des dangers incessants, rien ne peut les arracher à leur indolence. Sobres comme des Arabes, ils passeront des journées entières sans manger, en fumant des cigarettes ; mais qu'une fête locale arrive, ils la feront durer quatre et cinq jours, au milieu de festins qui dureront quatre et cinq heures. Contrebandiers quand ils ne sont pas soldats, ils ne songent pas au gain, ils ne rêvent que l'aventure. Pendant ce temps, ils laissent leurs femmes cultiver le champ qui doit les nourrir ; et l'on a remarqué que la Navarre n'est jamais mieux cultivée que lorsque les hommes ont pris le mousquet. Jaloux de leur indépendance, ils tiennent à leurs coutumes locales, à leurs *fueros*, comme à une superstition. « Libres comme le roi, » disent-ils d'eux-mêmes : aussi aiment-ils le roi, mais le roi libre, *el rey netto*, comme le patron naturel de leurs propres libertés : seulement, à ce roi qu'ils proclament comme un principe absolu, ils refusent sur eux le droit d'impôt et le droit de service militaire.

En stimulant leur fierté et leur orgueil, on peut les rendre capables de tous les héroïsmes ; mais ils ne feront rien au nom de la discipline. Quelques jours après son avénement, Zumalacarregui voulut les conduire dans la Ribera pour stimuler l'émulation insurrectionnelle des habitants ; mais ils s'habituèrent si bien aux doux fruits de la plaine, au vin généreux de Péralta, à l'hospitalité prodigue qui les accueillait partout, que l'autorité de leur chef fut complétement méconnue lorsqu'il donna l'ordre du départ. Il fallut que Zumalacarregui, pour les entraîner, leur dît qu'il y avait des insurgés à secourir et des christinos à surprendre. Les Navarrais ne comprennent point l'honneur militaire comme les soldats d'une armée ordinaire ; ils ne mettent même aucun scrupule à fuir devant l'ennemi au milieu du combat. Ce n'est pas qu'ils redoutent le danger : ils ne veulent point qu'il soit dit qu'ils ont eu le dessous dans la lutte ; ils trouvent la fuite moins déshonorante qu'une défaite. Lorsque vous les croyez en déroute, ils cherchent un endroit plus avantageux pour y attendre leurs adversaires. Faites-leur espérer l'*honneur* de vaincre, ils feront vingt lieues tout d'une traite pour atteindre le lieu de la rencontre. Sans cela, ils se débanderont et rentreront chez eux, jusqu'à ce qu'un intérêt commun de vengeance, remplaçant l'espoir de la victoire, les rassemble de nouveau. Certes, les exécutions faites dans les villages carlistes par les christinos ont autant contribué à ranimer l'insurrection que le prestige exercé par Zumalacarregui sur les insurgés.

Ce qu'il y a de force native et de grandeur primitive dans la population vasco-navarraise fournirait d'innombrables thèmes à une épopée héroïque digne du *romancero*. Il arrivait souvent, dans la dernière guerre civile, que des mères, après avoir perdu un mari et un fils, venaient solliciter du général, au nom des malheurs déjà éprouvés, l'honneur de sacrifier leur dernier enfant à la cause commune. Et ce père qui disait à son fils, qu'on lui rapportait mourant sur la route de Saint-Sébastien : « *Je me réjouis* de te voir mourir pour notre cause, » est connu de toute l'Europe.

Ces hommes énergiques apportent du reste le même stoïcisme de sentiment dans la joie que dans la douleur. On se figure peut-être que, durant les calamités et les horreurs de la lutte contre les christinos, l'aspect de cette population a dû être morne et désolé ; au contraire, jamais les habitants de la Navarre ne furent plus gais et plus enclins aux réjouissances. Il n'était pas rare de voir des villes et des villages, que les *peseteros* et les carabiniers christinos venaient de mettre à sac le matin, secouer le soir même leurs cendres et voiler leurs désastres pour accueillir en habits de fête les volontaires carlistes qui s'avançaient. Les rues se jonchaient de fleurs, les fenêtres étaient pavoisées, on agitait les écharpes et les mouchoirs, et, la nuit venue, les doux refrains et les bruyantes *rondas* réveillaient partout les échos réjouis. C'était alors une fureur d'amusements et de plaisir, devenue plus ardente entre les massacres de la veille et les dangers du lendemain. La guerre a passé bien des fois sur cette contrée sans en altérer le caractère primitif. La population vit dans la guerre civile comme dans son élément. Elle y est si bien habituée, qu'elle subsiste uniquement de quelques galettes de sarrasin avec du piment et des oignons, tant que durent les hostilités, afin d'être toujours en mesure de fournir assez de rations aux deux partis qui se disputent la victoire.

Naturellement, les femmes sont constamment mêlées à tous les actes de cette existence pleine d'émotions et de dangers. Braves et fortes comme des hommes, les Navarraises sont sensibles et dévouées comme des héroïnes de roman. Bien des fois les jeunes filles demandaient pour époux des soldats blessés, uniquement parce qu'ils avaient reçu de belles blessures, et rarement les parents refusaient de souscrire à ces singulières exigences du patriotisme amoureux. Outre qu'elles labouraient la terre pendant que les hommes se battaient, les femmes avaient pour mission de conduire des convois : on les voyait courir sur les champs de bataille, à travers les balles, pour enlever les blessés, pour porter des rafraîchissements ou distribuer des cartouches aux combattants et les exalter par leur présence. Combien de fois Zumalacarregui n'a-t-il pas dû la victoire à leur intervention dans le combat !

Zumala comprit fort bien tout ce que la Navarre, hommes et pays, présentait d'inconvénients et d'avantages. Il se mit immédiatement en mesure de parer aux uns et de profiter des autres.

Outre les jeunes gens disponibles pour la guerre, il y avait en Navarre les vétérans de la guerre de 1812 et ceux de l'armée de la Foi de 1823. De ces vieux guerrilleros, les uns avaient été incorporés dans les *tercelros* ou milice provinciale, les autres s'étaient faits ou douaniers ou contrebandiers.

C'est avec ces deux éléments des vieilles guerres que Zumalacarregui forma les premières compagnies de son fameux bataillon des Guides de Navarre, qui servit toujours d'escorte au général, laissant du sang à tous les combats et se renouvelant régulièrement tous les quatre mois par la mort, soldats et officiers. Ces compagnies d'élite, tenues toujours au grand complet, furent constamment lancées à travers les colonnes de l'armée christine, et les détruisirent successivement en s'épuisant elles-mêmes à mesure, de telle sorte que de huit cents hommes dont le bataillon fut composé, au bout de deux ans il n'en restait peut-être pas vingt de la première formation.

L'admission dans les cadres de ce bataillon d'élite

fut considérée comme une récompense militaire durant tout le cours de la guerre. Les cadres en furent successivement remplis avec les volontaires qui se distinguaient dans les autres bataillons, avec les sous-officiers christinos faits prisonniers ou transfuges, et que Zumalacarregui incorporait seulement comme simples soldats. Lorsqu'un officier avait démérité dans l'armée carliste, Zumala le rejetait également sans grade dans les compagnies des Guides. Une fois lancé par le général, qui le tenait pour ainsi dire à la main, ce bataillon ne revenait jamais sans avoir fait sa trouée dans les rangs ennemis, pareil à cette fameuse colonne de Maison-Rouge qui laboura l'armée anglaise à Fontenoy, comme un boulet de canon.

Outre les Guides, Zumala forma trois autres bataillons de Navarre. Les cadres de ces bataillons furent bientôt remplis, car on s'était aperçu en Navarre qu'un véritable homme de guerre présidait à l'organisation des bandes insurgées. Tout cela donna au général carliste un effectif de trois mille hommes. C'était autant qu'il en fallait pour commencer à tenir la campagne en partisan dans un pays aussi accidenté que la Navarre. Du reste, il est à remarquer que Zumalacarregui n'opéra presque jamais avec plus de trois mille hommes, bien que ses succès lui aient permis de disposer plus tard de plus de trente mille soldats. Il disait même, dans l'hypothèse d'une intervention française qu'il redoutait, qu'il licencierait dans ce cas toute son armée, pour tenir les montagnes avec son bataillon des Guides et cinq autres bataillons, comme l'avait fait

Mina lors de la guerre de l'indépendance. Dans de pareilles guerres, c'est l'exiguïté même des moyens employés qui fait souvent la grandeur des résultats obtenus. C'est avec moins de trois mille hommes que Mina, El Manso et El Pastor (Jauregui) ont paralysé tous les efforts des triomphantes armées de Napoléon.

Avec trois mille hommes, Zumalacarregui pouvait disposer de l'ennemi à son gré ; avec trente mille hommes, c'est l'ennemi qui aurait disposé de lui. Les populations se seraient vite épuisées à nourrir une armée de trente mille hommes, et, pour s'en débarrasser plutôt, elles l'auraient trahie : cette armée, dans de pareilles conditions, n'aurait point été libre de refuser la bataille ; elle aurait été obligée d'attaquer l'ennemi sur son terrain pour ne point peser trop longtemps sur une population appauvrie. Inférieure par l'armement et la discipline à une armée régulière, la défaite pour elle aurait précédé le combat. C'est ce qui allait arriver précisément aux volontaires des provinces basques, qui, agglomérés au nombre de vingt mille à Oñate, se dispersèrent à l'approche de la petite armée de Saarsfield et tombèrent, détachements par détachements, aux mains des cavaliers qui les poursuivirent. Avec trois mille hommes, au contraire, répartis par compagnies ou par bataillons dans les vallées, Zumalacarregui devenait insaisissable et faisait à ses adversaires plus puissants une nécessité de le poursuivre, sous peine de voir l'opinion publique se déchaîner contre eux. Il ménageait ainsi, en se les conciliant,

les contrées que ses adversaires épuisaient, et, toutes
les fois qu'il avait besoin d'un engagement pour remonter le moral de l'insurrection, il pouvait attirer
les ennemis sur le terrain qu'il avait choisi dans une
contrée où les positions militaires abondent sur tous les
chemins, défilés déjà célèbres, lieux d'embuscade iné-
vitables : Salinas, Borunda et Lecumbéri, sur la route
de Pampelune à Vittoria ; Carascal, sur la route de la
Ribera ; Peña-Serrada, aux avenues de Logroño ; Pen-
corbo, sur la route de Vittoria à Burgos ; les Deux-
Sœurs, sur la route de Saint-Sébastien, etc.

Zumalacarregui, connaissant bien le terrain, résolut
donc de forcer les constitutionnels à obéir, sans qu'ils
s'en doutassent jamais, au plan de campagne qu'il s'é-
tait lui-même tracé. En résumé, ce plan consistait à
détruire en détail l'armée ennemie tout en ayant l'air
se faire battre par elle. Il sut attirer les christinos après
lui, en leur laissant toujours les honneurs du champ
de bataille. Plusieurs fois on put croire à Madrid que
l'insurrection était finie ; mais, le lendemain, on apprenait avec étonnement qu'un régiment égaré avait été
écrasé dans une embuscade par un ennemi invisible,
qu'un convoi avait disparu on ne savait comment,
qu'une garnison s'était révoltée parce qu'elle n'avait
point reçu de ravitaillement. Un jour, on publia à Vittoria l'importante nouvelle de la destruction complète
des insurgés, dont les misérables restes s'étaient, après
leur déroute, dispersés dans les montagnes. Zumalacarregui apprit aussitôt ce bruit par ses espions : toute
une population était complice de cet espionnage. Le

lendemain, il faisait irruption sur Vittoria étonnée et confondue; peu s'en fallut même qu'il ne s'en rendît maître. Vittoria dut son salut à un petit clairon : les volontaires, entendant une fanfare hostile, craignirent d'être enveloppés et s'enfuirent; mais l'effet était obtenu.

Il fallut bien se remettre à la poursuite de cet ennemi qu'on disait détruit. Alors Zumalacarregui, attirant les christinos sur la trace d'un de ses détachements, se portait avec le reste de ses troupes sur un point éloigné pour y faire un coup de main, ou bien il surprenait les derrières de l'ennemi par une contremarche rapide. Un combat s'ensuivait. Les christinos conservaient le champ de bataille et dataient de leur bivouac leur bulletin de victoire; mais Zumalacarregui leur emportait en fuyant quelques fusils et quelques paquets de cartouches dont il avait besoin; le lendemain, il se faisait encore battre plus loin, mais toujours à leurs dépens.

D'ailleurs, le chef carliste n'aurait pu tirer aucun parti d'une victoire complète dans la pénurie des ressources où il était. Aussi mit-il tout son génie militaire à choisir si bien le lieu du combat, qu'il pût toujours retirer ses troupes sans encombre, une fois les bénéfices du combat obtenus. Ses dispositions étaient toujours si bien prises, que tout le servait, même le hasard, que tout lui profitait, même la défaite.

Lorsqu'il prit le commandement des bandes fugitives de Logroño, tout était à organiser, tout était à créer, hommes et ressources Il prit tout sur lui; mais il voulut savoir du premier coup s'il pouvait compter sur ses troupes. C'est pourquoi il leur tint le rude et terrible discours que nous avons cité. L'argent, ce nerf de la guerre, manquait absolument ; par conséquent, le nouveau chef ne pouvait rien tirer de l'étranger, ni les munitions, ni les vivres, ni l'équipement dont ses soldats improvisés étaient dépourvus, et que la province était trop pauvre pour leur fournir. Il fallut tout prendre sur l'ennemi, comme il l'avait dit. Pour cela, le hardi partisan ne pouvait compter sur des recrues, sans discipline pour résister, sans armes pour attaquer, et qu'il fallait peu à peu habituer au feu, afin de les aguerrir sans les rebuter. Il appela donc à lui d'abord les vieux contrebandiers et douaniers (*aduaneros*) que la guerre allait laisser sans ouvrage ; il les distribua par *partidas* de douze et quinze hommes autour des villages occupés par les christinos, avec ordre d'enlever les soldats égarés, de tirailler sur les flancs des colonnes ennemies en se cachant derrière des rochers inaccessibles, et surtout d'empêcher les maraîchers d'apporter aucun approvisionnement aux garnisons isolées.

Ces limiers étaient si bien dressés, que bientôt les christinos se virent forcés d'employer des colonnes de mille et de quinze cents hommes pour protéger le ravitaillement d'une garnison de deux ou trois cents hommes, ou bien d'abandonner les villages occupés. Dans le premier cas, les convois étaient inévitablement attendus aux défilés des routes et des sentiers ; dans le second cas, c'était à Zumalacarregui que les villages évacués par les garnisons tenaient compte de leur délivrance, ce qui

augmentait son prestige en agrandissant proportion-
nellement ses moyens d'action.

Dans la guerre de montagne, il est rare qu'on ait
à combattre en ligne. Aussi est-il avantageux de frac-
tionner le commandement, afin de laisser aux corps
détachés plus de liberté d'action. C'est ce que Zumalacarregui a compris mieux qu'aucun autre homme de
guerre. Il prit pour cadre d'organisation le bataillon à
la place du régiment; il habitua même les compagnies
à se mouvoir hors du cadre du bataillon, en donnant
aux capitaines une responsabilité relative plus grande,
de telle sorte que les compagnies ne se démoralisaient
jamais dans une retraite, quand elles se trouvaient
séparées de leur corps principal. C'est cette organisation par bataillon que nous avons adoptée nous-mêmes,
lorsque nous avons formé les chasseurs de Vincennes
en vue d'une guerre dans la Kabylie. Et, pour le dire
en passant, cette organisation spéciale a déjà produit
des résultats si avantageux, qu'avec les chasseurs de
Vincennes, la France n'aurait plus à craindre, dans
une guerre de Navarre, de voir se renouveler les désastres de l'Empire.

Zumalacarregui avait adopté, pour l'équipement de
ses bataillons, à la place de la giberne, une boîte à
cartouches fixée sur le devant, de façon à éviter la gêne
que cause la giberne au tirailleur, soit dans la marche,
soit pour la prise de la cartouche. Il avait aussi bruni
le canon des fusils, dont l'éclat trahit souvent le soldat
dans une marche de nuit ou dans une embuscade. C'est
pour ce même motif sans doute qu'au lieu du shako,

il conserva à ses volontaires le berret rond national ou *boïna*. Les volontaires carlistes, ainsi équipés, firent souvent des marches de quinze lieues, au cœur de l'hiver, sans autre chaussure que l'*alpargata*, sandale à semelle de chanvre nouée à la cheville par des rubans de laine.

On connaît maintenant la scène, les acteurs et le plan de ce drame militaire. Il ne reste plus qu'à voir Zumalacarregui à l'œuvre.

## II

Les insurgés des provinces basques, chassés de Vittoria et de Bilbao par Saarsfield, dispersés à Oñate
presque sans combat, vinrent chercher un refuge auprès de Zumalacarregui, dans les défilés de la Borunda.
La déroute de ces vingt mille volontaires frappa de
stupeur les provinces insurgées; mais elle ne fit que
confirmer le nouveau chef de l'insurrection navarraise
dans le projet qu'il avait arrêté de n'agir qu'avec de
petits corps détachés contre les troupes régulières des
christinos. Il refusa donc la coopération des fugitifs
d'Oñate, leur conseilla de retourner dans leurs districts
respectifs et de s'y tenir en armes; puis, avec ses trois
bataillons à peine formés et ses deux compagnies des
Guides, il attendit l'arrivée de Saarsfield sur la route
de Pampelune.

Le vieux général Saarsfield était le plus habile militaire de toute la Péninsule. Le plan de campagne
qu'il avait conçu contre les carlistes inquiétait beaucoup Zumalacarregui; heureusement pour le chef carliste, il avait été seul à le comprendre. Ce plan con-

sistait à laisser l'insurrection se développer, et à attendre que les insurgés, devenus plus entreprenants par l'inaction même de leurs adversaires, se fussent massés sur un centre d'opérations où l'on pût tomber sur eux et les détruire du premier coup. Ce plan avait déjà réussi contre les insurgés de la Vieille-Castille, et venait de réussir également contre les insurgés des provinces basques. Peut-être aurait-il réussi même contre Zumalacarregui, si l'impatience du gouvernement de Madrid et les criailleries des journaux n'eussent forcé Saarsfield à donner sa démission.

Au lieu de disputer le passage du ravin d'Etcharri-Aranaz à Saarsfield, qui s'avançait vers Pampelune, où il devait abandonner le commandement de l'armée à son successeur, le général Valdès, — Zumalacarregui battit en retraite sans combattre. Les christinos se mirent à sa poursuite. C'est ce qu'il voulait : il lui importait de n'être pas laissé tranquille, afin d'épuiser l'ennemi dans des fatigues vaines ; mais la neige tombait, le temps était affreux, on était en plein décembre : aussi, malgré la bonne volonté que le chef carliste mit à se faire poursuivre, les christinos perdirent ses traces.

Saarsfield entra à Pampelune ; à peine installé, il dut en sortir : Zumalacarregui venait de lui être signalé entre Puente-la-Reyna et Estella, à Dicastillo, dans la vallée de la Solana, sur le versant méridional du Montejurra. Alors seulement le vieux général constitutionnel comprit à qui il avait affaire. Zumalacarregui le fatigua pendant trois jours à sa poursuite par des marches et des contre-marches merveilleuses, échappant aux atteintes de son ennemi, tout en se tenant constamment à sa portée, reparaissant aux endroits où Saarsfield l'avait cherché la veille, ayant l'air de le poursuivre lui-même lorsqu'il ne cherchait qu'à l'éviter.

Cette course de trois jours au cœur de l'hiver, dans laquelle les deux généraux avaient lutté d'habileté, mit sur le flanc la colonne poursuivante, et l'on calcula que Saarsfield avait fait deux fois plus de mouvements que son adversaire. Le vieux général, bien édifié sur le compte de Zumalacarregui, revint à Pampelune pour n'en plus sortir, laissant le commandement de sa division à Lorenzo.

Après avoir prouvé qu'il savait échapper à ses adversaires, Zumalacarregui devait prouver qu'il pouvait les combattre et qu'il saurait les vaincre. Son ascendant sur les insurgés était à ce prix. Il se résolut donc à un engagement, et il attira sur le terrain qu'il avait choisi la colonne de Lorenzo, que le colonel Oraa venait de rejoindre avec une division de l'armée d'Aragon. Dans cet engagement, il savait bien qu'il serait vaincu; il prit même ses dispositions pour ne point garder le champ de bataille, s'il était vainqueur. Il regardait par delà le combat, comme on va le voir. L'endroit qu'il avait choisi semble avoir été de tout temps prédestiné aux batailles. C'est Asarta, dans la vallée de Berrueza, sur une route dominée par des rochers couverts de bois et qui débouche au pont d'Arquijas sur l'Éga. Cette position avait été déjà fatale, d'abord à Mina qui en avait été rudement chassé par les Français durant la guerre de l'indépendance, puis à Quesada, qui y avait été vaincu par les constitutionnels en 1822. Zumalacarregui devait lui-même y retourner trois fois avec des fortunes diverses.

Cette fois, le combat s'engagea le 29 décembre 1833, par une matinée pure et brillante. S'il ne fut pas long, les volontaires du moins se battirent plus résolûment peut-être que leur chef ne l'espérait : ils tinrent ferme jusqu'à ce que leurs cartouches fussent épuisées. Alors Zumalacarregui, avant qu'ils fussent entamés, les fit replier en bon ordre derrière le pont d'Arquijas, d'où il les conduisit dans la vallée des Amescoas. Il savait fort bien que les christinos n'oseraient l'y suivre. Lorenzo n'en publia pas moins un bulletin triomphant. L'exagération était habituelle aux deux partis : si tous les soldats portés comme morts par les généraux espagnols dans leurs dépêches avaient été réellement tués dans les batailles, la population tout entière de l'Espagne n'aurait pas suffi à cette guerre civile.

Comme Lorenzo et Oraa n'avaient pas poursuivi les carlistes dans les Amescoas, et qu'au contraire ils étaient restés deux jours après la bataille avant de rentrer à Los Arcos, l'effet moral du combat d'Asarta ne manqua pas de tourner en faveur de Zumalacarregui. Ce qu'il avait prévu arriva. Après l'engagement d'Asarta, de nouveaux volontaires vinrent le joindre de tous côtés à Guezalaz, au-dessus d'Estella, et les riches propriétaires des vallées, qui jusque-là s'étaient tenus à l'écart, s'engagèrent enfin dans une cause qui promettait d'être si bien défendue.

Les premières opérations de Zumalacarregui eurent pour résultat à Madrid la chute d'un ministère, le rappel de Saarsfield, une levée de vingt-cinq mille hommes. Une nouvelle campagne allait s'ouvrir avec l'année 1834. Le général carliste avait pris pour quartier de réserve les Amescoas, étroite vallée encaissée entre deux sierras et protégée de tous côtés par des défilés dangereux. Cette vallée, renfermant dix hameaux, est située entre Pampelune et Salvatierra, à trois lieues de l'une et de l'autre ville, à la même distance d'Estella et à six lieues de Vittoria. De là, Zumalacarregui pouvait facilement rayonner sur tous les centres d'opération de ses adversaires sans courir lui-même le risque d'être écrasé dans sa retraite.

Le commandant en chef Valdès, croyant que l'intention des insurgés navarrais était de porter le théâtre de l'insurrection sur la Basse-Navarre, qui s'étend de Pampelune à l'Èbre, envoya de Vittoria l'ordre à Lorenzo et Oraa de couvrir la ligne de Puente-la-Reyna et d'Estella. Le projet de Zumalacarregui était, au contraire, de porter le centre de ses opérations du côté de Lumbier, sur le terrain plus couvert des vallées intérieures.

Aussi, pendant que l'ennemi était occupé aux travaux de la défense du côté d'Estella, Zumalacarregui fit une pointe rapide vers le nord, rallia aux

intérêts de l'insurrection les vallées de Salazar,
d'Ayescoa et de Roncal, qui jusque-là avaient résisté, et revint à Lumbier, où il prévoyait que l'ennemi accourrait à sa rencontré. Les vallées que le
chef carliste venait de désarmer et de soumettre en
passant pouvaient, comme les Amescoas, devenir un
lieu de refuge pour les insurgés; elles avaient déjà
rempli le même office pour les volontaires de 1811 et
de 1822; elles avaient en outre pour Zumalacarregui
l'avantage de couvrir la vallée du Bastan, où il envoyait
ses recrues, ses dépôts, et où siégeait la junte insurrectionnelle de Navarre, sous la protection des volontaires du brigadier Sagastibelza.

A Lumbier, Zumalacarregui se joua des poursuites
de Lorenzo et d'Oraa, comme il s'était joué de la
poursuite de Saarsfield à Dicastillo, de telle sorte que
les colonnes christines, attirées sans cesse par l'appât
d'une rencontre toujours évitée, rentrèrent dans leurs
cantonnements plus épuisées par la fatigue, plus mal-
traitées par les neiges et les privations qu'elles ne l'auraient été par une déroute. Dans le même temps qu'il
amusait l'ennemi au moyen des deux colonnes volantes
de Zubiri et d'Iturralde, Zumalacarregui, à la tête d'un
troisième détachement qu'il avait su rendre invisible,
s'emparait dans l'Ayescoa de la fabrique d'Orbaiceta,
qui lui livrait un canon, deux cents fusils et cinquante
mille cartouches.

Il en sera toujours ainsi avec cet homme extraordinaire. Ce n'était point seulement pour fatiguer ses
adversaires qu'il imaginait ses marches et contre-mar-

ches fabuleuses; c'était tantôt pour éloigner l'ennemi du point qu'il voulait précisément attaquer et surprendre, tantôt pour revenir le soir au même village d'où les Christinos l'avaient chassé le matin, de façon à faire croire aux populations qu'il les avait vaincus dans l'intervalle, tantôt pour déjouer une combinaison stratégique concertée entre les chefs des colonnes ennemies. Une fois qu'il était parvenu à mettre ainsi de la confusion dans les mouvements de ses adversaires, Zumalacarregui exécutait une de ces marches de nuit que des Navarrais seuls peuvent faire, et qui le portaient souvent à quinze lieues de l'endroit où il avait été vu la veille. C'est alors que les garnisons surprises tombaient en son pouvoir, que Vittoria épouvantée se barricadait dans ses rues envahies; c'est alors que les riches villages de l'Èbre, qui pouvaient se croire hors d'atteinte, voyaient leurs greniers pris d'assaut par un ennemi venu on ne savait d'où.

Bientôt les christinos furent si bien démoralisés par les changements à vue qu'opérait le chef carliste, que, lorsqu'ils remportaient sur lui un avantage, ils n'osaient jamais profiter de la victoire en le poursuivant dans sa retraite, dans la crainte où ils étaient que cette retraite ne fût une embûche ou un stratagème préparé.

Il faut dire aussi que Zumalacarregui fut merveilleusement aidé contre ses adversaires par une population dont chaque membre était un espion et un messager. Il y avait dans tous les villages une véritable conscription de messagers : chacun devait partir à son tour lorsqu'une dépêche arrivait. Le transport de ces dépêches, venant du camp carliste ou y allant, se faisait ainsi de village en village avec une rapidité merveilleuse. Zumalacarregui était toujours averti à temps des mouvements de l'ennemi, et il était sûr que les ordres qu'il avait à transmettre au loin arriveraient à propos et fidèlement. Il n'y a pas d'exemple qu'un seul de ces messagers volontaires ait trahi. Un fait prouvera jusqu'à quel point allait cette obéissance fidèle des contrées insurgées. Zumalacarregui fit une circulaire aux municipalités, par laquelle il défendait, sous peine de mort, de donner aucun avis, soit verbal, soit écrit, aux christinos. Tout individu aux mains de qui tomberait cette circulaire était tenu de la signer pour prouver qu'il en assumait la responsabilité. Eh bien ! cette circulaire passa dans tous les villages occupés par les christinos ; elle pénétra même dans le haut Aragon, et elle revint aux mains de Zumalacarregui couverte de signatures. Aucun n'avait refusé cette responsabilité qui pouvait le perdre, et personne ne s'était rencontré pour livrer à l'ennemi ceux qui avaient signé.

Ainsi, le chef carliste savait toujours où trouver ses ennemis, tandis que ceux-ci étaient dans une ignorance complète à son égard. Il pouvait même pénétrer souvent dans leurs desseins par l'interception de leurs dépêches. Ces dépêches, en effet, tombaient presque toujours dans ses mains, soit qu'elles lui fussent livrées par les messagers même des christinos, soit qu'elles fussent interceptées par les *aduaneros* qu'il avait répandus dans le pays par *partidas* de douze ou quinze hommes. Ces *aduaneros* ne rendirent pas seulement à Zumalacarregui le service de bloquer les villages occupés par les christinos et de surveiller la marche de leurs colonnes : le chef carliste les envoyait souvent au milieu de la nuit vers le bivouac ennemi ponr réveiller à coups de fusil les christinos, déjà harassés par les combats et la marche de la journée. Ceux-ci, croyant à une attaque nocturne, passaient alors toute la nuit sous les armes. C'est par tous ces moyens que Zumala parvint à donner les proportions d'une guerre sérieuse à ce qui n'aurait été sans lui qu'une *guerrilla* inconsistante.

Valdès était venu en aide à ses deux lieutenants découragés; mais il ne fut pas plus heureux qu'Oraa et Lorenzo : il ne put jamais parvenir à entamer Zumalacarregui, malgré tous ses efforts et ses grands déploiements de force. Devant ses insuccès et les attaques dont il était l'objet de la part des journaux de Madrid, il dut se retirer, comme son prédécesseur Saarsfield; Quesada lui succéda. Valdès disposait de douze mille hommes; on en donna vingt mille à Quesada. Par cette augmentation successive de forces, on peut comprendre quels progrès avait faits l'insurrection.

Quesada venait de pacifier la Vieille-Castille, qu'il commandait comme capitaine-général. Il avait déjà ouvert des correspondances avec les provinces insurgées, où ses antécédents royalistes lui avaient créé de nombreuses relations. Quesada, en effet, avait commandé en 1821 comme général apostolique ces mêmes

insurgés qu'il venait combattre aujourd'hui comme
général constitutionnel. Les principaux chefs de l'insurrection actuelle, Zumalacarregui, Eraso, Iturralde,
Saraza, Gomez, Goñi, avaient servi sous ses ordres,
et Quesada avait fait espérer au gouvernement de
Madrid que ses anciens lieutenants reconnaîtraient sa
voix et subiraient son influence. Ce fut là ce qui décida sa nomination au poste de général en chef de
l'armée du nord, à la place de Valdès.

Voici quelle était la position des carlistes au moment
où Quesada ouvrit la campagne du printemps de 1834 :
aux trois divisions de Linarès, d'Oraa et de Lorenzo,
fortes de dix mille hommes, Zumalacarregui avait à
opposer les cinq bataillons de Navarre, les Guides et
trois cents chevaux, en tout quatre mille hommes environ. Il correspondait en Guipuzcoa avec Gui-
debalde, qui avait trois bataillons à opposer aux *peseteros* et *chapelgorris* de Jauregui (El Pastor), si fameux
par leurs déprédations et leurs excès ; en Alava et en
Biscaye, il correspondait avec Uranga, Villaréal et Zavala, qui disposaient de dix bataillons contre les forces
supérieures d'Espartero, d'Iriarte et d'Osma. Les
christinos avaient en outre les garnisons des places fortes et deux corps d'observation sur l'Èbre et sur
l'Aragon.

Quesada prit l'offensive en se portant sur Lumbier avec toutes ses forces. C'était dans les premiers
jours de mars. Zumalacarregui engagea son adversaire à la poursuite de la division Eraso, qui se dirigea vers le Bastan, tandis que lui-même se faisait

poursuivre vers Estella par la division Lorenzo. Quesada apprenait, quelques jours après, la défaite de Lorenzo, que Zumalacarregui poursuivit l'épée aux reins jusqu'aux portes d'Estella; mais à peine le général christino, revenant sur ses pas, eut-il rejoint Lorenzo, qu'il apprenait de nouveau l'irruption de son adversaire sur Vittoria. Zumalacarregui avait fait dix-huit lieues dans la nuit. Pendant qu'on le cherchait dans l'Alava, Zumalacarregui était déja à l'extrémité opposée, sur la frontière de l'Aragon. Il fallut l'y suivre; mais alors il était dans la Borunda. Quesada, Oraa et Linarès se réunirent pour l'y enfermer. Cette fois encore il n'était plus temps.

Alors les généraux christinos se réunirent contre Eraso, ne pouvant atteindre Zumala.

Celui-ci, pour délivrer Eraso par une diversion hardie, passa l'Èbre et surprit Calahorra. Eraso était délivré. Zumala, ayant repassé l'Èbre avant que ses adversaires eussent pu lui couper la retraite, se jeta dans les montagnes d'Alda, dans la Berrueza. Les trois divisions qui suivaient sa piste l'y cernèrent; il glissa dans leurs mains pendant la nuit par le port de Contrasta, occupé cependant par la division d'Oraa.

Après avoir bien fatigué l'ennemi par ces courses épuisantes, Zumala alla ravitailler ses troupes dans le Bastan, pendant que Quesada se reposait à Vittoria. Cependant, lorsque celui-ci voulut revenir à Pampelune, le 21 avril, Zumala était déjà là pour lui en fermer la route, quoiqu'avec des forces bien inférieures. Quesada, sorti le matin de Salvatierra à la tête de ses troupes d'élite et suivi d'un convoi considérable, s'avançait par la route royale de Pampelune, quand Zumalacarregui, venant d'Etcharri- Aranaz, atteignit le hameau d'Iturmendi, où les deux avant-gardes se heurtèrent.

Comme Zumala prit aussitôt l'offensive, Quesada se figura que son adversaire l'attaquait avec toutes ses forces, tandis que, par le fait, le chef carliste n'avait que cinq bataillons, dont deux d'Alava, déjà fatigués par une marche forcée. Déconcerté par cette attaque imprévue, Quesada ne sut que résoudre. Au lieu de se porter en avant pour s'abriter derrière les postes fortifiés qui protégeaient la route, et rougissant de retourner vers Salvatierra, il se jeta à droite sur le chemin qui d'Alsassua conduit à Segura, à travers les bois et les défilés. Les Navarrais y eurent bientôt atteint leurs adversaires, moins agiles. A la sortie du bois d'Alsassua, ils rencontrèrent l'arrière-garde, qui leur résista bravement, sous la conduite d'O'Donnel, fils unique du comte d'Abisbal, qui fut fait prisonnier. La résistance héroïque de cette arrière-garde sauva la colonne de Quesada d'une complète destruction. A neuf heures du soir, les christinos, poursuivis et battus, arrivaient à Segura, d'où Quesada, ne se croyant pas encore en sûreté, les conduisit en désordre jusqu'à Villafranca, en Guipuzcoa.

A partir du combat d'Alsassua, Zumalacarregui ne cessa pas de prendre l'offensive contre son adversaire décontenancé, et, à son tour, il voulut faire courir

Quesada. A Maestu, il faillit le faire prisonnier dans une attaque de nuit.

Quelques jours après, au commencement de mai, Quesada, renonçant à tout espoir de battre Zumala, voulut du moins tenter un coup qui retentît à Madrid. Il prit le chemin du Bastan, à la tête de trois mille hommes, dans l'intention · de surprendre et d'enlever la junte de Navarre qui siégeait à Élisondo ; mais, lorsqu'il voulut retourner à Pampelune, après avoir échoué dans son projet, Zumala l'attendit à Belate pour lui en fermer la route. Quesada, n'osant affronter la rencontre des carlistes, fit un long détour pour gagner Pampelune par la route du Guipuzcoa. Arrivé à Tolosa, il se fit accompagner par la colonne de Jauregui ; mais, pendant ce long trajet, Zumala eut le temps de s'établir près de Lécumberri, au port d'Aspiroz, et là, comme à Alsassua, comme à Belate, il s'interposa entre Pampelune et Quesada. Celui-ci se retira encore vers Vittoria.

Comme il fallait passer cependant et rentrer à Pampelune sous peine de servir de fable à ses ennemis de Madrid et de Navarre, Quesada fit parvenir au brigadier Linarès l'ordre de sortir de Pampelune avec sa division pour venir à sa rencontre. Zumalacarregui, à qui rien ne restait inconnu, apprit l'ordre envoyé à Linarès. D'Etcharri-Aranaz, où il était posté, il se porta aussitôt à Irurzun, aux environs mêmes de Pampelune. Linarès, sortant de la ville au point du jour, heurta l'avant-garde carliste, près de l'auberge de Gulina, entre Erice et Irurzun. Le combat fut opi-

niâtre et meurtrier : on se battit pendant six heures
sans lâcher pied ; mille hommes restèrent sur le champ
de bataille. Les carlistes, n'ayant plus de munitions,
se battaient encore à l'arme blanche, quand Zumalacarregui ordonna la retraite. Linarès rentra à Pampelune, où Quesada put enfin arriver sans encombre,
les carlistes n'ayant plus de poudre pour lui disputer
le passage.

Ce fut la fin du commandement de Quesada. De
toutes les menaces qu'il avait faites, ce général ne
put en exécuter qu'une seule : ce fut la rigoureuse ap-
plication de la loi martiale contre les insurgés faits
prisonniers. Tous étaient invariablement fusillés. Zumalacarregui dut user de représailles, et s'il y mit
plus de ménagements que son adversaire, c'est qu'il
avait à craindre qu'à défaut de prisonniers, celui-ci ne
s'en prît, dans ses vengeances, aux familles mêmes des
insurgés en son pouvoir, ce qui ne manqua pas d'arriver.

L'histoire ne saurait flétrir avec trop de sévérité
ces horribles exécutions qui ensanglantèrent et désho-
norèrent la victoire dans cette guerre de Navarre où
le soldat, qui avait amnistié l'ennemi au milieu du
combat, fusillait froidement le prisonnier après la
défaite. Ces atrocités étaient poussées si loin des deux
côtés, qu'elles firent plus de victimes que les combats. Que de scènes touchantes ou sublimes dans ce
drame lugubre des vengeances politiques! Jamais,
dans aucun temps, plus d'héroïsme ne racheta plus de
férocité. Ce ne fut qu'un an plus tard que la conven-

tion Elliot vint faire reconnaître les droits de la civilisation dans cette guerre de sauvages, et même cette
convention tardive ne fut pas toujours observée fidèlement.

# III

Nous touchons au moment le plus critique de l'histoire de Zumalacarregui. Le général Rodil, à la tête de l'armée qui venait d'envahir le Portugal et de forcer don Carlos à chercher un refuge à bord d'un vaisseau anglais, avait pris le commandement des mains de Quesada.

Le traité de la quadruple alliance était mis à exécution. La France et l'Angleterre bloquaient les deux mers pour empêcher toute communication de l'extérieur avec les provinces insurgées, et la division du général Harispe se tenait en observation devant les Pyrénées. Les carlistes, épuisés par la lutte, ne pouvaient, faute d'armes, équiper de nouveaux bataillons. Ils manquaient même de poudre, à ce point que la prise de quelques caisses de munitions équivalait pour eux au gain d'une bataille. Aussi Zumalacarregui devint-il si ménager, qu'il ne distribuait les cartouches à sa troupe qu'une demi-heure avant l'action, et jamais il n'en donnait plus de dix à chaque volontaire. On est souvent surpris qu'à la suite d'un enga-

gement où les christinos avaient été mis en déroute,
Zumalacarregui ne les ait pas poursuivis : c'est qu'à-
lors les cartouches étaient épuisées. Il a dû bien des
fois renoncer à une victoire certaine, parce que les
moyens de l'achever lui manquaient. Les carlistes
étaient obligés de fabriquer eux-mêmes leur poudre,
et depuis trois mois ils attendaient le jour où la
fonte de leur premier canon serait achevée. La chaussure même leur manquait : le chanvre de leurs san-
dales s'était bien vite usé durant leurs campagnes
d'hiver et leurs courses perpétuelles, et la plupart
marchaient pieds nus sur la terre détrempée, afin de
conserver leurs chaussures en lambeaux pour les sentiers plus rudes des montagnes.

Lorsque Rodil parut dans la Navarre à la tête de
son brillant état-major, où se trouvaient tous les
jeunes généraux de l'Espagne, menant avec lui une
armée toute fraîche et déjà mise en haleine par sa facile campagne en Portugal, le découragement s'empara des provinces insurgées. Les christinos traînaient
après eux un immense matériel de guerre; ils avaient
garnison dans toutes les villes; ils occupaient toutes
les places fortes et tous les marchés. Leurs généraux
Osma, Espartero et Jauregui dominaient les provinces basques; Oraa, Lorenzo et Linarès tenaient toute
la Navarre en échec, de sorte qu'avec les nouveaux
contingents qu'il amenait, Rodil allait pouvoir agir à
la tête d'une armée de quarante mille hommes, y
compris les garnisons.

Dans ces circonstances désespérées, Zumala voulut

montrer qu'il avait foi en lui pour donner aux insurgés foi en eux-mêmes. Il fit ce qu'il avait déjà fait au
camp d'Arronitz après la défaite de Santos-Ladron,
ce qu'il avait fait à Lumbier à l'arrivée de Quesada. Il
aborda de front la difficulté ; il exagéra à dessein les
forces de l'ennemi et l'exiguïté de ses ressources, puis
il dit à ses soldats : « Devant une armée si nombreuse, volontaires, perdrez-vous courage ? » Zumala
connaissait bien le caractère navarrais : les volontaires, qui auraient peut-être déserté la veille, répondirent *non ! non !* d'une commune voix. L'insurrection
était ranimée.

Ce fut sur ces entrefaites que don Carlos parut en
Navarre après s'être miraculeusement soustrait à la
surveillance des Anglais. A coup sûr, Zumalacarregui se fût bien passé d'une autorisation royale pour
s'imposer à l'insurrection. L'arrivée de don Carlos eut
pour premier effet d'anéantir le plan d'attaque que
Zumalacarregui avait conçu contre Rodil. N'étant pas
libre de se soustraire à l'embarras qu'allait causer à
l'insurrection la garde d'un prétendant, il songea à
tirer parti de cet embarras même : ceci est un des
traits les plus étonnants de cette guerre vraiment
étrange.

Rodil était un général de grande activité et de résolution prompte : il était aussi très-obstiné dans ses
résolutions et sans pitié dans l'exécution. Un jour, la
garnison qu'il commandait à Callao, dans la guerre
du Pérou, étant vivement pressée par les assiégeants,
quelques hommes parlèrent de se rendre. Rodil ras-

sembla ses soldats, leur parla de l'extrémité où la place assiégée était réduite, et ajouta : « Que ceux qui sont d'avis de se rendre se détachent ! » Quelques soldats sortirent des rangs : il les mit en ligne d'un côté, puis il commanda le feu aux autres. Les dissidents tombèrent fusillés. Tel était Rodil.

Ayant remarqué que ses prédécesseurs avaient toujours été inquiétés par Zumala sur la route de Pampelune à Vittoria, dans les vallées d'Araquil et de la Borunda, Rodil fit immédiatement fortifier cette ligne, comme Valdès avait fait fortifier la ligne de Pampelune à Logroño par Estella. Il multiplia les postes et les garnisons sur cette double ligne qui devait fermer aux carlistes d'un côté la Ribera, de l'autre la plaine de Vittoria.

C'est dans l'intérieur de ce triangle que se trouvent les Amescoas, centre principal des opérations de Zumalacarregui. Les Amescoas, nous l'avons dit, forment une vallée profonde, encaissée entre deux hautes sierras parallèles d'un côté à la Borunda et à la route de Vittoria, et de l'autre aux vallées de Guezalaz et de Berrueza, dans le district d'Estella.

Rodil se proposait d'acculer Zumalacarregui dans les Amescoas, ou de l'obliger, s'il en sortait, à se heurter contre les nombreuses garnisons qui circonvenaient le district d'Estella par les deux routes fortifiées de Vittoria et de Logroño. Puis Rodil devait opérer avec toutes ses forces contre son adversaire, en coupant derrière lui toute ressource, en lui fermant tout port de refuge. Les villages devaient être incendiés sur son passage, et les populations rançonnées jusqu'à la disette inclusivement.

Zumalacarregui se trouvait avec le prétendant dans les Amescoas, lorsque les travaux commencés sur la route de Vittoria lui firent voir clair dans les projets de Rodil. Il résolut donc d'étendre d'autant plus le théâtre de la guerre que ses ennemis voulaient le resserrer. C'était vers le milieu de juillet 1834. Le général carliste prit à partie le prétendant, lui disant que sa présence au milieu de ses partisans serait, à son choix, un embarras ou une ressource : elle serait une ressource, si elle faisait naître chez ses ennemis l'espoir de s'emparer de sa personne. Pour cela, il devait parcourir les provinces avec une faible escorte, afin d'attirer sur lui une partie des forces ennemies. Provoqué dans son courage personnel, don Carlos accéda au plan de son général et consentit à se séparer de lui pour faire diversion. Zumala confia le prétendant à Eraso, qui avait une parfaite connaissance de ces contrées.

Ce que le général carliste avait prévu arriva. Rodil ne put résister à cette amorce que son adversaire lui présentait. Il prit avec lui une colonne de douze mille hommes, sitôt que don Carlos lui fut signalé, et se mit à sa poursuite, livrant Zumalacarregui à ses lieutenants. Cette poursuite dura longtemps; Rodil s'y acharnait d'autant plus vivement que le prétendant paraissait plus près de sa portée. Bien souvent don Carlos fut sur le point d'être pris, et il ne pouvait dire alors comme Richard : *Mon royaume pour un cheval !* car les précipices et les cavernes ignorées devaient être ses seuls refuges.

Pendant que la puissante colonne de Rodil s'épuisait à ce jeu de barres contre la faible escorte du prétendant, Zumalacarregui mettait le temps à profit. Il devait d'abord se garantir contre les garnisons des villages fortifiés sur les deux routes, car il aurait pu s'y heurter à chaque instant en voulant se mettre à l'abri des colonnes mobiles d'Oraa, de Figueras et de Lorenzo, qu'il avait toujours à ses trousses.

Ce fut alors surtout qu'il utilisa les *aduaneros*, dont il avait augmenté les bandes : grâce à leur secours, les garnisons qui devaient bloquer Zumalacarregui se trouvèrent bloquées par lui. Plusieurs de ces *aduaneros* se distinguèrent par des prouesses fabuleuses. L'un d'eux, Oroquieta, parvint à bloquer Estella, la plus nombreuse garnison de toute la Navarre, avec quarante hommes seulement ; un autre, le fameux Cordeu *le rouge*, à la tête de cent hommes, bloqua si bien Araquil et la Borunda, qu'il fallut une colonne de trois mille hommes pour dégager les garnisons de la route de Vittoria. A ce moment, Zumala compléta son bataillon des Guides de Navarre, dont il n'avait formé jusque-là que deux compagnies. Ce bataillon fut destiné aux surprises de nuit, aux combats d'avant-garde, aux expéditions de coups de main : Zumalacarregui ne s'en séparait jamais.

Tous les jours, les principales garnisons faisaient sortir une escorte sur la route, afin de ramasser les carlistes qu'Oraa, Figueras ou Lorenzo auraient relancés hors de leurs vallées. Un jour, Zumalacarregui, apprenant que l'escorte d'Estella devait sortir sous le commandement du général Carondelet, alla se poster dans un endroit où la route d'Estella se trouve resserrée entre les rochers de San-Fausto. Les christinos s'avançaient sans défiance, quand ils se virent de toutes parts assaillis par les carlistes embusqués. L'escorte presque tout entière fut détruite. Oraa était si proche de cet endroit, qu'il entendit la fusillade, et il s'empressa d'arriver avec sa division. Il trouva la route jonchée de morts; mais Zumalacarregui avait déjà disparu.

Quelques jours après, ce malheureux Carondelet se trouvait cantonné à Viana, sur les bords de l'Èbre, avec un corps de cavalerie et un bataillon d'infanterie. Zumala passa aussitôt entre les deux divisions d'Oraa et de Lorenzo, et gagna la vallée de Santa-Cruz en vue de Viana. La journée était brûlante, et il est probable que la garnison de Viana faisait la sieste. Zumalacarregui surprit donc les christinos, et Carondelet eut à peine le temps de ranger ses escadrons dans la plaine derrière le village. Les carlistes avaient pour toute cavalerie deux cent soixante lanciers, qui n'avaient jamais encore été engagés : aussi hésitèrent-ils à attaquer les escadrons de Carondelet, forts de quatre cent cinquante hommes; mais Zumala, survenant, se mit à leur tête, et la cavalerie christine fut si vigoureusement menée que ses débris furent repoussés au delà de l'Èbre, jusqu'à Logroño.

Zumala avait usé du même stratagème contre la division de Figueras. Oraa et Figueras, après avoir vainement cherché les bataillons carlistes dans les Amescoas, revenaient vers Estella avec leurs équipages, en défilant du port d'Eraul au village d'Abarzuza. Zumala, qui les observait, laissa leurs colonnes se dérouler sur les sentiers étroits des montagnes, et, pendant qu'un de ses bataillons, caché par l'épaisseur des bois d'Yranzo, attaquait leur avant-garde, lui-même se précipitait, avec quatre compagnies, sur leur arrière-garde, où était le convoi, et enleva hommes et butin avant que Figueras eût eu le temps de se replier pour repousser l'attaque. C'est ainsi que le général carliste prenait ses adversaires dans les piéges mêmes qu'ils lui tendaient.

Pendant que le bruit de ces événements arrivait à Madrid, on s'y demandait ce qu'était devenu Rodil avec sa puissante armée. Rodil était toujours, avec ses douze mille hommes, à la poursuite de don Carlos et d'Eraso. Il donna ainsi à Zumala le temps de pousser une pointe dans la Vieille-Castille, à trois lieues au delà de Logroño, pour s'emparer d'un convoi de fusils et de cartouches avec lesquels le chef carliste armait les nouveaux bataillons dont la junte insurrectionnelle avait ordonné la levée. Toutes les divisions se mirent alors en mouvement pour envelopper l'audacieux guerrillero, et s'échelonnèrent sur la route qu'il devait suivre pour retourner en Navarre. On était vers le milieu d'octobre.

Voici quelle était la position des belligérants au 26 du même mois. Zumala se trouvait à Santa-Cruz, dans la Berrueza ; mais il était enveloppé de tous côtés par les divisions ennemies, à sa droite par Oraa et Lorenzo postés à Los Arcos, à sa gauche par Osma, prêt à faire une sortie de Vittoria, au midi par Cordova et le gouverneur général de la Vieille-Castille à cheval sur l'Èbre, enfin au nord par O'Doyle, qui se trouvait à Alegria avec sa division, appuyée entre Vittoria et Salvatierra. Il importait à Zumala de briser au plus vite ce cercle, qui allait l'étreindre de toutes parts ; mais il fallait bien choisir le point d'attaque, de façon à pouvoir échapper aux autres divisions ennemies.

Le 27 au matin, il se porta avec le gros de ses forces en vue de la plaine de Vittoria, à portée de la division d'O'Doyle. Dans le même temps, Iturralde, avec trois bataillons, occupait sur la même ligne le port d'Herenchun, plus rapproché d'Alegria. Des hauteurs où il se trouvait, Zumala vit s'avancer sur la route un fort détachement chargé de butin ; c'était la garnison de Salvatierra qui rentrait à son poste après avoir rançonné les villages voisins. Profitant aussitôt de cet heureux hasard pour attirer O'Doyle sur la route, il expédia quelques compagnies contre la garnison qui s'éloignait vers Salvatierra. Le bruit de la fusillade attira en effet O'Doyle, qui se porta avec sa division au secours du convoi attaqué. Pendant qu'O'Doyle s'avançait, Iturralde descendit vers Alegria, de telle sorte que lorsque le général christino arriva en face de Zumalacarregui, il se trouva, sans le savoir, entre deux feux. Le combat était

commencé lorsque Iturralde survint. La division
d'O'Doyle fut enveloppée et détruite, moins deux
cents hommes que ne put atteindre la cavalerie carliste, et qui se réfugièrent dans le village d'Arrieta;
elle laissait aux mains des carlistes ses canons, ses
drapeaux et tout son état-major, y compris O'Doyle,
fait prisonnier. Deux colonnes étaient sorties des villages voisins d'Alegria pour se porter au secours
d'O'Doyle; elles furent aussi battues et dispersées par
les carlistes.

Alegria est à deux lieues de Vittoria. Les fuyards y
eurent bientôt porté la nouvelle de la complète destruction de la division d'O'Doyle.

Cependant, comme on entendit dans la nuit la vive
fusillade par laquelle les assiégés d'Arrieta répon-
daient aux carlistes, le général Osma sortit de grand
matin de Vittoria avec trois mille hommes et quatre
pièces de canon, espérant venger la défaite de la veille.
A peine Osma s'était-il posté en bataille au débouché
de la plaine, qu'il fut abordé de toutes parts et avec
impétuosité par les carlistes, enivrés de leur succès.
Les christinos cédèrent à ce choc impétueux et se
débandèrent. Bien peu échappèrent à l'ennemi; mille
hommes restèrent sur le champ de bataille; deux mille,
s'étant rendus, furent incorporés dans l'armée carliste
à leur demande; plus de cent cinquante officiers, y
compris O'Doyle, furent fusillés : ce fut la journée la
plus lugubre de toute cette guerre.

Les divisions de Lopez, d'Oraa et de Lorenzo se
trouvaient à dix lieues environ du théâtre de ces évé-

nements. Où était Rodil? Toujours à la poursuite de don Carlos, brûlant les villages et fusillant les populations pour se venger de sa propre impuissance.

Dans cette campagne si glorieuse pour Zumalacarregui, et où chaque journée fut marquée par un combat ou par une rencontre, Rodil ne trouva moyen de se signaler que par des violences. Il avait amené en Navarre une armée nombreuse et brillante ; quelques mois après, il la laissait décimée, abattue et démoralisée. Mourant, exténué lui-même, il l'avait faite à son image ; on se souvint à Madrid de Xercès et de la Grèce.

# IV

Zumalacarregui avait successivement triomphé de Valdès et de Quesada, parce qu'ils n'avaient pas un système de guerre à lui opposer, de Saursfield et de Rodil, par le plan militaire même qu'ils lui opposèrent. Pour trouver un général digne de se mesurer avec le brillant héros de la Navarre, il fallut que le gouvernement de Madrid allât chercher dans l'exil le vieux héros de la guerre de l'indépendance, le fameux Mina.

Mina était la plus grande réputation militaire de l'Espagne. Sitôt qu'on apprit qu'il allait remplacer Rodil dans la guerre de Navarre, l'Espagne et même l'Europe tournèrent les yeux vers le théâtre de la lutte, dans l'attente d'un spectacle émouvant.

On ne manqua pas, bien entendu, de rappeler tous les exploits de Mina dans ces mêmes champs de la Navarre où il allait reparaître contre son nouveau rival de gloire. La Navarre, qui connaissait Mina autant par ses cruautés que par ses exploits, frémit à son arrivée. Quant à Zumala, il disait de son adversaire :

« J'aime mieux avoir affaire à lui qu'à tout autre,
parce que, le connaissant déjà, je n'aurai pas la peine
de l'étudier. Je sais d'avance ce qu'il peut faire. »

En effet, Mina allait apprendre à ses dépens combien la différence est grande entre le rôle du général
d'armée et le rôle d'un chef de guérilla. Général, il
venait pour laisser sa gloire aux lieux mêmes où, partisan, il l'avait conquise. A son entrée à Pampelune,
le 30 octobre, il recevait comme présage la nouvelle
du double succès de son adversaire dans la plaine
de Vittoria.

Avant que Mina, vieux et malade, eût pu quitter
Pampelune, l'actif et infatigable chef des carlistes
armait de nouveaux bataillons avec les dépouilles des
ennemis, allait les ravitailler dans les riches villages de la Ribera, et promenait le prétendant sur les
bords de l'Èbre. Pendant que, dans cette excursion à
travers la Ribera, Zumalacarregui brûlait les postes
fortifiés qu'il ne pouvait assiéger faute d'artillerie,
pendant qu'il enfumait dans un clocher les femmes et
les enfants que des miliciens christinos y avaient en-
fermés avec eux, et cravachait brutalement les malheureuses qui avaient échappé à l'incendie, Mina
faisait fusiller à Pampelune quelques alcades soupçon-
nés d'avoir livré aux carlistes des rations que ceux-ci
demandaient, le sabre levé. Ces atrocités gratuites
étaient à l'ordre du jour des deux partis.

Les avantages obtenus faisaient à Zumala une nécessité de changer son système de guerre. Il ne pouvait plus se contenter désormais d'un succès d'escar-

mouches ; son armée s'était grossie à mesure que l'armée de la reine s'était affaiblie. Il lui fallait donc un succès de vraie bataille. Une bataille gagnée pouvait seule lui ouvrir le chemin de Madrid, qui brillait à ses yeux et aux yeux de son armée comme la récompense promise à leurs efforts.

L'état de sa santé avait obligé Mina à laisser le commandement de son armée au jeune et brillant Cordova, qui par bonheur se trouva être un bon général sans jamais avoir appris la guerre. Zumalacarregui provoqua Cordova dans le même endroit où il avait été vaincu par Lorenzo l'année précédente, à Asarta dans la Berrueza.

Cordova prit le temps de réunir à Los Arcos les divisions de Lopez et d'Oraa, et se rendit au rendez-vous le 12 décembre au matin. De Los Arcos, en suivant la direction de Cordova, du sud au nord, on arrive à un vallon resserré entre les rochers, qui aboutit au pont d'Arquijas. L'Éga entoure ce vallon dans toute sa partie supérieure. A droite, on rencontre le village d'Asarta, adossé aux flancs des rochers : c'est là que Zumalacarregui avait posté son aile gauche, composée de quatre bataillons qu'il commandait lui-même. En face d'Asarta, de l'autre côté du vallon, on voit le village de Mendaza : c'est en avant de ce village qu'Iturralde avait été embusqué dans les rochers avec quatre bataillons qui formaient l'aile droite. La distance d'Asarta à Mendaza est d'un kilomètre ; cet espace, qui est la largeur du vallon, était occupé par Villaréal avec trois bataillons et la cavalerie, qui formaient le centre. Cordova porta sa tête de colonne sur le centre des carlistes. S'il avait engagé la bataille dans cette direction, les carlistes, quoiqu'avec des forces inférieures, l'auraient inévitablement écrasé. Pendant que Villaréal aurait soutenu l'attaque de front, Zumalacarregui aurait abordé l'armée de la reine par son flanc droit, et Iturralde, sortant tout à coup de ses rochers, l'aurait abordée par son flanc gauche. Heureusement pour Cordova, Iturralde se découvrit au moment où la bataille allait s'engager dans cette direction. Alors Cordova, voyant le piége, fit aussitôt tête de colonne à droite vers Iturralde. Iturralde fut vigoureusement refoulé par Oraa jusqu'au village de Mendaza.

Zumalacarregui, voyant son plan de bataille devenu impraticable par la maladresse d'Iturralde, détacha un bataillon du centre et deux de son aile droite pour couper la ligne de Cordova; mais il n'était plus temps : les quatre bataillons d'Iturralde ne pouvaient plus lui venir en aide. La ligne des christinos, qui s'était fort étendue par suite du mouvement opéré vers l'aile gauche des carlistes, pouvait d'un moment à l'autre se replier pour envelopper Zumalacarregui, qui ne disposait plus que de sept bataillons, tandis que Cordova en avait treize à lui opposer, non compris la division d'Oraa, engagée contre les quatre bataillons d'Iturralde. Afin d'éviter ce danger, le général carliste opéra un mouvement de retraite insensible pour s'assurer, en cas de déroute, le passage de l'Ega par les deux ponts de Santa-Cruz et d'Arquijas. De part et d'autre, on se battit avec acharnement pendant cinq heures. La victoire resta à Cordova ; mais, la nuit survenant, Zumalacarregui put, sans être inquiété, se replier sur Zuniga, Santa-Cruz et Orbisa, en mettant l'Éga entre lui et son adversaire.

Le lendemain, il attendit l'armée de la reine au pont d'Arquijas, au débouché du vallon ; mais la victoire avait coûté cher aux christinos : ils ne bougèrent pas. Le 15, l'armée de la reine s'avança enfin vers le pont d'Arquijas. Zumalacarregui s'aperçut que Cordova n'avait pas avec lui toutes ses forces ; il apprit en effet par ses espions qu'Oraa avait été détaché avec sept bataillons, qu'il avait traversé l'Éga par les bois d'Ancin, qui étaient sur sa gauche, avec l'intention évidente de tourner l'armée carliste par la vallée de Llana, et de tomber sur ses derrières pendant que Cordova l'attaquerait de front. Zumalacarregui calcula qu'il fallait au moins six heures à Oraa pour exécuter son mouvement. Aussi prit-il sur-le-champ l'offensive contre Cordova avec toutes ses forces, au lieu d'en détacher une partie à la rencontre d'Oraa. Il espéra, en avançant l'heure du combat contre Cordova, avoir le temps de le battre et de se porter ensuite contre Oraa avec tous ses bataillons.

La décision prise par Zumala aurait cette fois tourné contre lui, si Oraa ne s'était pas égaré dans les bois, car Cordova résista plus longtemps que le général carliste ne l'avait prévu ; il ne céda le terrain que vers le soir, et parce qu'il ne vit pas Oraa paraître.

Les christinos épuisèrent leurs forces dans le combat d'Arquijas, tandis que Zumalacarregui avait ménagé ses bataillons en ne les envoyant que successivement au combat, qui était concentré sur le pont. Après avoir épuisé Cordova, le chef carliste put donc se porter à la rencontre d'Oraa avec le gros de ses bataillons, excités plutôt que fatigués par leur victoire d'Arquijas. Il l'atteignit à Gastiain, dans la vallée de Llana, à l'entrée de la nuit. Oraa put s'abriter sur le rocher de la Gallina, mais après avoir perdu environ quatre cents hommes dans le combat de Gastiain.

On célébra à Madrid comme une grande victoire la double affaire de Mendaza et d'Arquijas. L'on eut raison peut-être, car si Iturralde ne s'était pas découvert mal à propos à Mendaza, l'armée de la reine eût couru grand risque d'être détruite, ce qui aurait livré à Zumala la route de Madrid.

Dans le cours du mois de janvier 1835, des changements politiques amenèrent Valdès au ministère de la guerre. Le général Cordova, de mauvaise humeur et malade, s'était retiré, et le commandement de l'armée de Navarre était passé aux mains de Lorenzo, Mina étant encore retenu à Pampelune par le mauvais état de sa santé. Lorenzo, croyant mieux réussir que Cordova contre Zumalacarregui, brûlait de se mesurer avec lui. Le général carliste lui en fournit l'occasion le 4 février, et dans le même endroit où il avait attendu Cordova le 15 décembre 1834, c'est-à-dire au pont d'Arquijas. Lorenzo attaqua les carlistes avec les mêmes forces qu'avait Cordova et secondé par le même général Oraa ; mais en vain son artillerie, placée à la chapelle qui domine le pont, tonna-t-elle toute la journée contre les carlistes échelonnés derrière l'Éga jusqu'au village de Zuniga: Lorenzo ne put traverser la rivière. Il n'avait pas mieux réussi que Cordova ; comme lui, il fut obligé de résigner le commandement de l'armée.

Cependant l'investissement des garnisons par les *aduaneros* continuait toujours et forçait les colonnes christines à courir sans cesse d'un point à un autre, soit pour délivrer les garnisons bloquées, soit pour les ravitailler. L'approvisionnement de ces postes devenait plus difficile avec l'hiver, et en outre Zumalacarregui employa à les investir des colonnes entières, au lieu d'y employer seulement des *partidas* ou compagnies volantes. Mina voyant toutes ses garnisons bloquées successivement par les carlistes, fit évacuer tous les points fortifiés qui ne lui étaient pas indispensables, et se dirigea lui-même pour la seconde fois vers le Bastan avec le gros de ses forces. Il sortit de Pampelune le 10 mars. Deux jours auparavant, Zumalacarregui avait éprouvé un échec sur l'Arga, au pont de Mendigorria. Contre son habitude, il s'était engagé dans une position désavantageuse ; il la défendit courageusement, mais il fut repoussé avec une perte de près de trois cents hommes.

La concentration des troupes de la reine vers le Bastan se fit avec tant de secret, que Zumalacarregui ne put avoir connaissance du départ de Mina. Cependant, comme il entendait le canon du côté d'Elisondo, il supposa que Sagastibelza en avait commencé le siége, ou bien que les christinos attaquaient eux-mêmes son lieutenant. Il s'avança donc de ce côté avec quatre bataillons ; il laissait derrière lui cinq bataillons qui devaient se tenir en avant de Pampelune pour intercepter toute communication avec le Bastan ; trois autres bataillons devaient le suivre d'un autre côté, et le rejoindre s'ils entendaient la fusillade dans sa direction. Zumalacarregui avait encore donné rendez-vous à deux bataillons du Guipuzcoa sur le chemin de Dona-Maria, qui conduit au Bastan.

Pendant que Zumalacarregui atteignait Elzaburu, la division d'Oraa s'avançait par une route parallèle vers Oroquieta ; ces deux villages sont à une portée de fusil l'un de l'autre. Lorsque Oraa, qui ne se doutait pas de la présence des carlistes, arriva à Oroquieta pour y passer la nuit avec la moitié de ses troupes, il fut assailli à l'improviste par un bataillon carliste caché derrière le village. Le combat dura jusqu'à la fin du jour. Oraa resta maître des hauteurs qui dominent le passage du Bastan à Elzaburu, et Zumalacarregui se concentra autour d'Oroquieta. Dans la nuit, il apprit que non-seulement il avait Oraa au-devant de lui, mais encore Mina avec toutes ses forces ; il envoya aussitôt l'ordre à Sagastibelza d'abandonner le siége d'Elisondo et de venir à la rencontre d'Oraa.

La combinaison fort habile de Zumalacarregui consistait à se tenir entre les deux divisions de Mina pour les couper, tout en ayant l'air d'être enveloppé par elles. Si cette combinaison réussissait, Mina devait être écrasé, soit qu'il résistât, car alors il serait abordé par les trois bataillons que Zumala attendait, soit qu'il fît retraite, car dans ce cas il devait tomber sur les cinq bataillons carlistes échelonnés sur la route de Pampelune. Malheureusement une grande quantité de neige était tombée dans la nuit, et lorsque Mina se mit en mouvement pour rejoindre Oraa vers le Bastan, le 12 mars au matin, le dégel commençait déjà sur les chemins, de sorte que Zumalacarregui, qui se disposait à attaquer Mina sur son flanc gauche, ne put l'aborder comme il l'aurait voulu, parce que le terrain fort inégal était encore détrempé par la pluie.

Le combat commença cependant aux environs dcia crête de Dona Maria, au lieu nommé les *Sept Fontaines*. Mina, pour déjouer l'attaque des carlistes, simula une retraite, et au lieu de porter sa tête de colonne vers le plateau de Lanemear, où l'attendait Zumalacarregui, il chercha à s'emparer des hauteurs de la gauche, qui le rendaient maître de choisir sa direction. Zumala ne put arriver assez à temps pour prévenir la manœuvre de Mina et changer son plan d'attaque. Déjà même les carlistes se retiraient en désordre, lorsque Zumalacarregui, qui, du reste, comptait voir arriver d'un moment à l'autre les trois bataillons qu'il attendait, s'élança du plateau de Lanemear avec toute sa réserve, et fondit sur les christinos qui s'établissaient sur les hauteurs de gauche. Cette irruption fut si soudaine et si violente, qu'un escadron de la reine, posté sur la route entre les deux partis, disparut pour ainsi dire dévoré au passage par les carlistes. Dans le moment de confusion qui suivit ce terrible élan, Mina lui-même faillit tomber aux mains de l'ennemi, ainsi que sa femme, jeune Asturienne qui le suivait à cheval ; mais le vieux guerrillero ne perdit pas la tête, et il eut le temps de mettre un ruisseau escarpé entre sa division et les carlistes. Ce retranchement naturel lui permit de rétablir l'ordre dans ses rangs et de s'assurer la route de San-Esteban pour sa retraite.

Pour faire diversion à l'expédition du Bastan où Mina allait exercer de cruelles et odieuses vengeances, Zumalacarregui retourna vers Pampelune et mit le siége devant le fort voisin d'Etcharri-Aranaz. Il n'espérait pas pouvoir s'en emparer avec un mauvais vieux canon et un obusier qu'il avait avec lui, mais il pensait que Mina reviendrait du Bastan pour le défendre. Mina ne vint pas, et Zumalacarregui finit par s'emparer du fort en s'aidant de la mine.

La prise d'Etcharri-Aranaz fut le dernier coup porté au commandement de Mina. Non-seulement le vieux général n'avait pu vaincre son adversaire, mais il avait été obligé de faire évacuer beaucoup de postes fortifiés qu'il était impuissant à défendre. Il avait en outre rendu odieux le gouvernement de la reine par ses cruautés révoltantes. On le rappela ; il était trop tard pour sa gloire.

V

On a pu remarquer que Zumalacarregui avait progressivement étendu le champ de ses opérations à mesure que s'augmentaient les forces des christinos. En agissant ainsi, il avait obligé l'armée de la reine à s'éparpiller partout où se manifestait la résistance, tandis que lui, grâce à la rapidité merveilleuse de ses mouvements, était sûr de pouvoir, en se portant sur l'endroit menacé, combattre toujours à égalité de forces sur tous les points indistinctement. Si cette tactique réussit à Zumalacarregui, c'est, il faut bien le dire, parce que les généraux qui furent envoyés contre lui ne trouvèrent aucun plan de campagne à lui opposer et ne songèrent qu'à le poursuivre, au lieu de chercher le moyen de l'arrêter.

Au bout de dix-huit mois de cette tactique, Zumalacarregui était parvenu à user les quatre premières réputations militaires de l'Espagne, Saarsfield, Valdès, Rodil et Mina. Il avait pris une bande de quinze cents volontaires indisciplinés et découragés; il en avait fait une armée de dix-huit mille hommes capables de se tenir en ligne contre une armée régulière. Ces volontaires, qui avant lui ne pouvaient rester trois jours sans rentrer dans leurs villages, sous prétexte d'*aller changer de chemise*, et qui d'ailleurs n'avaient aucun engagement qui les forçât au service, il les disciplina si bien qu'il les maintenait une année entière hors de leurs demeures, et fusillait comme déserteurs ceux qui s'étaient absentés sans permission.

Sans argent, sans magasin, sans arsenal, il était parvenu à équiper trente bataillons et six escadrons, à créer des ateliers d'armes, à établir des fabriques de poudre, à fondre même des canons. Pour opérer tous ces prodiges, les provinces insurgées ne lui avaient pas fourni plus de quatre-vingt mille francs par mois en moyenne. Il avait enfin obligé le gouvernement de Madrid à dégarnir les provinces du sud et de l'est pour grossir l'armée de Navarre, forte de cinquante mille hommes. Deux levées extraordinaires avaient été décrétées pour renouveler cette armée épuisée par les combats et par les fatigues; et, comme si tous ces efforts et ces sacrifices ne suffisaient pas contre un homme à qui deux ans auparavant on retirait la conduite d'un régiment, l'intervention étrangère allait être sollicitée.

Voilà quelle était la situation le 13 avril 1835, lorsque le ministre de la guerre Valdès vint remplacer Mina dans le commandement de l'armée de Navarre, muni de pouvoirs et de ressources extraordinaires. Comme Rodil, le général Valdès voulait en finir d'un seul coup, et comme Rodil, il se dirigea sur les Ames-

coas, pour forcer Zumalacarregui dans son repaire.
Zumala n'était pas dans les Amescoas : il s'y rendit,
avec six bataillons seulement, pour répondre aux défis
de son adversaire; mais cinq autres bataillons étaient
échelonnés de manière à pouvoir venir à son aide au
premier signal.

Le plan de Valdès était d'agir contre l'insurrection
à la tête de toutes ses forces, de détruire les hôpitaux
et les magasins des carlistes, et de ne jamais se laisser
détourner de sa direction pour aller au secours des garnisons bloquées. C'était à peu près le plan de Saarsfield,
et Valdès avait tant de raisons de compter sur le succès,
qu'il écrivit au général Harispe, à Bayonne, de se préparer à recueillir à la frontière les débris des insurgés.

Valdès s'avança donc de Vittoria, le 20 avril, avec
vingt-huit bataillons, sur les Amescoas par le port de
Contrasta. Villaréal, qui se trouvait là avec deux bataillons carlistes, se replia aussitôt sur Zumalacarregui, posté plus loin, au col de Zudaire, qui conduit
des Amescoas à Estella. C'est dans cette région montagneuse que le général carliste attendait Valdès à sa
sortie des Amescoas. L'armée de la reine quitta Contrasta le 21 au matin, se dirigeant à travers la Basse-
Amescoa vers le plateau qui se trouve au haut de la
serra d'Andia, de l'autre côté de la vallée, pour rallier la brigade Mendez-Vigo, qui s'était portée sur les
Amescoas par la vallée de la Borunda. C'est sur ce
plateau élevé, où le froid est rude même en été, que
l'armée de la reine passa la nuit, après avoir ravagé
la vallée et tiraillé toute la journée contre l'ennemi.

Cela donna le temps à Zumalacarregui de rassembler ses onze bataillons dans les positions de Zudaire.

Le 22, Valdès sortit des Amescoas par le col d'Artaza, au lieu de venir par le col de Zudaire, qui est le chemin le plus court pour aller à Estella : c'était dire assez clairement aux carlistes que l'armée de la reine évitait le combat. En effet, les deux nuits passées à Contrasta et sur le plateau d'Urbaza avaient été horriblement pénibles pour les christinos, d'autant plus pénibles qu'ils commençaient à souffrir de la faim, n'ayant emporté de Vittoria que trois rations de vivres. Zumalacarregui avait calculé précisément sur les souffrances éprouvées par ses ennemis; aussi n'hésita-t-il pas à se porter au port d'Artaza, pour leur en disputer le passage avec quatre bataillons seulement. Les christinos, affaiblis par les privations, reculèrent dans les bois à la première attaque des carlistes; mais le brave Seoane les ramena plus nombreux au combat. La lutte sur ce point dura plus de cinq heures, et souvent on s'abordait à l'arme blanche.

Deux nouveaux bataillons venaient déjà renforcer les carlistes, lorsqu'une attaque opportune de Cordova, sur la droite du plateau, força Zumalacarregui à abandonner le passage d'Artaza et à se replier sur ses réserves, pour n'être pas coupé. Cordova, qui, après quelques mois de bouderie, reparaissait enfin sur le théâtre de la guerre, heureusement pour l'armée de la reine, reçut l'ordre de garder la position conquise et d'attendre l'arrière-garde, pendant que Valdès s'avancerait rapidement sur la route d'Estella; mais Zumala, plus actif, descendait déjà la vallée d'Hellin, et prenait position au port d'Eraul, pour couper à Valdès la route d'Estalla. Pendant ce temps, Zaratiegui, qui commandait la réserve carliste, devait occuper l'attention de Cordova au haut du plateau d'Artaza.

Les colonnes qui s'avançaient vers Estella, sous la conduite de Valdès, trouvèrent la route déjà occupée par Zumalacarregui, une route encaissée entre des rochers. Les christinos en disputèrent les passages avec l'ardeur du désespoir. Zumalacarregui les leur livrait à mesure, car son intention était d'isoler ces colonnes de la division de Cordova et de l'arrière-garde de Mendez-Vigo ; mais bientôt la déroute des christinos commença : ils s'enfuirent vers Estella dans un tel désordre, qu'ils abandonnèrent près de trois mille fusils sur la route avec tout leur bagage ; leur entrée à Estella y répandit la consternation. Cordova ne serait pas à coup sûr arrivé le soir même à Estella avec sa division à peu près intacte, si les carlistes avaient eu des munitions pour s'y opposer ; mais ils avaient épuisé leurs cartouches dans la journée. Dés vingt-cinq bataillons qui s'étaient refugiés à Estella, Cordova put à peine réunir assez d'hommes et former sept bataillons pour aller le lendemain dégager la brigade Mendez-Vigo, qui s'était retranchée à Abarzuza au nombre de quinze cents hommes.

Si la défaite d'Artaza était peu de chose comme résultat matériel, puisqu'il n'y eut pas huit cents morts des deux côtés, elle pesa énormément sur les christinos comme résultat moral. C'était l'écroulement des plans militaires de Valdès, sa déconsidération comme général, et la démoralisation dans son armée. A coup sûr, si Valdès eût essayé de prendre sa revanche, ses soldats auraient refusé de se battre, tant était profonde en ce moment la terreur que leur inspirait le nom de Zumalacarregui. Les conséquences de l'affaire d'Arsaza furent graves. Valdès évacuait deux jours après Estella, disséminant son armée dans les places fortifiées de la Ribera et transportant lui-même son quartier général derrière l'Èbre, à Logroño. Il envoya l'ordre également à ses autres divisions de se concentrer le plus possible dans les villes de guerre, et de détruire, en les évacuant, les postes intermédiaires. Sans cette concentration des divisions, l'armée de la reine eût couru grand risque d'être détruite en détail, car après l'affaire d'Artaza presque toutes les garnisons qui ne se conformèrent point à l'ordre de Valdès tombèrent successivement aux mains de l'ennemi. Quant aux carlistes, leur confiance dans le succès s'accrut à ce point, qu'ils prirent partout l'offensive contre les christinos déconcertés. Les lieutenants de Zumala en Biscaye, Gomez et Saraza, battirent le général Iriarte; Sagastibelza détruisit presque entièrement au col de Belate la division d'Oraa, qui évacuait le Bastan suivant l'ordre de Valdès.

Cependant Zumalacarregui ne s'endormait pas dans ses victoires. Profitant de l'abattement dans lequel il voyait les ennemis, il porta des coups qu'il n'aurait pas hasardés en temps ordinaire, avec le peu de moyens matériels dont il disposait. C'est ainsi qu'aux

environs même de Pampelune il osa attaquer le fort
d'Irurzun, qui commande les deux routes de Tolosa et
de Vittoria, sans autre artillerie qu'un vieux canon
qu'on nommait par dérision *l'aïeul*. N'ayant pas réussi
sur ce point, il se porta trois jours après contre la
place de Tréviño, sur la route de Vittoria à l'Èbre. La
possession de Tréviño importait aux carlistes, surtout
dans le cas d'une expédition sur Madrid. Après avoir
démantelé le fort et enlevé l'artillerie qui s'y trouvait,
Zumalacarregui chercha pendant quelques jours
quelle garnison il pourrait attaquer avec avantage.
Zumalacarregui se décida enfin pour le fort de Villafranca, qui commande la route de Tolosa à Vittoria.
La garnison était forte, bien pourvue de vivres et d'artillerie; elle résistait depuis six jours, espérant d'ailleurs être secourue. En effet, Jauregui s'était avancé
jusqu'à Tolosa, et Espartero, à la tête de forces im-
posantes, arrivait du côté de Villaréal. Gomez fut aussitôt détaché contre Jauregui avec ordre de le maintenir à Tolosa, et Eraso fut dirigé contre Espartero
jusqu'à Villaréal, avec ordre de céder le passage si le
général de la reine continuait à marcher sur Villafranca, puis de l'attaquer par derrière de façon à le
mettre entre deux feux. Espartero campait sur les hauteurs de Descarga, qui dominent la route royale. Ces
positions sont inexpugnables; Espartero parut vouloir
s'y établir pour plusieurs jours, et, au lieu de continuer sa route vers Villafranca, il donna l'ordre à son
arrière-garde de retourner à Bergara. Il était huit
heures du soir; la nuit était obscure, le temps épou-

vantable. Eraso, qui n'était qu'à une demi-heure de la
position de Descarga, remarquant certains mouvements dans le camp d'Espartero, fit avancer un escadron et quelques compagnies d'élite pour reconnaître
la route. Ce détachement pénétra jusque dans les retranchements ennemis à la faveur de l'obscurité.
Voyant les armes en faisceau dans les premières
lignes, il fit irruption sur l'avant-garde désarmée.
Une grande confusion se mit dans le camp, et Espartero se crut attaqué par toutes les forces des carlistes.
Au lieu de rallier les fuyards, il ne songea qu'à se
défendre lui-même. Il se défendit bravement, il est
vrai : il courut même plusieurs fois le risque d'être
pris ou tué; mais, pendant ce temps, son armée, ne
trouvant personne pour la rallier, fuyait de toutes
parts, saisie d'une terreur panique. Deux mille prisonniers, un bagage considérable, tout un matériel de
guerre, — telles furent les pertes d'Espartero dans la
déroute de Descarga, qui n'avait pas coûté un seul
homme aux carlistes.

Espartero rentra dans la nuit à Bergara; dix-huit
cents fuyards l'y rejoignaient le lendemain. Nous ne
savons ce qui put le décider à se retirer si précipitamment vers Bilbao, au lieu de rester à Bergara, où il
aurait pu rallier les débris de son armée et prendre
même une éclatante revanche de la défaite de la veille,
car les carlistes s'étaient éparpillés à la poursuite des
fuyards, et rien n'eût été plus facile que de les surprendre. Il faut bien reconnaître qu'Espartero perdit
la tête ce jour-là, et qu'il resta écrasé sous la honte

de son désastre. A la nouvelle de la déroute de Descarga, la garnison de Villafranca, qui s'était si bravement défendue jusque-là, mit bàs les armes, et Jauregui quitta précipitamment Tolosa pour se retirer à Saint-Sébastien. Les garnisons d'Eybar, de Bergara et de Durango suivirent l'exemple de la garnison de Villafranca, toujours sous le coup du désastre de Descarga, et bientôt Zumalacarregui parut devant Bilbao : c'était le 10 juin 1835.

Ainsi il n'avait pas fallu à Zumalacarregui plus de trois mois pour anéantir, au moral du moins, une armée de plus de quarante mille hommes, pour acculer les christinos dans leur places de guerre, Pampelune, Bilbao, Vittoria, en s'emparant de toutes leurs garnisons de campagne, et en battant lui-même ou par ses lieutenants quatre de leurs généraux, Valdès à Artaza, Oraa à Belate, Iriarte en Biscaye, Espartero en Guipuzcoa. Par suite de la convention Elliot, passée deux mois auparavant, le chef carliste renvoyait deux mille cinq cents prisonniers aux christinos, qui n'en eurent pas un seul à lui remettre en échange.

Le général carliste se trouva cependant plus embarrassé après le succès qu'il ne l'avait été pendant la lutte. La victoire elle-même le mettait en demeure de la suivre, et elle le laissait sans moyens d'action, enchaîné à sa place. Ses soldats réclamaient leur paye, et il manquait d'argent. On lui demandait de s'emparer des places de guerre, et il n'avait pas d'artillerie de siége. On exigeait de lui de diriger sur Madrid son armée victorieuse ; il s'en chargea, mais à la condition qu'on lui fournirait quatre cent mille cartouches et cinq cent mille francs. Au moment prescrit, il ne trouva ni les cartouches ni la somme. En désespoir de cause, lui si prévoyant et qui n'entreprenait jamais une chose dont il ne fût sûr de venir à bout, il commença le siége de Bilbao, sachant très-bien qu'il ne pourrait s'en emparer que par un miracle. Il espéra ce miracle, car il avait besoin de la rançon de l'opulente Bilbao pour arriver à Madrid, ou plutôt il espéra que Valdès tenterait de dégager Bilbao, et qu'alors une dernière victoire sur le dernier corps d'armée de la reine le tirerait d'embarras ; mais Valdès ne vint pas au secours de Bilbao : il se fortifiait au contraire sur la ligne de l'Èbre, et faisait mettre Burgos en état de défense, tant il était persuadé que Zumalacarregui se porterait sur Madrid. Tout le monde le croyait comme lui, et, dans cette croyance, le gouvernement espagnol avait réclamé d'urgence, sur l'avis de Valdès, l'intervention de la France et de l'Angleterre. Qui savait alors que Zumalacarregui, tout-puissant et vainqueur, était retenu devant Bilbao, faute de cinq cent mille francs dans sa caisse militaire ? Oui, Madrid était le rêve de ce conquérant improvisé : depuis tantôt un an, il faisait reluire cette conquête devant les yeux de ses soldats sans chaussure et sans abri, il en avait d'avance préparé toutes les étapes, il avait même défendu au curé Mérino, sous peine de la vie, de venir le rejoindre en Navarre, pour que le curé Mérino, en continuant à escarmoucher par delà l'Èbre, lui tînt libre la route de la Vieille-Castille jusqu'à la capitale. Malheureusement, entre cette route et ses soldats, le chef carliste rencontrait d'autres obstacles que les troupes christines. Triste, abattu depuis son triomphe, lui que la confiance et l'espoir n'abandonnèrent jamais dans la lutte, il disait à ses intimes : « Je mourrai trop tard. » Ne voyait-il pas déjà la meute des courtisans se presser autour du prétendant et se disputer d'avance le prix de la conquête, eux qui ne pouvaient même lui fournir cinq cent mille francs pour l'aider à la terminer ? N'avait-il pas déjà envoyé sa démission à don Carlos pour témoigner du mépris et du dégoût que lui inspiraient ces petites intrigues de l'ambition impuissante et jalouse ? Une victoire de plus, et peut-être quelque inepte chambellan serait-il venu lui dicter des ordres au nom du maître, à lui qui aurait fait son maître roi !

Pendant que le général carliste était à diriger les opérations du siége de Bilbao, une balle perdue vint l'atteindre au genou sur le balcon où il se trouvait : c'était le 15 juin. Il se fit transporter à Cegamça ; mais soit que les chaleurs excessives de la saison et les fatigues eussent envenimé la blessure, soit que l'extraction de la balle eût été faite mal à propos, Zumalacarregui succomba à ses souffrances le 24 juin 1835, après une campagne de dix-neuf mois. Il avait quarante-six ans. Un deuil immense couvrit les provinces insurgées à la nouvelle de sa mort : l'âme de cette guerre s'était envolée. Son agonie fut, comme celle de Davoust, un rêve militaire : dans son délire, il commandait une bataille.

Il y a dans l'atmosphère des combats une sorte de fluide lumineux qui grandit les proportions des hommes qui s'y meuvent. C'est dans ce fluide lumineux qu'on aime à voir Zumalacarregui ; nous avons à dessein laissé dans l'ombre l'homme politique, fort discutable, pour ne montrer que l'homme de guerre, digne d'admiration. Nous l'avons suivi pas à pas dans une longue campagne où chaque jour amenait sa lutte, et chaque nuit sa surprise. Cette campagne, il la commença sans argent, sans matériel et sans soldats, se procurant tout ce qui lui manquait, maravedi par maravedi, cartouche par cartouche, homme par homme ; disputant partout le terrain à des ennemis qui se multipliaient sans cesse autour de lui, traqué sans cesse, luttant toujours et jamais pris en défaut ; faisant tout, même le métier de fourrier à la gamelle ; surveillant tout, même le sommeil du soldat ; écoutant tout, même le rapport d'un enfant ; tirant parti de tout, même de la défaite. Zumalacarregui avait toutes les qualités du commandement : l'esprit d'organisation et de tactique, la promptitude de résolution, la rapidité des mouvements et cette confiance en soi que tout danger séduit parce qu'il est une espérance de victoire. Comme tous les généraux qui sont parvenus à s'identifier avec leur armée, il avait reçu de ses soldats un surnom familier : *l'oncle Thomas;* mais tel était le prestige acquis à ce surnom, qu'il suffisait de dire dans un village occupé par les soldats de la reine : *L'oncle Thomas arrive !* pour que toute la population criât aussitôt : *Muerent los christinos* même devant les baïonnettes de la garnison ennemie.

Très-exigeant envers ses soldats, il ne leur demandait jamais plus qu'il n'exigeait de lui-même. C'est ainsi qu'il obtint d'eux ces marches forcées qui ont étonné l'Europe par l'immensité des distances parcourues. Lorsqu'il laissait à un de ses lieutenants le commandement d'une de ces marches forcées, les volontaires murmuraient souvent et refusaient d'obéir. Alors Zumalacarregui descendait de cheval, se mettait à leur tête sans rien dire et marchait dix heures durant. Les volontaires l'avaient suivi, silencieux et infatigables.

Toutes les fois qu'il avait à punir un oubli du devoir et de la discipline, Zumala faisait des exemples terribles ; mais souvent sa sévérité était de la rigueur et son inflexibilité dégénérait en cruauté. Violent et emporté, il eut parfois à pleurer, comme Alexandre, les suites de son premier mouvement ; mais son repentir était alors si véritable, qu'il faisait pardonner les excès de sa colère. Il aimait, du reste, autant à récompenser qu'à punir, et sa générosité naturelle mettait toujours sa bourse à vide. Par un froid extrême, il se dépouillait de son manteau pour en couvrir un officier grelottant. Accessible aux grands sentiments, il faisait très-simplement de belles choses. Pendant que Mina fusillait des populations entières dans le Bastan, lui, il accordait la liberté sans restriction à tous les prisonniers faits à Etcharri-Aranaz ;

mais, par un retour particulier à ce caractère inflexible, quelques jours après il faisait massacrer à coups de sabre et de baïonnette tout un détachement de christinos dont la garde l'embarrassait. Il aurait pu les faire fusiller, mais il voulait éviter le bruit et épargner les cartouches. Il s'était pris d'affection pour un de ses prisonniers, le comte Viamanuel ; voulant le sauver, il écrivit à Rodil pour lui proposer un échange. Celui-ci répondit laconiquement : *Nous n'avons plus de prisonniers.* Zumalacarregui fit aussitôt fusiller le comte, qui venait de dîner à sa table.

Ordinairement taciturne et triste, il avait, comme Napoléon, des retours de grâce et d'affabilité d'une séduction irrésistible. Il accueillait tout le monde, écoutait attentivement toutes les observations et toutes les plaintes ; il provoquait même les confidences de ses soldats et plaisantait familièrement avec eux : mais dès qu'il avait froncé le sourcil, il fallait se taire et obéir : la foudre allait éclater quelque part.

Avant de s'engager dans un combat, il en calculait toutes les chances avec une prudence presque timorée : il lui semblait que jamais il ne prendrait assez de précautions pour assurer sa retraite ; mais, le combat une fois engagé par sa volonté, rien ne pouvait le faire renoncer à son projet. Vaincu aujourd'hui, il s'obstinait le lendemain jusqu'à ce qu'il eût pris sa revanche. Il ne restait jamais sous le coup d'une expédition manquée. Il prodiguait alors la vie de ses soldats dont il était ménager d'habitude. Dans une pointe sur la Vieille-Castille que nous avons racontée, il attaqua, lui septième, une brigade ennemie qui escortait un convoi dont il avait résolu de s'emparer : cette brigade venait de repousser l'attaque d'un bataillon carliste tout entier. Ce qu'il y a de plus extraordinaire dans cette extravagance de courage, c'est le succès qui en fut la récompense. Avec ses six lanciers, Zumalacarregui mit le désordre au sein de cette brigade, et s'empara du convoi au moment même où l'ennemi allait atteindre Logroño. Du reste, ces traits d'audace chevaleresque sont communs en Espagne.

Il a manqué à la gloire militaire de Zumalacarregui d'avoir à combattre un rival digne de lui et sur une plus vaste scène : ce qui témoigne en faveur de son mérite, c'est qu'il créa non-seulement des soldats, mais aussi des lieutenants qu'il sut animer de son esprit, Eraso et Villaréal, qui allaient lui succéder dans le commandement, Gomez, qui devait faire cette fameuse pointe à travers l'Espagne qui amusa l'Europe comme un carrousel bien conduit, et tant d'autres officiers que la mort avait pris ou allait prendre. Après lui, il resta peu de chose de son génie dans cette armée qui était son œuvre, et qui dura tout juste assez de temps pour oublier ce que son chef lui avait appris. « Cet homme ferait des soldats avec des troncs d'arbre, » disait Mina après avoir lutté contre Zumalacarregui ; et lorsqu'il apprit la mort de son glorieux rival, il ajouta : « Je pourrais me réjouir de cette mort, comme citoyen ; mais, comme Espagnol, je m'en afflige : l'Espagne vient de perdre un grand homme. »

Après Zumalacarregui, l'armée carliste eut à souffrir de la même cause de désordre qui avait pesé sur ses adversaires : elle changea de chefs presque aussi souvent que l'armée constitutionnelle. La durée du commandement se mesurait à la première bataille perdue. C'est ainsi que Moréno, après la défaite d'Arlaban, était remplacé par le vieux Casa-Eguia ; c'est ainsi que Villaréal, le présomptueux et brillant lieutenant de Zumalacarregui, était obligé de céder la place à l'infant don Sébastien, neveu du prétendant, après avoir été battu en ligne à Valcarlos avec des forces de beaucoup supérieures par notre ancienne légion étrangère que nous venions de céder à l'Espagne. Cette brave légion a laissé d'éclatants souvenirs dans la Péninsule. Préparée par la guerre d'Afrique aux combats de la Navarre, elle eut affaire principalement contre le fameux bataillon des Guides, alors commandé par un Français, M. Sabatier de Bordeaux, à Zubiri, à Arlaban, à Huesca, à Barbastro, où mourut l'intrépide colonel de la légion, Conrad. Ce fut comme un duel à mort entre ces deux corps, où tous deux s'épuisèrent en effet, et furent presque entièrement détruits l'un par l'autre.

Au point où Zumalacarregui avait amené cette guerre, les chefs qui lui succédèrent crurent pouvoir prendre l'offensive ; mais aucun ne sut donner l'impulsion aux insurgés. C'est alors que l'on comprit combien l'unité de commandement est indispensable dans la guerre de montagne, où les corps détachés n'ont d'importance qu'autant qu'ils servent à un ensemble d'opérations. On comprit surtout combien il est essentiel que l'esprit du chef vive au sein de la contrée insurgée pour communiquer le mouvement et la vie à tous les éléments épars de l'insurrection. Il y eut encore bien des actions héroïques depuis la mort de Zumalacarregui ; mais ce n'était déjà plus la guerre, c'était une collision. Les rivalités de commandement s'en mêlèrent : on ne sut bientôt plus s'il valait mieux attaquer ou se défendre. La jalousie des chefs ne fit que mieux ressortir leur impuissance ; une victoire même devenait aussi désastreuse pour les insurgés qu'une défaite. La mésintelligence des chefs prépara les défections jusqu'au jour où Maroto, après avoir fait fusiller à Estella quelques lieutenants de Zumalacarregui hostiles à ses projets, signa le traité de Bergara, qui interrompit si honteusement pour les deux partis une guerre où l'un ne savait plus résister, où l'autre ne savait pas vaincre.

Si cette guerre, interrompue, mais non dénouée, recommence dans ces monts de la Navarre où l'on éveille si aisément les échos guerriers, on y trouvera vivant encore le souvenir de Zumalacarregui. Plaise au ciel, pour le repos de l'Espagne, que ce héros de l'insurrection ne trouve personne de taille à profiter de son exemple !

# LIVRE II.

## LA KABYLIE 1841-47

—◇—

### LE MARÉCHAL BUGEAUD.

———

## I

**Les pays et les populations kabyles.**

La guerre d'Afrique a eu deux époques : dans l'une presque toujours défensive, dans l'autre essentiellement offensive, elle a commencé par des essais trop souvent stériles, elle s'est continuée par des marches rapides et des combats décisifs. Aujourd'hui, l'une et l'autre de ces périodes sont terminées : la première a des représentants bien nombreux et bien divers parmi les gouverneurs et les généraux qui se sont succédé de 1830 à 1840 sur la terre africaine; la seconde, qui s'est achevée avec la prise d'Abd-el-Kader, se personnifie dans un seul homme : le maréchal Bugeaud. C'est la seconde période surtout qu'il y aurait aujourd'hui intérêt à retracer; c'est la seconde qui fait le mieux comprendre les difficultés que rencontre une armée française sur le sol de l'Algérie et les moyens dont elle dispose pour les surmonter. De ces difficultés, les unes tiennent à la nature, au climat, à la configuration du pays, les autres aux mœurs des habitants. La guerre d'Afrique est avant tout une guerre de montagne, et le tableau des combats de Zumalacarregui en Navarre a déjà pu nous révéler quelques-uns des obstacles qu'elle crée à nos armes. En Afrique, pourtant, la guerre de montagne prend en quelque sorte une forme nouvelle; elle devient, sur certains points du territoire, la *guerre du désert*. C'est là qu'est l'originalité de nos campagnes d'Afrique, c'est là aussi qu'est la grandeur de la tâche essayée par tant d'hommes de guerre habiles, et remplie par un seul d'entre eux avec une incontestable supériorité.

Les difficultés propres à la guerre d'Afrique tiennent, nous l'avons dit, les unes à la nature, les autres aux hommes. Les premières ne sont pas les moins redoutables. Presque toujours le soldat a pour perspective d'une victoire gagnée quelque ville opulente où il ira se ravitailler après le combat. Dans une expédition contre les Sicks, les soldats anglais voient autour d'eux une terre pleine d'aromates et des villes populeuses; le soldat russe lui-même, après une campagne dans le Caucase, sait qu'il retrouvera les riches bassins de la Tauride. Nos soldats, au contraire, n'ont jamais devant eux que le désert, le *pays de la soif*, comme ils disent; ils savent qu'ils ne seront jamais

reposés d'une expédition que par les privations nouvelles que chaque victoire leur imposera. En entrant
en campagne, ils reçoivent dix jours de vivres, c'est-
à-dire une ration insuffisante de biscuit, trois cents
grammes de viande, soixante grammes de riz, puis du
café en place de vin. Ces dix jours de vivres sont généralement épuisés au bout d'une semaine. Alors, à
moins qu'une razzia ne leur vienne en aide, ils sont
bien obligés de recourir aux provisions du désert, qui
sont les rats, les serpents, les tortues, les gerboises et
les racines. Heureux encore si le désert n'est pas trop
avare de ces uniques ressources ! heureux surtout s'ils
trouvent sur leur chemin quelque bois mort, que
chacun ramasse en passant pour cuire la maigre pi-
tance de sa compagnie !

Telles sont les dures conditions que la nature du
pays impose à cette guerre.

Voici maintenant quel ennemi nos soldats ont à combattre. L'Arabe vit de maraude et de pillage ; c'est dire
assez qu'il est belliqueux et nomade. Il porte sa tente
au pommeau de sa selle, et pousse ses troupeaux au
hasard devant lui, à travers le désert qui est son domaine. Une fois qu'il a caché dans les *silos* son blé et
son orge, il va, au galop de son cheval, où son instinct
de destruction le pousse et l'emporte. Sobre et infatigable, il est tantôt ici, tantôt là, partout présent pour le
guet-apens et les surprises, toujours insaisissable pour
le combat et la résistance. Rapide comme l'oiseau de
proie, il voltige sans cesse autour de nos convois. A
peine a-t-on levé un campement, qu'on l'aperçoit dans

le bivac qu'on vient de quitter, fouillant la tombe de nos morts et transportant comme un trophée à travers les tribus fanatiques des lambeaux de cadavre. Parfois une nuée de cavaliers apparaît à l'horizon et attire nos soldats à sa poursuite; mais, sitôt qu'ils sont serrés d'un peu près, les Arabes s'évaporent comme une fumée. On les retrouvera bientôt, mais embusqués derrière un buisson, au revers d'un fossé, guettant nos fourrageurs isolés, nos traînards épuisés par les fatigues d'une marche forcée. Dans cette guerre, ils ont contre nous des ruses sans nombre, un fanatisme indomptable. Il ne faut pas parler de prisonniers, c'est une guerre d'extermination de part et d'autre. Il faudrait deux soldats français pour garder un prisonnier arabe et le conduire aux lointains dépôts. Lorsqu'un Arabe vous tend son fusil en signe de soumission, c'est pour vous assassiner à bout portant. Sa soumission n'est jamais qu'un leurre ou un armistice, dont il profite pour vous surprendre lorsqu'il a trouvé l'occasion favorable.

Êtes-vous curieux de suivre une de ces expéditions d'Afrique? voici une colonne prête à partir. Le désert est devant vous, sans ombre et sans eau. Le sol ne présente ni abri ni ressources; les moyens de ravitaillement manquent absolument. Calculez donc bien vos distances et vos provisions, sans quoi vous êtes assuré de mourir de soif, de fatigue et de faim. Vous devez aller soumettre ou punir une tribu lointaine, et vous n'emportez avec vous que dix jours de vivres, parcimonieusement calculés encore, comme nous l'avons vu. Vos trains des équipages sont-ils au complet ? vos mulets sont-ils bien bâtés, de façon à ce que leur charge ne puisse les blesser ? sont-ils en bon état surtout ? car, s'ils tombent malades, il faudra les abandonner sur la route, et leur charge avec eux. N'oubliez donc aucune précaution ; toutes sont importantes. La moindre méprise ou la moindre négligence ont eu des conséquences funestes. Le signal est donné, on se met en marche sur trois colonnes, le convoi et les armes spéciales au centre, la cavalerie bien en avant, afin que le passage d'un gué ou d'un défilé ne vienne point retarder la marche de la colonne. Après l'arrière-garde, marche un escadron, soit pour ramasser les traînards, soit pour éloigner les Arabes, car ceux-ci ont pour habitude constante de se porter sur la queue de nos colonnes, afin d'enlever les éclopés et de s'en faire un trophée, afin aussi de retarder la marche en forçant l'arrière-garde à s'arrêter pour leur faire face. Si on avance résolûment, ils se cachent ; mais, sitôt qu'on hésite ou qu'on recule, ils fondent sur vous comme un orage subitement formé.

Une fois en marche, vous trouvez devant vous le sol crevassé par l'action d'un soleil brûlant, ou bien détrempé par des pluies torrentielles. Entre une chaleur excessive, où la poussière vous aveugle et vous consume, et un froid glacial, où les rafales de neige vous enveloppent comme un suaire, il n'y a pas de milieu. Impossible d'ailleurs de bivaquer la nuit, car il faut cacher sa marche à l'ennemi. Au risque donc de s'égarer dans les ténèbres et de doubler les fatigues par l'insomnie, il faut marcher, car on ne peut espérer atteindre l'Arabe que par surprise. Nous n'avons pas, comme lui, nos relais dans le désert et nos stations préparées. Avant tout, il s'agit donc de lutter de ruse. Toute indication manque sur la marche de l'ennemi, il importe de retrouver ses traces et de savoir où il se cache. Les éclaireurs indigènes se mettent en campagne : habillés absolument comme les Arabes, ils vont à la chasse des prisonniers. Ils se mêlent aux nomades; s'ils en trouvent quelqu'un d'écarté, ils le ramassent et le rapportent; mais si le temps et l'occasion leur manquent de faire des prisonniers, ils allument des feux télégraphiques pour nous avertir et nous informer. Si cette ruse ne réussit pas, on détache au loin les auxiliaires; ceux-ci disparaissent bientôt au milieu des replis uniformes qui ondulent devant nous comme les vagues de la mer. C'est dans ces replis du désert que se cachent habituellement les Arabes poursuivis. Quelques heures après, nos auxiliaires reviennent vers nous et simulent une attaque contre nos détachements. Nos soldats, comme s'ils étaient surpris à l'improviste, se défendent mal et reculent. Au bruit de la fusillade, à la vue de la poussière que soulève la mêlée, les Arabes cachés et épars se montrent et se rassemblent. Si la *fantasia* de nos auxiliaires est bien exécutée, les Arabes s'y trompent, et, accourant aussitôt de toutes parts pour prendre part à la mêlée, ils tombent dans le piége.

Enfin, après bien des fatigues, bien des privations, bien des dangers de toute nature, nous atteignons au but de l'expédition. Voici le foyer de l'insurrection. Nous sommes sur le terrain où la tribu rebelle a planté ses tentes. Nos soldats pénètrent dans le camp ennemi une demi-heure avant le jour, au moment même où les Arabes vont faire leurs ablutions. Y pénétrer plus tôt, ce serait donner le temps à l'ennemi de s'échapper à la faveur de la confusion et des ténèbres ; plus tard, ce serait se découvrir et par conséquent leur donner le temps de nous éviter. Il faut enlever le camp à la baïonnette et sans répondre au feu de l'ennemi, car cela pourrait jeter du désordre dans les manœuvres et entraîner des méprises. Les réguliers de la tribu surprise portent nos efforts d'un seul côté ; ils s'exposent bravement à nos coups, résistent quelque temps à notre attaque et nous attirent enfin avec grand bruit à leur poursuite. Le jour venu, on s'aperçoit que le *douar* ou la *smala*, la tribu enfin, a disparu d'un autre côté, et il nous est impossible de retrouver ses traces. C'est par un pareil stratagème que la *smala* d'Abd-el-Kader nous a glissé trois ou quatre fois entre les mains.

Quand, à défaut des tentes, le territoire abandonné par les tribus nous reste, on court aux *silos*, car l'orge manque aux mulets et aux chevaux ; l'orge, la providence de cette guerre ! Mais les silos sont vides. On ne se décourage pas pour si peu : il existe toujours des contre-silos (*barani*). Seulement l'essentiel est de les découvrir. Le seul moyen, c'est d'envoyer nos espions déguisés sur l'emplacement des silos ordinaires.

Ils tiennent conseil comme feraient des Arabes affamés. Le gardien (*tammar*), trompé par cette apparence, sort du trou où il se tenait caché et s'approche d'eux. Nos espions s'en emparent et le trou à l'orge est découvert. C'est ainsi que notre garnison de Mascara, sans approvisionnement et privée de toute communication avec nos autres postes, a pu subsister pendant cinq mois au milieu des tribus insurgées, au cœur même de l'hiver.

Il arrive bien des fois aussi que ces coups de main lointains ne réussissent pas. Les tribus, averties à temps de notre approche, se sont enfuies au désert, détruisant tout ce qu'elles n'ont pu emporter. Les vivres manquent, les munitions sont épuisées, les ambulances sont remplies. Il faut retourner en arrière. C'est alors que le moral du soldat est mis à une rude épreuve et que la responsabilité du chef est lourde. On a beau multiplier les cavaliers sur les flancs de la colonne, tant pour transmettre les ordres que pour veiller à la régularité de la marche : il suffit qu'un ordre soit mal compris, ou qu'il arrive trop tard, ou même que les sonneries ne soient pas exécutées à la fois dans les divers corps, pour qu'un de ces corps s'égare en marchant trop lentement ou trop vite, en prenant une fausse direction ou bien en faisant un mouvement inopportun. Lorsqu'il y a solution de continuité dans la colonne, le ralliement devient à peu près impossible au sein de ces ondulations de terrain qui se ressemblent toutes. Les corps égarés tombent presque inévitablement dans les embuscades des Arabes toujours en éveil et partout cachés comme des bêtes fauves, guettant la proie attendue.

A quelles rudes épreuves une telle guerre soumet nos soldats, un détail caractéristique le fera comprendre. Sur dix soldats qui meurent en Afrique, un seul tombe sous les balles de l'ennemi; les neuf autres succombent aux fatigues, aux privations, aux intempéries du climat. N'importe! nos soldats entrent en expédition en chantant. Ils ont devant eux en moyenne dix journées de marche consécutive, à raison de douze lieues par jour[1]. On arrive ainsi au *pays de la soif*. Si les bidons sont vides, il faut souvent parcourir de grandes distances avant de trouver de l'eau en creusant le sol. On marche le jour, on marche la nuit; on serre les rangs pour ne pas s'égarer; on se couche sans abri, l'oreille toujours ouverte, prêt à repartir ou à combattre au premier signal. Cela dure ainsi un mois, deux mois, quelquefois plus. On revient à la garnison, l'uniforme en lambeaux, le corps mangé par la poussière, les pieds saignants, l'œil éteint, la santé délabrée; mais un jour de repos a tout fait oublier, et l'on est prêt à recommencer le lendemain, le sourire aux lèvres et le cœur affermi.

Tel est le métier que nos soldats ont fait pendant vingt ans en Afrique, sans s'être rebutés un seul jour. D'étape en étape, d'expédition en expédition, ils sont

---

1. Les bataillons des zouaves ont fait jusqu'à vingt-et-une lieues par jour à la poursuite d'Abd-el-Kader; c'est encore un peu moins que les volontaires de Zumalacarregui.

parvenus à asseoir la domination de la France par delà la région des cultures, jusque dans la région des oasis, à cent cinquante lieues du rivage. Nos colonnes mobiles sillonnent en tous sens et sans trêve cette immense étendue, dépourvue de ressources, mais où les dangers de toute espèce naissent à chaque pas. Sans doute il a fallu des soldats comme les nôtres pour pouvoir installer la guerre du désert dans les conditions que nous venons de résumer; mais encore a-t-il fallu trouver le secret de notre force contre ces nouveaux Parthes de l'Afrique, et ce n'a pu être l'affaire d'un jour, on le comprend de reste. En 1836, on regardait comme une témérité grande l'expédition de Constantine, et cette expédition échouait en effet. En 1849, l'expédition de Zaatcha n'a surpris personne, et cependant l'expédition de Zaatcha présentait dix fois plus de difficultés, de fatigues et de périls que l'expédition de Constantine. Entre ces deux dates, il se trouve un véritable homme de guerre, et l'homme de cette guerre, le maréchal Bugeaud. Jusqu'à l'arrivée de cet homme, il y a eu des combats brillants, des actions héroïques en Algérie; il n'y avait pas de système de guerre. Avant lui, la possession de la zone du littoral nous était contestée malgré nos victoires; après lui, notre domination était consolidée jusque dans les profondeurs du Sahara.

Dans une vue d'ensemble de la guerre d'Afrique les combats de montagne se perdent comme la trame se perd dans le tissu; mais, sitôt qu'on entre dans le détail dés événements, on les retrouve si inhérents à

notre campagne africaine, qu'il est impossible de les
en séparer. Ceux qui prétendaient empêcher le maréchal Bugeaud, en 1844 et en 1847, de pénétrer dans
le massif du Djerjera, qu'on nomme la Grande-Kabylie, pour le distinguer des autres massifs de montagnes moins importants, ceux-là, dis-je, ne s'étaient
pas bien rendu compte de la configuration de l'Algérie.
En suivant sur une carte les accidents de la guerre, ils
auraient vu que tous les pas de notre conquête ont été de
véritables expéditions de Kabylie, et que les endroits
favorables à la colonisation sont précisément des vallées
profondes dominées de tous côtés par des montagnes.

Le théâtre de nos opérations s'étend de l'ouest
à l'est, depuis Nemours jusqu'à La Calle, sur deux
cent cinquante lieues de côtes : la profondeur de
cette arène militaire varie de quatre-vingt-dix à cent
cinquante lieues. Entre la zone du littoral et la zone
du désert, le Petit-Atlas répand ses innombrables
chaînons à droite et à gauche ; il empiète ainsi sur les
deux zones extrêmes depuis la mer jusqu'aux hauts
plateaux du Sahara. Cette région montagneuse occupe
tout le centre de l'Algérie : c'est le Tell, qui était autrefois un des greniers de l'empire romain, et qui est
encore le seul grenier des tribus errantes de l'Afrique.
Dans la zone du littoral se trouvent les plaines basses
et humides, abritées de la mer par les hauteurs boisées du rivage (le Sahel), et des vents du désert par
la croupe du Petit-Atlas. La zone des hauts plateaux
ou Serssous, qui se perd dans le désert à travers les
oasis, est la région des pâturages, comme le Tell est

6

la région des labours, comme le Sahel est la région des jardins et des fruits.

On le voit, les montagnes dominent partout le système orographique de l'Algérie. Sur la ligne du littoral, ce sont les monts Traras, entre Nemours et Oran, depuis l'embouchure du Chéliff jusqu'à l'embouchure du Mazafran; c'est l'immense crête rocheuse du Dahra, qui surplombe la mer jusqu'aux environs même d'Alger; plus loin et à partir de la pointe Pescade, toute la côte, jusqu'à la frontière de Tunis, n'est guère autre chose qu'une muraille non interrompue de rochers. Sur la ligne du Tell, depuis Mascara jusqu'à Tébessa, frontière de Tunis, s'étend un grand réseau de montagnes entremêlé de vallées. Enfin sur la ligne du Sahara, le Grand-Atlas, sous des dénominations diverses, vient rejoindre la chaîne intermédiaire à ses deux extrémités.

Les montagnes de l'Algérie présentent presque la même configuration que les montagnes de la Navarre. Ce sont les mêmes pitons taillés à pic, les mêmes *sierras* contournées et nouées en tout sens. Les vallées y abondent, comme en Navarre : on croirait presque y retrouver les mêmes villages adossés à des pentes semblables. Seulement en Algérie, quoique les neiges et les froids subits soient fréquents, la température est plus douce et la vigne y fleurit avec l'oranger. Les rochers sont couverts en général de chênes-liéges, de pins ou de lentisques. Le laurier-rose, qui fournit le meilleur charbon pour la confection de la poudre, borde tous les torrents; l'olivier sauvage grimpe à travers tous les précipices.

On nomme Kabyles les tribus qui peuplent les montagnes, pour les distinguer des tribus arabes de la plaine, desquelles les Kabyles diffèrent essentiellement. Leur origine est multiple, et dans leurs traits distinctifs on retrouve encore la trace dès diverses invasions qui ont passé sur l'Afrique. C'est ainsi que, dans le massif du Djerjera, à côté d'une tribu évidemment originaire de l'Orient, on rencontre une autre tribu à visages blancs, à cheveux blonds et portant le signe de la croix latine tatoué sur les membres ou sur la poitrine. Le temps et la nécessité des choses ont donné les mêmes habitudes et souvent aussi le même caractère à toutes ces tribus d'origine diverse. Tous les Kabyles sont fiers de leur indépendance, qui a résisté jusqu'ici à toutes les invasions. Ce sont eux aussi que nous avons trouvés les premiers à tous les pas de notre conquête pour nous disputer la possession de toutes les vallées et tous les passages de montagne.

La première entreprise militaire un peu sérieuse depuis l'occupation d'Alger fut la prise du col de Mouzaïa en 1831, par le maréchal Clausel. Qui donc conronnait les rochers de Mouzaïa? Les Kabyles du bey de Tittery. C'est au col de Mouzaïa précisément que nous avons perdu le plus de soldats, et les plus braves, durant cette guerre d'Afrique. Il n'y a pas dans les montagnes de la Navarre de position plus formidable, et le fameux bois de Carrascal, sur la route de Pampelune à Logroño, n'est rien à côté du bois des Oliviers, derrière les Mouzaïa, sur la route de Médéah.

Partout où nous avons voulu nous établir, nous avons aussitôt été inquiétés par les tribus des montagnes. Nous n'avons été maîtres de la Mitidja qu'après avoir détruit à peu près jusqu'au dernier homme les Hadloutes de Cherchell. Co que nous avons fait contre les Hadjoutes, il nous a fallu le recommencer contre les Hachems de Mascara, contre les Flittas de la Mina, contre les Beni-Menasser de Tenez, contre les Issers de Dellys. Nos combats dans les pâtés de montagnes de l'Ouerenseris et du Dahra sont innombrables.

Autant l'Arabe des plaines est pillard et vagabond, autant le Kabyle des montagnes est industrieux et sédentaire. Ici la maison remplace la tente : *l'arbre,* ce signe universel de la propriété, et que l'Arabe détruit partout sur son passage en incendiant tous les ans les plaines, qui poussent ainsi une herbe plus haute et plus épaisse, l'arbre fruitier est cultivé et respecté dans les montagnes. Des clôtures protégent même l'olivier et le figuier : les vergers, presque en tout point semblables à nos enclos des Pyrénées, sont garnis de ruches à miel. Dans l'antiquité, la ruche était, comme l'arbre, consacrée au dieu Terme; c'était l'emblème de la propriété.

Le Kabyle est aussi fanatique d'indépendance que l'Arabe : seulement l'Arabe place l'indépendance dans le droit de piller et de vagabonder tout à son aise sans être inquiété nulle part; le Kabyle, au contraire, la place dans le droit de garder sa maison et de jouir de la montagne qu'il habite. L'Arabe met cette indépendance sous la sauvegarde de la fuite; le Kabyle, lui, n'a d'autre sauvegarde que la résistance. L'Arabe vaincu fuit encore et recommence; le Kabyle, après s'être bien défendu, se résigne à la défaite, et, rentré dans sa maison incendiée, il envoie au vainqueur le présent de soumission.

Aussi la guerre de montagne, si elle a été plus terrible, a été plus décisive et plus courte pour nos armes que la guerre du désert. Le Kabyle a sa propriété pour gage de sa parole, et il est fidèle à ses engagements. Tandis que l'Arabe, toujours en course, passe de tribus en tribus, cherchant la *diffa* ou repas d'honneur, importun à ses voisins et à lui-même, le Kabyle reste chez lui, et ne va jamais chez les autres tribus, à moins qu'il n'y soit appelé; mais, dans ce dernier cas, il ne marchande jamais ses secours : il part et se met à la discrétion des tribus armées pour leur défense [1]. C'est une population éminemment guerrière que cette population kabyle. Aussi habiles tireurs que les Arabes sont excellents cavaliers, les montagnards africains ont plus de fermeté dans le combat et plus d'ensemble que les hommes de la plaine. En Pologne, tout homme était considéré

1. En 1844, un lieutenant d'Abd-el-Kader avait demandé refuge contre nous aux Kabyles de Djigelly. Plutôt que de nous livrer leur hôte, ils se résignèrent à une invasion de nos troupes qui les ruina; mais en 1847, lorsque, soutenant la guerre pour leur compte, ils virent arriver chez eux les Arabes de la plaine comme auxiliaires, ils les renvoyèrent sans hésiter, aimant mieux encore avoir affaire à des ennemis comme nous qu'à des alliés comme les Arabes.

comme noble qui pouvait équiper un cheval de guerre.
Parmi les Kabyles, pour être admis au conseil et voter dans les assemblées (*djemma*), il suffit de pouvoir
montrer son fusil. Dès qu'un enfant a pu se procurer
un fusil, son ambition est satisfaite : il a revêtu la robe
virile.

Chaque tribu kabyle se divise en autant de districts
(*kharouba*) qu'elle occupe de vallons ou de montagnes.
Chacun de ces districts élit son cheik; ce cheik, qui
est remplacé dans les six mois au moins, n'a guère
qu'un pouvoir militaire; c'est l'*amine* de la *dechra* ou
village qui juge les contestations civiles, ou plutôt qui
les concilie. Comme on le voit, le pouvoir politique
et civil n'a pas de bases bien fixes ni bien solides
parmi les Kabyles. Le pouvoir véritable, le pouvoir permanent, réside dans la commune religieuse (*zaouia*).
Ce sont les marabouts qui jugent en dernier ressort
les décisions des cheiks et les arrêts des *tolba*.

Entre les tribus, il existe une sorte de confédération traditionnelle qui n'a d'action que dans un cas de
défense commune. C'est ainsi qu'en 1842, lorsque la
colonne du général Changarnier envahit pour la première fois les retraites ignorées de l'Ouérenseris, il
trouva toutes les tribus réunies par un accord tacite
dans les défilés de l'Oued-Foddha pour lui en disputer
le passage.

Après le combat et même avant, si des propositions
de paix sont faites par l'ennemi, chaque tribu et même
chaque fraction de tribu rentre dans son indépendance pleine et entière. En 1844, lors de notre pre-

mière incursion dans la Grande-Kabylie, le maréchal Bugeaud ayant promis l'*aman* aux tribus qui déposeraient les armes, on vit les cheiks de la même tribu se prononcer, les uns pour la soumission et rentrer dans leurs villages, les autres se décider à la résistance et continuer le combat. Les marabouts seuls auraient pu mettre d'accord les cheiks en dissidence ; mais ils refusèrent de se prononcer.

Il n'y a pas d'autre impôt en Kabylie que l'impôt de la *zaouia* pour l'entretien et l'instruction des enfants élevés par les marabouts, pour le service des pauvres et l'hospitalité des voyageurs. Cet impôt a deux formes : le *zekkat*, qui prend le centième des troupeaux ; l'*achour*, qui prend le dizième des fruits. Le lien social est en général assez faible parmi les montagnards de l'Atlas, et c'est en lui-même que le Kabyle cherche la protection que la communauté ne lui garantit pas. La puissance de l'individu est énorme en Kabylie, car elle est sans aucune pondération sociale. L'Arabe reconnaît une loi hiérarchique ; sa tribu est rangée sous un pouvoir patriarcal et même héréditaire : la Kabylie, au contraire, est radicalement démocratique. A toute sommation, même à celle d'un marabout, le Kabyle répond : *Moi chef, toi chef,* ce qui équivaut à notre formule égalitaire : *Un homme en vaut un autre.*

Comme signe et comme marque de la puissance individuelle, le Kabyle a trouvé l'*anaya*. L'*anaya* est un gage quelconque qui rend celui qui le donne responsable du mal qui arriverait à celui qui le reçoit. La considération d'un Kabyle est attachée au respect de son *anaya*, et elle se mesure au rayon que peut parcourir le gage respecté. L'affront fait à l'*anaya* engendre toujours une haine héréditaire et des vengeances sans limite. Lorsque, en 1844, au lendemain d'un combat sanglant, un aide de camp du maréchal accepta la mission périlleuse d'aller désarmer les tribus en révolte, il portait devant lui le gage du jeune cheik des Flissas, Ben-Zamoun. L'autorité de l'aide de camp fut méprisée, mais le porteur de l'*anaga* revint sain et sauf, et Ben-Zamoun put relever la tête avec orgueil.

Telle est la constitution politique de la région montagneuse de l'Afrique ou Kabylie, bien distincte de la région des plaines ou des plateaux. Cette région a résisté aux Visigoths et aux Sarrasins comme aux Turcs et aux Français. Le maréchal Bugeaud a cependant porté un grand coup à ces populations intrépides en découvrant le système de guerre qui pouvait amener le plus rapidement, le plus sûrement leur soumission; il ne reste plus à notre armée qu'à achever son œuvre.

# II



Jusqu'en 1839, et on peut dire jusqu'en 1841, notre conquête d'Afrique avait passé par tous les tâtonnements, que lui faisait subir la passion parlementaire. Il fallut discuter longtemps pour savoir si nous conserverions l'Algérie ; puis on se demanda si l'occupation devait être générale, ou limitée à quelques points du littoral ; puis encore, on voulut savoir quel système de guerre convenait le mieux et celui qui coûterait le moins cher. On critiquait ce qu'on avait fait, on se défiait de ce qu'on allait faire. Si l'on parlait aux chambres de voter un crédit pour une expédition, les chambres ne manquaient jamais de répondre au gouvernement qu'il avait déjà dépassé les limites du budget algérien. A mesure que la guerre multipliait les besoins de l'armée d'occupation, les chambres diminuaient ses ressources. Après la prise d'Alger, le corps d'expédition était de trente mille hommes : on le réduisit de moitié dans le même temps qu'on envoyait l'ordre d'occuper Bone et Oran. Les

Arabes vinrent nous bloquer bientôt dans Alger même : il fallut leur disputer au moins les avenues de la Mitidja; mais, après sa première incursion à Médéah, l'armée ne comptait guère plus de dix mille hommes d'effectif. Cependant, lorsque le général Clausel, qui avait succédé à M. de Bourmont dans le commandement, s'avisa de céder, moyennant tribut, le béylick d'Oran et le beylick de Constantine à deux princes tunisiens gouvernant au nom de la France, le ministère désavoua l'acte du général comme entraînant une aliénation trop complète des droits de la France sur l'Algérie. Cela n'empêcha pas le gouvernement, trois ans après, de ratifier le traité Desmichels. Ainsi, après avoir refusé l'investiture d'Oran et de Constantine aux princes de Tunis se faisant nos vassaux, nous donnions la souveraineté de l'Algérie presque tout entière à Abd-el-Kader se déclarant notre ennemi.

Jusqu'en 1838, personne n'aurait pu affirmer que nous garderions l'Algérie. Aussi les soldats qu'on y envoyait, trop peu nombreux pour occuper les lieux qu'ils avaient envahis, ne savaient plus ni où aller ni quoi entreprendre. Après une expédition, nous laissions toujours sans protection les tribus qui s'étaient compromises dans notre cause, et, précisément parce que nous n'avions pu les protéger, il nous fallait les venger ensuite. Le châtiment une fois exercé, on s'en retournait sans plus d'avantages qu'on n'en avait auparavant, mais en acceptant une responsabilité plus lourde pour l'avenir. La conquête se faisait ainsi au hasard, sans plan arrêté, sans intention même, et au prix de sacrifices qu'on savait inutiles. On peut presque dire que nous avons été engagés vis-à-vis de l'Algérie beaucoup plus par nos fautes et par nos échecs que par nos exploits et notre volonté. Toutes les fois que les chambres votaient de nouveaux crédits, c'était plutôt pour réparer le passé que pour préparer l'avenir, plutôt pour couvrir la vanité de notre politique que pour seconder les intérêts de notre conquête.

En retirant de Bone les troupes qui en avaient pris possession en 1830, nous y avions laissé des auxiliaires. Après le départ de nos troupes, ces auxiliaires sont bloqués par le bey de Constantine, et nous demandent secours. Le général Berthezène, le successeur du général Clausel, expédie quelques soldats à Bone; ces soldats sont massacrés à leur arrivée : cela nécessite l'envoi de nouvelles forces. Nous mettons donc garnison à Bone ; mais, une fois la garnison installée, il devient nécessaire d'expédier de Toulon un corps de trois mille hommes pour garantir l'occupation. Nous n'avions laissé que quinze cents hommes environ dans la province d'Oran. Cette garnison fut bientôt bloquée dans la ville : on devait le prévoir. Il devint nécessaire d'occuper successivement sur la côte Arzew et Mostaganem, qui nous reliaient à la province d'Alger. Alors on se décida à envoyer de nouvelles troupes pour soutenir ces garnisons : elles arrivèrent trop tard pour assurer leurs positions; elles ne purent que venger les échecs éprouvés. Bougie est un point important sur la côte dans la province de Constantine : en 1833, nous n'avions pas encore songé à occuper Bougie. Il fallut, pour décider cette occupation, qu'un navire anglais eût été insulté dans le port et que le gouvernement anglais déclarât au nôtre que, puisque la France ne savait pas faire respecter un pavillon allié sur les côtes barbaresques, l'Angleterre aviserait elle-même. Cherchell est un autre port à une petite distance d'Alger. En 1839, nous savions à peine que Cherchell existât; il fallut qu'une poignée de corsaires indigènes s'emparât effrontément d'un navire de commerce en vue même d'Alger, pour qu'une expédition se dirigeât sur Cherchell et y laissât garnison.

En 1835, les Douairs et les Smalas, les tribus les plus rapprochées d'Oran, nous demandèrent protection contre l'émir, qui voulait les contraindre à s'éloigner d'Oran. Le général Trézel crut naturellement pouvoir mettre ces deux tribus amies sous sa garde; mais Abd-el-Kader déclara hautement qu'il ne permettrait jamais que des musulmans, ses sujets, restassent sous notre autorité, dût-il les aller chercher dans les murs d'Oran même. Telle était la position que nous avait faite le traité Desmichels vis-à-vis de l'émir, qu'il nous était même défendu de protéger les tribus qui s'étaient compromises pour nos intérêts. Le général Trézel, indigné, se porta aussitôt, avec deux mille cinq cents hommes, contre l'arrogant émir, et établit son camp à cinq lieues d'Oran, dans la belle vallée de Tlélat. Abd-el-Kader était plus loin sur les bords du Sig, où il assemblait ses fidèles. La forêt de

Muley-Ismael le séparait de nous. Le général, voyant ses convois et ses fourrageurs surpris et enlevés derrière lui, résolut d'aborder Abd-el-Kader, avant que celui-ci eût assemblé toutes ses forces. Les passages accidentés de Muley-Ismael, où nous devions bien souvent retrouver les Arabes, nous furent vivement disputés. L'ennemi fut pourtant refoulé sur les bords du Sig ; nous n'avions plus que pour quatre jours de vivres, et l'émir, qui comptait sur de nouveaux renforts, nous retint là deux jours en négociations dilatoires.

Il fallut enfin songer à la retraite ; c'est là ce qu'attendait Abd-el-Kader pour tomber sur nous. La colonne prit la direction d'Arzew par des chemins inconnus où elle s'égara. Arrivée au confluent de deux rivières, à la Macta, elle vit une issue dominée à sa gauche par des escarpements boisés, limitée à droite par des marais ; mais Abd-el-Kader avait gagné notre colonne de vitesse, en faisant monter ses fantassins en croupe derrière ses réguliers. Ce défilé était donc déjà occupé par les Arabes, qui se précipitèrent sur le convoi, pendant que l'arrière-garde était poussée dans les marais de droite. La confusion et le désordre se mirent dans nos rangs ; la voix des chefs fut méconnue : sans le sang-froid de quelques artilleurs et deux ou trois charges héroïques, la colonne tout entière serait restée dans ce fatal défilé.

Eh bien ! le désastre de la Macta contribua plus que n'aurait fait une victoire à nous retenir dans la province d'Oran. Abd-el-Kader devint si arrogant après sa victoire, qu'il écrivit au général en chef, Drouet d'Erlon : « Espérant que la paix n'est point rompue entre nous, je m'engage à aller vous débarrasser des incursions des Hadjoutes dans la Mitidja, puisque vous ne pouvez vous en délivrer vous-même. » Et en effet l'émir s'était fait reconnaître comme souverain à Milianah et à Médéah, et il envoya un *hakem* jusqu'à Blidah pour y gouverner en son nom.

Pour réparer l'échec de la Macta, il fallut expédier des renforts de France dans la province d'Oran. Une grande expédition fut décidée pour aller châtier Abd-el-Kader à Mascara, siége de sa puissance, et délivrer les Coulouglis bloqués par lui dans la citadelle de Tlemcen. Depuis trois ans, ces fidèles auxiliaires imploraient vainement notre appui ou du moins notre présence. Le maréchal Clausel, qui revenait pour la seconde fois en Afrique comme gouverneur général, dirigea lui-même l'expédition. Cette campagne finit comme toutes les autres, par l'abandon presque immédiat de la contrée envahie. Après cette longue promenade militaire, le maréchal Clausel s'en retourna à Alger, et crut la guerre finie. Les chambres, qui ne demandaient pas mieux que de prendre le maréchal au mot, exigèrent une réduction notable dans l'armée d'Afrique. A peine cette réduction était-elle opérée que la nécessité d'une expédition à Constantine frappa l'esprit du gouverneur général ; mais les troupes dont il aurait eu besoin pour mener à bien cette expédition étaient retournées en France, sur l'avis qu'il avait donné lui-même. L'exécution de son projet dut être ajournée.

Le corps d'expédition d'Oran venait d'être retiré, quand le général d'Arlanges, laissé dans la province d'Oran avec des forces insuffisantes, fut inquiété de tous côtés par les tribus hostiles, et subit un échec assez grave sur la Tafna.

Il fallut faire partir de France, pour dégager ces forces compromises, une nouvelle expédition commandée par le général Bugeaud, qui paraissait pour la première fois en Afrique. C'était donc au général Bugeaud qu'était confiée la mission de réparer le désastre de la Macta et l'échec plus récent de la Tafna. Il savait d'avance que, s'il se mettait à la poursuite des Arabes, il ne pourrait les atteindre, que les vivres s'épuiseraient bien vite, et que le seul moyen d'engager les Arabes dans un combat sérieux, c'était d'avoir l'air de se laisser surprendre par eux.

Des feux allumés pendant la nuit sur les hauteurs prouvaient au général Bugeaud qu'en effet Abd-el-Kader se trouvait à portée et suivait sa marche. Il songea donc à offrir à l'émir un terrain de combat qui lui rappelât la Macta. C'était une vallée profonde, au confluent de deux rivières, à la Sikkah, les deux affluents formant deux gorges transversales. Le général apprit bientôt que son arrière-garde était attaquée par les cavaliers de l'émir, embusqués dans une des gorges. Alors, comme pour dégager son convoi, le général se mit en retraite dans la vallée, ayant l'air d'abandonner son arrière-garde. Abd-el-Kader, trompé par cette manœuvre, se lança vivement, avec toute son infanterie, vers le front de notre colonne, croyant la poursuivre. Nos soldats, par un changement de front subit, reçurent le choc de l'ennemi, qu'ils écrasèrent. Dans le même temps, le général détachait deux bataillons pour aller délivrer l'arrière-garde et la rallier. Bientôt ce combat ne fut plus qu'une boucherie. Les Arabes, coupés et écrasés, se jetèrent dans le ravin de l'Isser, laissant deux cents morts et cent trente prisonniers sur le champ de bataille. C'était le 6 juillet 1836.

Le général Bugeaud aurait pu profiter de cette victoire pour asseoir notre domination dans toute la province ; mais telles n'étaient point ses instructions apparemment : après avoir ravitaillé la garnison de Tlemcen, il quitta la province d'Oran et revint en France.

Cependant l'expédition de Constantine avait été décidée ; mais, lorsque le maréchal Clausel voulut demander des forces suffisantes pour l'entreprendre, on les lui refusa : on lui permit seulement de tenter l'entreprise avec les ressources d'hommes et de matériel qu'il avait en Afrique. C'était condamner l'expédition. Le maréchal ne voulut pas en avoir le démenti, et, malgré la saison avancée et l'insuffisance de ses ressources, il se dirigea vers Constantine : le siége de cette place échoua, et la retraite fut un grand désastre.

Heureusement ce désastre nous fit l'obligation de retourner à Constantine dans l'automne de l'année suivante, en 1837, et cette fois avec une résolution et un appareil dignes de la France. La première expédition n'avait d'autre but que de délivrer Bône des incursions incessantes du bey Ahmet et d'installer comme agha de Constantine le général Yusuf, alors chef de bataillon au titre étranger. Après le désastre de cette première expédition, il y allait de notre honneur, non-seulement d'occuper Constantine , mais encore de prendre possession de toute la province : c'est ce que nous fîmes en 1837 ; mais sans le désastre de 1836, l'aurions-nous fait ?

La seconde expédition de Constantine ne précéda que de peu d'années l'époque vraiment brillante de notre guerre d'Afrique ; mais entre cette expédition et la prise d'armes de 1840 se place un fait considérable dont l'Algérie a pendant longtemps ressenti les conséquences. Nous voulons parler du traité de la Tafna. Cet événement ne nous intéresse ici que parce qu'il ferme la première période de la guerre d'Afrique et qu'il met en présence les deux grandes personnalités dont l'action puissante va dominer la seconde époque de la lutte. Aussi, nous ne nous arrêterons pas au traité de la Tafna.

On sait quels événements avaient ramené le général Bugeaud sur la terre d'Afrique en 1837 ; on connaît les détails de la célèbre entrevue où le traité fut conclu, cette entrevue qui ressemble à une page détachée de l'histoire des croisades. Ce que nous voulons surtout faire remarquer ici, c'est le contraste des deux physionomies aujourd'hui historiques qui, dans cette rencontre solennelle, apparaissent au premier plan : l'émir Abd-el-Kader et le général Bugeaud. Le moment est venu, avant de les voir aux prises, de tracer le portrait des deux adversaires.

Abd-el-Kader était de la puissante tribu des Ha-chems, gardienne héréditaire de Mascara, la *ville sainte;* mais, né d'une famille de marabouts, il ne semblait point, en naissant, prédestiné à la guerre. Les prophéties habilement répandues dans tout le Moghreb par les *zaouias*, association religieuse dont son père était le chef, en décidèrent autrement. A vingt-deux ans, il avait déjà fait deux voyages à la Mecque pour échapper aux Turcs, persécuteurs de sa famille, de telle sorte que, lorsque les Français suc-cédèrent aux Turcs dans la domination de l'Algérie, Abd-el-Kader ne fit que changer d'ennemis. A l'appel des marabouts, qui prêchaient la guerre sainte contre les infidèles, les tribus se réunirent, le 3 mai 1832, dans la plaine de Zégris pour élire un chef. Mahiddin leur présenta son fils Abd-el-Kader, celui que les prophéties avaient annoncé, et dont le frère aîné ve-nait de mourir dans un combat contre les Français d'Oran. Les tribus acclamèrent *émir* ce fils prédestiné de Mahiddin. Abd-el-Kader monta aussitôt à cheval et fit son entrée à Mascara. Il avait vingt-six ans. C'était un beau jeune homme, aux pieds blancs, aux mains vraiment patriciennes. Sa figure était chaude et fine, ses yeux étaient tout chargés des méditations de la Bible et du Coran. Il y avait même sur sa phy-sionomie rayonnante cette légère teinte d'ironie que la science laisse toujours plus ou moins comme une marque au front de ses élus. Il était plutôt fait, à coup sûr, pour la politique que pour la guerre ; aussi devait-il apporter dans la guerre toutes les ruses de la diplomatie orientale et toute la persistance d'un ambitieux.

Tel était l'homme qui, vaincu à la Sikkah par le général Bugeaud, allait voir relever sa fortune par les mains mêmes de son ennemi triomphant.

Quand le général Bugeaud arriva devant l'émir dans la plaine de la Tafna, la nature fine et délicate du chef arabe ressortit singulièrement en regard de la rude et sévère physionomie du négociateur français. L'homme du nord, haut en couleur, vigoureusement musclé, au geste brusque et franc, prit entre ses doigts, durcis au maniement des armes, la main frêle et blanche de l'émir oriental. Celui-ci, plein de protocoles gracieux dans son langage, d'un aspect élégant, souriant dans son apparente faiblesse, gardait en lui-même le secret de sa force pour s'en servir au moment opportun. Vous souvenez-vous de Richard abattant un palmier d'un coup de sabre, et de Saladin qui lui répond en faisant voler en l'air un édredon de soie qu'il coupe en deux au fil de son épée ? Ils vous représentent le général Bugeaud et l'émir Abd-el-Kader.

Le maréchal Bugeaud était né soldat : les qualités du capitaine ne devaient lui venir qu'en vieillissant. Ce n'est point un héros tout d'une pièce et de prime-saut, comme ces grands hommes de guerre que l'histoire présente tout faits à notre admiration dès la première page. Moins que personne, il pouvait se

passer des leçons de l'expérience, car sa conception
était lente, difficile à se déplacer ; mais aussi l'expérience devait avoir pour lui plus de fruits que pour
tout autre, car ce qui le distinguait par-dessus tout,
c'étaient cette faculté d'analyse et cette perception du
réel qui soumettent toute chose aux lois de la pratique. Les hommes qui ont le plus approché le maréchal Bugeaud se sont presque tous trompés sur la
nature de son esprit. Ils lui ont cru l'intelligence
prompte et vive, parce qu'ils l'ont vu ne jamais hésiter
dans la délibération : aussi lui ont-ils cru de l'initiative, parce qu'ils l'ont vu souvent changer d'idées et
de projets ; mais ce n'était point l'intelligence qui
était rapide dans sa tête, c'était la volonté, c'était
l'exécution. De même, s'il changeait souvent d'idées
et de projets, ce n'était point par exubérance d'initiative, mais parce que, l'expérience venant lui prouver
souvent qu'il faisait fausse route, son ardeur d'exécution le portait aussitôt à poursuivre la réalisation d'un
projet différent et même opposé au projet qu'il soutenait la veille.

S'il n'hésitait pas dans l'erreur, il n'y persistait pas
longtemps du moins, car son extrême bon sens finissait toujours par le faire revenir à la vérité. La faute
commise ne tardait pas à se retourner dans son esprit
en enseignement utile. Voilà comment, avec toutes
les apparences de l'entêtement, il était moins entêté
que personne. On l'a vu engager sa responsabilité
dans le traité de la Tafna, qui était l'occupation restreinte de l'Algérie et presque son abandon ; mais,

sitôt que l'événement lui a donné tort, au lieu de se buter par orgueil contre l'évidence, comme tant d'autres l'auraient fait, il poursuit avec une égale audace de responsabilité l'occupation illimitée dans le désert et l'occupation complète dans la Kabylie.

Si nous cherchions dans l'histoire un homme à comparer au maréchal Bugeaud, nous prendrions Blaise Montluc, ce héros familier dont les brutales allures vous repoussent de loin, mais dont la solide bonhomie vous attire invinciblement de près. — En expédition, le maréchal prenait toujours l'avis de ses lieutenants, le discutait, puis il donnait le sien : il était rare que celui-ci ne fût pas le meilleur. Écoutez parler de lui les officiers qu'il a formés; écoutez surtout les soldats, dont il connaissait si bien les besoins, dont il surveillait la santé avec une si paternelle sollicitude. Certes, il leur a imposé plus de fatigues et de travaux qu'aucun général ne l'avait peut-être fait avant lui; mais, en prenant à sa charge la moitié de leurs épreuves, il avait le talent de les leur faire oublier : il vivait ainsi de leur vie. Aussi, ces braves gens l'en ont-ils récompensé en le nommant le *père* Bugeaud : touchante appellation oubliée dans nos armées depuis Catinat !

# III

## La guerre d'Afrique en 1840 et 1841.

A l'époque où le général Bugeaud vint prendre le commandement de notre armée, c'est-à-dire au commencement de l'année 1841, la guerre d'Algérie était entrée dans une de ses phases les plus critiques. Abd-el-Kader avait mis à profit le répit que lui laissait le traité de la Tafna du côté des Français, et l'ascendant qu'il lui avait donné auprès des Arabes. Il s'était d'abord fortifié du côté du désert, prévoyant bien que la région du Tell deviendrait sa base d'opération au retour de la guerre.

C'est ainsi que, sur la limite qui sépare le territoire de parcours du territoire de culture, sur toute la ligne du Serssous, il avait édifié une échelle de villes et de postes fortifiés, qui lui servaient en même temps de magasins de provisions et de places d'armes. Takdempt, Thaza, Saïda et Boghar étaient les principales de ces places; elles étaient situées au méridien de Maskara, de Milianah et de Médéah.

Abd-el-Kader savait que nous avions à peine assez

de soldats pour occuper les places du littoral; quant à nos expéditions temporaires dans le Tell, elles nous coûtaient fort cher, et n'assuraient nullement notre domination. Si nous laissions une garnison dans l'intérieur, après l'expédition elle était bloquée, et il fallait bientôt nous remettre en marche pour la dégager ou la ravitailler. Lorsqu'une tribu nous résistait ou nous trompait, nous brûlions ses moissons; mais il lui restait ses troupeaux, qu'elle avait déjà mis à l'abri de notre atteinte, tandis qu'Abd-el-Kader, lui, si elle nous accueillait, pouvait en même temps brûler ses moissons et enlever ses troupeaux. Aussi, de deux maux ayant à choisir le moindre, entre notre protection lointaine et temporaire et la vengeance toujours présente de notre adversaire, la tribu aimait mieux laisser brûler ses moissons que se soumettre.

L'émir avait compté sur cette fausse position des tribus. En nous forçant vis-à-vis d'elles à l'incendie et à la dévastation, il ajoutait au fanatisme qui les poussait déjà contre notre domination un auxiliaire puissant, la nécessité.

C'est donc la nécessité, bien plus encore que le fanatisme, qui avait rendu tributaires d'Abd-el-Kader toutes les tribus qui habitent les deux versants de l'Atlas, c'est-à-dire toutes les tribus qui étaient précisément exposées à être envahies par nous. Abd-el-Kader avait même exigé que chacune d'elles lui fournît son contingent de réguliers pour le retour prévu des hostilités. Dans le même temps que ses marabouts prêchaient la guerre sainte sur tous les points de l'Algérie, ses lieutenants y levaient les recrues et les organisaient pour l'attaque et la défense. Lui-même, qui, sous une indolence apparente, cachait une activité infatigable, parcourait incessamment les tribus pour faire l'inspection de leurs forces, réveiller leur fanatisme et leur haine, distribuer les promesses et les menaces, donner ses instructions et veiller aux enrôlements. Son génie plein de séduction lui faisait parmi les chefs plus de partisans encore que le fanatisme. C'est même parmi les tribus des montagnes, sur lesquelles il avait moins de prise, qu'il a trouvé ses lieutenants les plus dévoués. C'est ainsi que Bou-Hamedi, son khalifat d'Oran, lui recrute douze mille réguliers dans les monts Traras ; que Sidi-Embareck lui gagne les Kabyles de l'Ouérenséris ; que El-Berkani entraîne les belliqueuses populations qui vivent sur les montagnes autour de Milianah, de Médéah et de Cherchell ; que Ben-Salem, son khalifat du Sebaou, lui ménage des intelligences et des appuis depuis les vallées du Hamza et de la Medjana jusqu'au cœur de la Grande-Kabylie.

Lorsque le duc d'Orléans passa les Portes-de-Fer en 1839, tout paraissait tranquille, et la paix nous semblait pour longtemps assurée. Tout à coup Ab-del-Kader écrivit au maréchal Vallée qu'il eût incontinent à se préparer à la guerre, et aussitôt l'insurrection gagna toutes les tribus, depuis Oran jusqu'à Bône, avec la rapidité de l'incendie.

Il nous fallut en même temps nous défendre — dans la province de Constantine, contre le propre frère d'Abd-el-Kader, aidé par Ben-Salem, et contre le bey Ahmet, qui revenait du désert,-trouvant l'occasion favorable; — dans la Mitidja, contre l'émir en personne, amoutant contre nous, du haut des Mouzaïas, toutes les tribus qu'il lâchait sur la plaine, les Hadjoutes d'un côté, les Beni-Salah de l'autre, puis les Soumatas, les Mouzaïas, les Beni-Messaoud , les Beni-Moussa ; — dans les plaines d'Oran et de Mostaganem, contre vingt mille fanatiques venus de derrière les lacs, ou sortis des forêts de Muley-Ibrahim, et qui se faisaient mitrailler jusque dans les fossés de nos remparts. Cette grande levée de boucliers, qui eut lieu vers la fin de 1839, nécessita l'envoi de nouveaux renforts dans l'Algérie.

En attendant l'arrivée de ces renforts, en attendant surtout l'intervention du maréchal Bugeaud, il est bon de montrer ce que firent nos troupes en présence des adversaires qui s'étaient levés et armés contre elles d'un bout à l'autre de nos possessions.

La province de Constantine, qui échappait à l'action d'Abd-el-Kader, rentra bientôt dans l'obéissance, sauf les cercles de Philippeville et de Bougie, où, du reste, les hostilités n'avaient pas été interrompues un moment depuis la prise de possession ; mais c'était dans la Mitidja que tout l'effort de nos armes devenait nécessaire. Nos postes mal gardés avaient été assaillis à l'improviste, nos convois enlevés, nos fermes ravagées et nos colons assassinés. Lorsque nous nous vîmes en mesure de repousser les assaillants, l'incendie et la dévastation avaient déjà désolé la plaine. Il nous fallut d'abord fortifier nos postes et ravitailler nos places : nous dûmes employer des colonnes entières à escorter nos convois, car les maraudeurs, abrités derrière chaque pli de terrain, embusqués sous chaque broussaille, tombaient sur nos détachements isolés et les poursuivaient jusqu'aux portes d'Alger.

C'est ainsi que nos troupes se trouvèrent occupées jusqu'au printemps de 1840. Un renfort de six mille hommes était venu de France avec le duc d'Orléans. La prise de possession de Médéah et de Milianah étant résolue, un corps d'opération de neuf mille hommes, composé de deux divisions, fut assemblé à cet effet et s'ébranla aussitôt vers le col de Mouzaïa. Avant d'y arriver, il fallut *gueriller* pendant dix-huit jours consécutifs pour débarrasser les abords du bassin de la Mitidja des nuées de Kabyles et d'Arabes qui semblaient s'y être donné rendez-vous de toutes les parties de la province. Depuis Cherchell, où nous fûmes obligés d'aller dégager le commandant Cavaignac, qui s'y défendait héroïquement depuis six jours avec une poignée d'hommes, jusqu'à Blidah, ce ne fut qu'un long engagement à travers la forêt de Kharésas, les vallons de l'Oued-Ger et de Bourroumi, sur les berges escarpées de l'Oued-Nador et de l'Oued-el-Hachem, que les ennemis défendirent avec acharnement et où ils semblaient se multiplier.

C'est là que nous rencontrâmes Sidi-Embareck, le plus habile et le plus intrépide khalifat de l'émir, venu de la riche et populeuse vallée du Chéliff avec tous ses contingents de la plaine et de la montagne.

Enfin, le 12 mai 1840, nous étions devant le formidable défilé de Mouzaïa, où nous avions déjà deux fois inutilement planté notre drapeau. Lorsqu'on arrive devant cette immense fissure de l'Atlas, on voit devant soi, à travers les crêtes confuses des rochers et les contours infinis de la montée, un piton escarpé, entouré lui-même de roches plus élevées, et qui commande l'issue du passage vers le sud, comme l'indique assez l'éclaircie que le sommet de la montagne laisse sur ce point. La route, construite par le maréchal Clausel en 1836, au lieu de se diriger droit sur ce piton, lui tourne au contraire le dos jusqu'à ce que, arrivée au tiers de la hauteur, elle revient brusquement vers le col par le versant occidental de la montagne : elle est dominée à gauche par des crêtes fort difficiles qui se rattachent au piton ; elle rencontre à droite un ravin profond qui descend du col, et dont la berge occidentale est presque inaccessible.

Telles sont les positions formidables que le corps d'expédition devait aborder pour arriver à la route de Médéah et de Milianah. Toutes les crêtes orientales, par lesquelles seulement le passage du col paraît accessible, avaient été couronnées de retranchements et de redoutes par Abd-el-Kader. Le piton qui reliait toutes ces arêtes fortifiées était armé de plusieurs batteries, et ces batteries elles-mêmes étaient protégées par des nuées de tirailleurs kabyles perchés sur les roches qui dominent le piton. Chaque tournant de la route, chaque anfractuosité de la montagne, chaque précipice recélait dans ses flancs un gros d'ennemis prêt à recevoir nos soldats à bout portant. Autour du col de Mouzaïa, Abd-el-Kader avait réuni tous les réguliers qu'il avait pu ramasser dans les tribus depuis Maskara jusqu'à Sétif.

L'ascension commença au point du jour : ce fut la première division qui l'opéra. Cette division formait trois colonnes : la première, forte de dix-sept cents hommes, était commandée par le général Duvivier; elle s'avança à gauche de la route, chargée d'aborder le piton à travers les crêtes fortifiées qui s'y rattachent; la seconde colonne, forte de dix-huit cents hommes, était commandée par le colonel Lamoricière: elle était chargée de tourner les positions retranchées du col, en prenant la droite de la route à travers les escarpements et les ravins; le duc d'Orléans commandait la troisième colonne, chargée d'aborder directement le col en suivant la route.

A travers mille obstacles et mille dangers surmontés, le général Duvivier monte toujours, tournant par l'escalade les retranchements des Kabyles, laissant au 2ᵉ léger, conduit par son intrépide colonel Changarnier, le soin de les détruire en passant. Il dit à ses soldats décimés qu'ils resteront toujours bien assez nombreux pour s'emparer du piton, but de leurs efforts. Un nuage passant au front de la montagne lui permet de se reposer un instant, en le cachant à l'ennemi; mais à peine le nuage est-il passé, que la colonne tout entière se voit massée sous le feu de trois batteries échelonnées sur le piton. La mitraille fait des trouées terribles dans nos rangs. C'est un de ces moments où il faut tenter l'impossible; l'impossible réussit cette fois. Par un élan prodigieux, nos soldats se précipitent sur la première batterie et l'enlèvent à la baïonnette, le second et le troisième retranchement sont enlevés de même : les Kabyles perchés sur la cime du piton, n'osant aventurer leur feu au sein de cette ardente mêlée, s'affermissent sur le parapet pour recévoir le choc de nos soldats vainqueurs, qui bientôt les culbutent du haut de cette aire d'aigle et les précipitent dans l'abîme. Le drapeau du 2ᵉ léger, si glorieusement porté dans toute cette guerre, surtout depuis la première retraite de Constantine, flotte enfin sur la plus haute cime de l'Atlas.

Pendant ce temps, le colonel Lamoricière, après avoir enlevé les retranchements qui se trouvaient sur la droite de la route, se voyait arrêté sous le feu d'une troisième redoute par un ravin que nous avons décrit, et dont ses zouaves ne pouvaient franchir les berges escarpées. Culbutés par les Kabyles qui occupaient ces parapets ensanglantés, ils revenaient à la charge pour être culbutés encore. Tout à coup les tambours du 2ᵉ léger se font entendre derrière les Kabyles. Les zouaves, exaltés par ce bruit secourable, font un suprême effort : les voilà sur la berge, les voici dans la redoute, d'où les ennemis fuient en désordre, et les deux chefs se précipitent avec effusion dans les bras l'un de l'autre au milieu de leurs colonnes réunies. Le duc d'Orléans arrivait dans ce moment même, avec la troisième colonne, au haut du col de Mouzaïa, après avoir éteint une batterie qui le prenait en écharpe.

Telle fut cette glorieuse escalade du Mouzaïa. Il fallut trois jours au génie militaire pour rendre la descente du col, du côté de Médéah, praticable à l'artillerie. A gauche de la route, sur les dernières pentes du sud, on rencontre un plateau dominé au nord-est par une arête de rochers : c'est le bois des Oliviers. Sur ce plateau, si favorable à l'embuscade et à la défense, les Kabyles devaient se retrouver toutes les fois que nos colonnes iraient ou reviendraient de Médéah à Blidah. Ils y étaient cette fois : les zouaves les en chassèrent.

Cette longue campagne de l'Atlas dura six mois, et chaque jour eut son combat. Il fallut poursuivre les Kabyles sur les deux versants de la chaîne, les chasser tantôt de devant Médéah, tantôt de devant Milianah; châtier les tribus hostiles, et ravager leur récolte et leur territoire ; aller de l'ouest de la Mitidja, où El-Berkani multipliait ses incursions, à l'est, où Ben-Salem tentait de s'établir. La saison des pluies, qui correspond à l'hiver chez nous, devait seule imposer un armistice aux combattants engagés dans cette longue lutte, si vaillamment soutenue par l'infatigable Changarnier, récemment promu au grade de général.

Vers le milieu du mois d'août, Abd-el-Kader retournait à Mascara, où il allait recruter de nouveaux contingents. Dans le même temps, Lamoricière, fait général en même temps que Changarnier, se dirigeait vers Oran comme gouverneur de la province. Là aussi les tribus avaient rompu le bâton de la paix. Ben-Thami, khalifat de Mascara, avait poussé contre Mostaganem toutes les tribus du Sig et de l'Habra, pendant que Bou-Hamédi, khalifat de Tlemcen, ameutait contre Oran les populations guerrières des bords de la Tafna. Le but de Ben-Thami était de s'emparer du bourg de Mazagran, situé à quelques portées de fusil de Mostaganem, afin de surveiller de là la garnison française de cette dernière place ; mais il avait compté sans la bravoure française, et il trouva le fort de Mazagran occupé par cent vingt-trois hommes du 1er bataillon d'Afrique, commandés par le capitaine Lelièvre, et dont l'attitude héroïque fit reculer cinq ou six mille cavaliers arabes.

Quelques jours après l'affaire de Mazagran, c'est-à-dire au commencement de mars 1840, Bou-Hamédi, après avoir *razzié* et dévasté nos alliés les Douairs et les Smélas, tentait contre Miserghin, au sud-ouest d'Oran, la même entreprise que Ben-Thami avait essayée contre Mazagran. Yusuf commandait à Miserghin. Nos alliés lui demandèrent secours. Yusuf parvint à reprendre les troupeaux enlevés aux alliés ; mais, ceux-ci s'aventurant à la poursuite de l'ennemi, notre colonne dut les suivre. C'est ce qu'attendait Bou-Hamédi, embusqué avec huit mille cavaliers dans la gorge de Ten-Salmet. Yusuf, pris à l'improviste, se met en retraite, envoyant aussitôt demander secours

à la garnison d'Oran ; mais notre colonne est bientôt
enveloppée. L'infanterie veut se former en carré :
dans ce mouvement, le désordre s'accroît, et l'ennemi
en profite. Alors un escadron de soixante-cinq spahis,
commandé par le capitaine Montebello, se porte au-
devant d'un millier de cavaliers ennemis qui vont
dans leur élan écraser notre infanterie en désordre.
Cette diversion héroïque donne le temps aux fantassins
de se former en carré. On vit aussitôt le cercle d'A-
rabes qui nous pressait de toutes parts s'élargir devant le feu qui partait à la fois des quatre faces du
carré. Une fois ce cercle élargi, le bataillon carré re-
culait et rechargeait ses armes ; puis, lorsque le cercle
des assaillants s'était reformé et se rétrécissait encore,
une nouvelle décharge, partie des quatre faces du bataillon, semait de nouvelles victimes autour de nos
soldats. La retraite continua ainsi sans que le bataillon, lançant son feu à mesure, pût être entamé. A la
fin, le renfort attendu d'Oran parut dans la plaine.
Notre cavalerie, qui s'était retirée sous le canon de
Miserghin, revint en escadrons serrés. L'infanterie reprit l'offensive en attendant. Les Arabes reculèrent ;
bientôt ils prirent la fuite, et furent poursuivis jusqu'à
la nuit ; ils laissaient près de quatre cents cadavres
dans la gorge de Ten-Salmet : nous avions seulement
perdu quelques soldats et une vingtaine de cavaliers.

Comme les livres, les faits d'armes ont leurs destins
favorables ou contraires. On a beaucoup parlé de Mazagran : le combat de Ten-Salmet est resté à peu près
ignoré. Cependant le combat de Ten-Salmet est aussi

beau que la lutte du 2ᵉ léger à la retraite de Constantine, tandis que nous trouverions dans nos annales d'Afrique mille faits d'armes comparables à la défense de Mazagran. La défense de nos colons à la Maison-Carrée et à la Ferme-Modèle est aussi méritoire que celle des cent vingt-trois braves postés derrière les murs de terre du fort de Mazagran. Depuis cinq ans, nos soldats se défendaient tous les jours contre les Kabyles de Bougie dans des positions tout aussi hasardeuses. Les trois blockaus élevés en avant de Bougie ont été le théâtre de défenses bien autrement périlleuses que celle de Mazagran.

On ne sait pas généralement en France ce que c'est qu'un blockaus. Figurez-vous une tour construite en madriers de bois, à l'épreuve de la balle et même, jusqu'à un certain point, des fascines d'incendie. Cette tour, posée sur des fondements en maçonnerie et protégée par une palissade ou par un fossé, peut contenir de douze à vingt hommes dans son étage supérieur. Cet étage forme saillant sur le rez-de-chaussée ; le saillant, qui est garni de créneaux ou meurtrières, par où l'on fait sur les assiégeants un feu horizontal, repose sur un plancher mobile ou *machicoulis :* en faisant glisser en dedans ce plancher, les assiégés peuvent atteindre, par un feu plongeant ou même à la baïonnette, les assaillants qui tenteraient d'enfoncer le rez-de-chaussée ou de l'incendier. Le blockaus est en général armé d'obusiers et approvisionné de grenades. C'est, comme on voit, un moyen de défense particulier à la guerre d'Afrique, où l'ennemi n'a pas de canons d'affût à nous opposer. Le blockaus est habituellement placé aux abords d'une plaine ou bien au centre d'une vallée, de telle sorte qu'Arabes et Kabyles ne puissent faire une incursion sur les centres occupés par nous sans passer sous le feu des obusiers du blockaus. Eh bien ! on a vu des milliers de Kabyles s'obstiner pendant trois et quatre jours contre ces tours de bois occupées par douze hommes jusqu'à ce que, décimés ou épuisés, ils se retirassent pour enterrer leurs morts et ne plus reparaître. Par la résistance invincible qu'oppose un simple blockaus à l'agression des Arabes et des Kabyles, on peut comprendre, sans s'en émerveiller, que cent vingt-trois hommes aient résisté victorieusement à deux ou quatre mille assaillants dans le fort de Mazagran.

Si nous comptons quelques habiles et heureuses razzias opérées sur les tribus d'Oran par le général Lamoricière vers la fin de 1840, nous aurons donné le fidèle bilan de notre conquête jusqu'à l'arrivée du général Bugeaud, comme général en chef de l'armée d'Afrique, le 22 février 1841.

Hormis Constantine, où notre puissance s'établissait sous d'heureux auspices, l'on peut dire que la conquête n'avait pas fait un pas depuis le premier jour, car les points de la côte dont nous étions les seuls occupants nous étaient disputés, même les environs d'Alger, par des incursions journalières, et, comme en 1833, nous étions obligés de repasser sans cesse le col de Mouzaïa, toujours défendu, pour aller ravitailler

Médéah et Milianah, où nous avions laissé garnison permanente. Enfin, pour dernier résultat, à peine vingt-sept mille colons avaient osé s'installer jusque-là en Afrique; encore étaient-ce des citadins ou des ouvriers de ville ne pouvant vivre que de l'armée et par l'armée. Il faut reconnaître pourtant que cette dernière campagne de 1840 avait donné une vigoureuse impulsion à la guerre; elle avait surtout mis en relief les hommes et les corps qui devaient contribuer le plus glorieusement à l'œuvre glorieuse du maréchal Bugeaud.

Parmi ces coadjuteurs du maréchal, il en est surtout deux qui se distinguent par une physionomie particulière et par un caractère spécial : ce sont les généraux Lamoricière et Changarnier. Le premier, c'est l'homme des razzias et des courses brillantes; le second, c'est l'homme des précipices et des combats de montagne.

M. le général Lamoricière a successivement étonné de sa valeur les trois provinces de l'Afrique française, et dans chacune les Arabes lui ont donné un surnom de guerre différent, croyant que le même homme n'avait pu suffire à tant d'exploits. C'est la témérité intelligente et l'activité curieuse en personne. Il se fera débarquer tout seul sur le rivage de Bougie pour reconnaître la place; puis, le plan levé, il saluera les balles qui l'accueillent et se rendra tout d'un trait à Toulon pour presser l'embarquement d'un corps expéditionnaire. A l'assaut de Constantine, où il monte le premier, il sautera par-dessus une mine qui éclate; au col de Mouzaïa, il franchira un précipice qui le sépare de la redoute qu'il faut prendre. Il passera d'une arme à l'autre, comme il passe de Constantine à Oran, du littoral au désert, propre à tout, présent partout. Il ne s'arrête nulle part, pas même à Mascara, où l'hiver et l'ennemi le bloquent et où d'une garnison bloquée il fait une colonne d'opérations actives. Il quittera la direction d'un bureau arabe pour prendre celle d'un régiment ; mais, dans l'intervalle, il se sera familiarisé avec la langue des Arabes, afin de mieux connaître leur caractère, afin surtout de surprendre le secret de leurs ruses et de leurs stratagèmes. Que le maréchal Bugeaud se hâte d'organiser la colonne mobile, le général Lamoricière attend !

Quant au général Changarnier, le maréchal Bugeaud, qui s'y connaissait, le surnomma le *montagnard*, et les Kabyles, qui l'ont mieux connu encore, l'appelleront le *dompteur*. Celui-là vit dans le danger comme la salamandre dans la flamme. L'offensive, sur quelque terrain et dans quelque condition qu'il se trouve, lui paraît être de rigueur. A la retraite de Constantine, environné et pressé par des nuées d'Arabes, il jugera la partie égale, — trois cents contre trois mille, — et, formant son bataillon en carré, il commandera le feu comme s'il faisait faire l'exercice à des soldats novices. Au col de Mouzaïa, il trouvera facile d'escalader une batterie qui a pour affût les broussailles d'un piton de quinze mètres de haut. Au bois des Oliviers, il lancera une poignée de soldats contre des milliers de Kabyles qui occupent tout le plateau, et, trouvant scandaleux que ces pelotons décimés aient rebondi cinq fois en arrière sans pouvoir pénétrer cette masse compacte, il commandera obstinément une sixième charge, au point que ses soldats, voyant bien qu'il n'en démordrait pas jusqu'à ce que tous eussent péri, sont obligés de s'emparer du maudit plateau par rage et par dépit. A l'Oued-Foddha, il engagera sans hésiter une colonne de douze cents hommes dans une gorge étroite de trois lieues de profondeur, au milieu du feu plongeant des Kabyles rassemblés de tout l'Ouérenséris : il faudra bien, puisqu'il l'a décidé ainsi, que la colonne traverse victorieusement cet interminable coupe-gorge. Cette audace de responsabilité a jusqu'ici toujours été amnistiée par le succès.

Si tout paraît possible au général Changarnier dans l'attaque, rien ne paraît impossible au général Cavaignac dans la défense. Les longues épreuves militaires, c'est lui qui les accomplira en Afrique. Lorsqu'on ira débloquer quelque lointaine garnison, soit Tlemcen, soit Cherchell, c'est l'énergique figure du général Cavaignac qui vous apparaîtra toujours en tête de la garnison délivrée. Les généraux Lamoricière et Changarnier sont héroïques par bénéfice de nature ; c'est par la conscience du devoir que le général Cavaignac s'élève à l'héroïsme. Il est encore un autre général qui a marqué en Afrique, c'est le général Bedeau. Celui-ci est l'homme d'organisation militaire par excellence ; il est incontestablement le plus capable de tous — lorsqu'il est en second.

Après les hommes, il faut voir les corps. La création des zouaves et des chasseurs d'Afrique date des premiers jours de la conquête. De l'aveu de tous les étrangers qui ont pu les voir à l'œuvre, ces deux corps, l'un à pied, l'autre à cheval, sont sans rivaux en Europe. Les zouaves, ou voltigeurs d'Afrique, formaient un seul régiment fort de quatre mille hommes. Dans le principe, il était en grande partie composé d'indigènes. Aussi les soldats portent-ils le costume turc, tandis que leurs officiers ont conservé l'uniforme européen. Les zouaves ont rendu illustres tous les colonels qui les ont commandés, Lamoricière, Cavaignac, Ladmiraut, Canrobert. Quant aux chasseurs d'Afrique, les Arabes ont comparé leurs charges irrésistibles au simoun poussé par un vent impétueux. Ni les montagnes, ni le désert, rien ne les arrête, et rien non plus ne peut donner une idée de la perfection de leurs manœuvres. On ne trouve à punir chez eux que le courage, parce qu'il sort le plus souvent des limites prudentes imposées par la discipline. Les exploits isolés des chasseurs d'Afrique sont innombrables. Ce corps de cavalerie forme quatre régiments.

Les spahis, créés plus tard, sont des éclaireurs à cheval ; comme les zouaves, ils étaient et sont encore composés en grande partie d'indigènes et commandés exclusivement par des officiers français depuis le grade de capitaine. Les spahis n'ont qu'une ambition que leurs services ont quelquefois justifiée : c'est de pouvoir rivaliser avec les chasseurs d'Afrique.

On doit à l'heureuse initiative du duc d'Orléans (1838)

la création des tirailleurs de Vincennes ou chasseurs
à pied. L'organisation spéciale des tirailleurs de Vincennes, la portée extraordinaire de leur carabine (quatorze cents mètres), la justesse inévitable de leur tir
à six cents mètres, les rendent plus propres encore que
les zouaves à la guerre de montagne. Les zouaves ne
sont pas plus habiles aux diversions, ni plus experts
aux escalades de rochers, ni plus rapides aux incursions
que les tirailleurs de Vincennes. En outre, il n'est pas
de cime de montagne si élevée d'où les balles de Vincennes ne puissent déloger un Kabyle. Ces balles lut-
tent à distance égale avec des boulets de canon. On a
vu l'utilité des tirailleurs de Vincennes dans les gorges
de l'Oued-Foddah, où ils ont successivement balayé les
Kabyles de tous les rochers escarpés qu'ils occupaient
au devant de notre colonne. On a vu leur courage à
Sidi-Brahim, où, après avoir défendu, tant qu'ils eurent des balles, un marabout dans lequel ils s'étaient
retranchés au nombre de quatre-vingts, ils traversèrent
une masse compacte de six mille Arabes pour regagner
Djemma-Ghazouat ; ils arrivèrent à Djemma, luttant
sans trêve, toujours enveloppés, n'ayant d'autre protection que leur tranchante baïonnette disposée en forme de sabre ; ils étaient quatre-vingts au départ, ils
ne furent que seize à l'arrivée. Même après le siége de
Rome, on ne saurait prévoir de quel poids énorme nos
dix bataillons de tirailleurs de Vincennes pèseraient
dans une bataille européenne.

Faut-il nommer les autres corps spéciaux affectés à
cette guerre, bataillons d'Afrique, zéphirs, compagnies

disciplinaires? Ce serait montrer le revers de la médaille. A ces hommes vicieux et incorrigibles, il ne reste à peu près rien d'humain, ni le désir de vivre ni la crainte de mourir. Ils tuent et se font tuer, c'est tout. Ne pouvant plus rien donner que leur sang à la France qui les repousse, ils le donnent volontiers, comme faisaient les gladiateurs avilis. Mais, si les compagnies disciplinaires sont le rebut de l'armée, il est juste d'ajouter que leurs officiers et sous-officiers en sont l'élite. En dehors de ces corps spéciaux, toute l'infanterie française a participé à la guerre d'Afrique. Il est peu de nos régiments que le soleil africain n'ait point durcis aux fatigues et habitués à toutes les épreuves militaires. Nommer ceux qui se sont distingués en Algérie serait commettre une injustice envers ceux qu'on aurait oublié de mentionner. Tous ont leurs états de service portés aux bulletins de l'armée ; l'occasion seule a donné les préférences.

# IV



**La guerre depuis 1841.**

La prise du col de Mouzaïa en 1840 est peut-être le plus brillant fait d'armes de toute la guerre d'Afrique. Cependant, après ce combat, nos affaires n'en furent pas plus avancées dans l'Algérie ni même dans la province d'Alger. Comme par le passé, nos soldats détachés furent enlevés dans la Mitidja et nos convois surpris ; comme par le passé, il fallut recommencer des expéditions pour aller délivrer nos garnisons isolées. La concentration d'un corps de troupes un peu considérable prenait des mois entiers. En un mot, le système de guerre qui convenait le mieux pour assurer notre domination était encore à trouver. L'occupation restreinte rendait de notre côté la guerre forcément défensive.

Cette question de la guerre défensive avait été fortement agitée dans la session qui précéda l'envoi du général Bugeaud en Afrique comme gouverneur. On avait remarqué que les Arabes aussi bien que les Kabyles étaient inhabiles et impuissants dans l'attaque,

que le moindre retranchement était pour eux un obstacle insurmontable, et que jamais ils n'avaient pu s'emparer même d'un simple blockaus. Il semblait donc
qu'il n'y avait qu'à changer de rôle avec eux pour en
avoir raison. — Pourquoi, disait-on, nous exposer à
des désastres en allant les attaquer dans leurs repai-
res, quand nous sommes certains de les battre en nous
laissant attaquer par eux? Pourquoi faire la conquête
de la région du Tell, par exemple; puisque nous n'a-
vons ni la possibilité ni le dessein de nous y établir?
Pourquoi ces lointaines expéditions, pleines de dangers et vides de résultats? Ne vaudrait-il pas mieux
nous contenter de l'occupation, relativement facile, de
quelques points du littoral, où nous serions sûrs du
moins d'écraser les Arabes, toutes les fois qu'ils vien-
draient nous y attaquer?

Ainsi raisonnaient en 1840 les partisans de l'occupation restreinte, ainsi avait raisonné le général Bugeaud lui-même en 1836; mais l'épreuve du traité
de la Tafna avait été décisive pour lui, et l'expérience
avait réduit à néant ces arguments spécieux. En effet,
qu'avait produit le traité de la Tafna, qui nous avait
forcés à l'occupation restreinte? L'ennemi, voyant
que nous n'allions plus l'inquiéter sur l'Atlas, vint
bientôt nous chercher dans le Sahel. Nous n'avions
sans doute qu'à le repousser loin de nos retranchements, en attendant qu'il revînt pour le repousser
encore: c'est ainsi précisément que nous avions fait
à Bougie; seulement l'ennemi repoussé reparaissait
le lendemain, et ces incursions quotidiennes, qui du-

raient depuis 1833, nous avaient coûté plus cher que n'aurait fait la conquête de toute la Kabylie. Étions-nous plus avancés cependant? La colonisation ainsi abritée derrière des retranchements et des lignes de défense avait-elle pris possession de l'Algérie? Non ; la magnifique plaine de la Seybouse était déserte, et la Mitidja dépeuplée.

Depuis dix ans, on tournait donc dans un cercle vicieux : on s'obstinait à l'occupation restreinte, parce qu'on voulait attirer la colonisation, et la colonisation ne voulait pas de l'Afrique, précisément parce que notre domination y était contestée. La nécessité pour notre armée d'étendre la conquête afin de la rendre effective frappa enfin l'esprit juste et pratique du général Bugeaud. Il comprit que s'arrêter c'était abdiquer, et que ne pas poursuivre les Arabes dans le désert, c'était les attirer inévitablement sur le littoral. Mais ce n'était pas tout que de comprendre les conditions de la véritable guerre d'Afrique : il fallait encore la rendre praticable et possible, l'organiser en un mot. — Plus de garnisons isolées, et par conséquent plus d'expéditions pour les délivrer. Les colonnes portèrent avec elles leurs propres ravitaillements ; elles allaient d'un point à un autre, manœuvrant sans cesse et faisant ainsi acte d'occupation sur toute la contrée parcourue par elles.

Nos ennemi , qui avaient jusque-là tenu la campagne dans l'espoir chaque jour réalisé de surprendre nos corps détachés, n'osèrent bientôt plus se hasarder sur des points dont ils étaient maîtres la veille, craignant d'être surpris eux-mêmes par nos colonnes en mouvement. Il ne fallut plus des mois entiers pour organiser un corps d'expédition : il suffisait de la jonction de deux colonnes pour que ce corps d'expédition se trouvât organisé de lui-même.

A peine débarqué, le nouveau gouverneur général se mit à l'œuvre avec cette activité dévorante qui le caractérisait. Il commença sa tournée par la Mitidja : il vit toute cette immense plaine, où le foin croît trois fois l'an comme dans la *huerta* de Valence, ruinée et dévastée par les dernières hostilités ; il n'y restait plus que les routes, les fossés et les endiguements exécutés par nos soldats. Blidah était veuve de ses délicieux jardins et de ses bois d'orangers. Les quelques colons qui s'étaient hasardés sur ce sol fécond s'étaient retirés dans la ville. De là, il passa dans la province de Constantine, où l'occupation illimitée avait ouvert les voies à la colonisation. Il visita Bougie, où depuis 1833 nos soldats n'avaient pas eu un seul jour de répit avec les Kabyles, encore indomptés. Il visita Bône, dont la plaine admirable pourrait nourrir assez de chevaux pour remonter toute notre cavalerie, Philippeville, bourgade européenne qu'alimentait déjà son commerce avec les Kabyles ; Guelma, ce beau camp construit par le général Duvivier avec des débris de monuments romains ; enfin il atteignit Constantine, d'où il admira le magnifique panorama qui s'étend autour de la ville dans l'horizon lointain.

Après la tournée pacifique, qui avait duré un mois à peine, commencèrent immédiatement les tournées militaires. C'étaient encore Médéah et Milianah qu'il fallait ravitailler: le général Bugeaud, lui aussi, eut à le traverser sous les balles des Kabyles ce terrible col de Mouzaïa qui nous faisait payer si cher l'occupation du Tell. Ce n'est que seize mois plus tard, en septembre 1842, que devait être ouverte, à la coupure de la Chiffa, une route qui raccourcissait de moitié la distance de Blidah à Médéah. Le général en chef dirigea son convoi vers Milianah à travers les montagnes des Boualouans, que nous ne connaissions pas encore. Au revers de ces montagnes, il vit devant lui la plus belle vallée de l'Algérie, la vallée du Chéliff. Il remonta vers Milianah par un ravin où il savait bien qu'il serait attaqué par les Kabyles. Au bruit du combat, la garnison sortit de la place: elle arriva trop tard, les Kabyles avaient disparu.

Par une retraite simulée comme à la Sikkah, le général Bugeaud voulut contraindre l'ennemi à un engagement sérieux. Le plan échoua par la trop grande hâte que mirent nos soldats à commencer le feu; l'ennemi ne laissa que quatre cents des siens sur le champ de bataille. Il restait un autre moyen, c'était de tomber sur les plus fidèles alliés d'Abd-el-Kader dans cette contrée. Le général razzia les Beni-Zugzug: Abd-el-Kader se devait à lui-même de les défendre; il l'essaya en effet, mais il abandonna le combat après y avoir perdu cent quatre-vingt-quatre hommes. C'est ainsi que le nouveau général en chef dévasta toutes les tribus du Chéliff, fidèles à Abd-el-Kader. Mais, ne pouvant décider celui-ci à un combat sérieux, il reprit

le chemin de Blidah, où il ruina encore les Soumatas,
qui nous avaient trompés l'année précédente.

On reprocha beaucoup au général Bugeaud cette
première expédition et celles qui allaient suivre. « Brûler des moissons, disait-on à Paris, enlever des troupeaux, ravager des territoires, est-ce là une guerre
civilisée? est-ce ainsi qu'on prétend se concilier les
indigènes? »

Civilisée ou non, répondrons-nous avec le général Bugeaud, toute guerre a pour but de soumettre
le pays envahi. Que faire avec un ennemi qui ne veut
ni se soumettre ni combattre? Il faut bien au moins
le contraindre à choisir; mais comment l'y contraindre? Lorsqu'on envahit son territoire, il fuit : la
fuite, ce n'est ni la soumission ni le combat. Lorsqu'au
contraire, on le laisse tranquille, c'est lui qui vient
vous surprendre, vous enlève vos convois et bloque
vos garnisons. Ne pouvant l'atteindre dans sa personne,
il faut bien l'atteindre dans sa propriété. Or sa propriété, c'est sa récolte, c'est son troupeau; une fois sa
récolte faite, il pousse son bercail en colonne serrée,
et va semer plus loin: la terre est grande devant lui.
Tant qu'on épargne sa récolte et qu'on lui laisse ses
troupeaux, il vous brave et se rit de votre bonne foi.
Entre la semaille et la moisson, il courbe la tête et
vous jure soumission; mais à peine a-t-il caché son
grain dans les silos, qu'il monte à cheval et prend le
fusil. Poursuivez-le alors : ce sera toujours à recommencer, et la guerre ainsi faite sera interminable. Tout
ne sera pas dit cependant parce que vous aurez une

fois brûlé ses moissons et enlevé ses troupeaux. Il faut lui prouver que, partout où il sèmera, nous atteindrons sa récolte, et qu'il n'est pas de pâturages si lointains d'où nous ne puissions ramener ses bœufs et ses moutons. Alors seulement il choisit entre la soumission et le combat.

Pour forcer les Arabes à faire ce choix entre la résistance et la soumission, le général Bugeaud songea à leur enlever le recours de la fuite. Pour cela, il fallait ruiner les établissements qu'Abd-el-Kader avait élevés sur la limite du désert, afin que les tribus émigrantes du Tell n'y pussent trouver ni un refuge ni des ressources. Des villes du littoral, le centre des divisions militaires fut porté dans les villes du Tell. Des colonnes mobiles devaient, de Maskara, de Médéah et même de Constantine, rayonner dans la région de l'intérieur, pendant que des expéditions volantes agiraient en même temps dans la région du désert, où Abd-el-Kader prenait ses dispositions pour recueillir les tribus chassées du Tell.

Toutes ces opérations s'effectuèrent avec un ensemble admirable. Le général Bugeaud commença le mouvement par l'ouest, le 18 mai 1842, en se dirigeant vers Tekdempt qu'il allait détruire.

Dans le même temps, le général Baraguay-d'Hilliers partait de Médéah pour aller détruire Boghar et Taza, au méridien d'Alger. Dans la province de Constantine, le général Négrier faisait la même opération vers le sud, où il s'emparait de M'Sila et de Biskra.

Cependant le général Bedeau à Mostaganem, le général Lamoricière à Mascara, le général Changarnier à Milianah, le général Lafontaine à Philippeville et à Guelma, rayonnaient chacun avec une colonne expéditionnaire au milieu des tribus de l'intérieur, razziant celles qui résistaient ou qui pliaient leurs tentes, organisant celles qui demandaient l'*aman* et faisaient acte de soumission.

A proprement parler, ce fut moins une campagne où il fallut combattre qu'une chasse à courre où il fallut traquer les ennemis, ici à travers les montagnes, là dans les ondulations interminables de la plaine.

A la suite de ce premier mouvement, toutes les tribus nomades qui ne se soumirent pas furent rejetées dans le désert ; mais, n'y trouvant pas de subsistances et poursuivies d'ailleurs par nos colonnes infatigables, elles rentrèrent dans leurs douars à la venue de l'hiver.

Le système des colonnes mobiles, inauguré par le général Bugeaud, avait plus fait pour la conquête dans une seule campagne que toutes nos expéditions depuis dix ans. Non-seulement nous dominions le Tell, mais encore les tribus du désert nous offraient leurs concours pour razzier les tribus que nous rejetions vers elles ; et les caravanes de Tuggurth, qui viennent tous les ans faire leurs provisions de grains dans le Tell, étaient obligées de s'adresser à nous pour leurs achats.

Les éléments constitutifs de ces colonnes mobiles avaient été choisis avec un soin extrême. On avait calculé non-seulement les corps qui devaient concourir à la formation de la colonne, mais encore le nombre d'hommes qu'il lui fallait pour rendre la marche et le combat possibles. Les chasseurs d'Afrique marchaient toujours en tête: lorsque la tribu poursuivie était en vue, ils prenaient le galop et la forçaient à s'arrêter pour combattre; cela donnait aux zouaves, qui les suivaient, le temps d'arriver pour achever le combat. Si les Arabes fuyaient, les spahis, qui se tenaient à portée sur les flancs de la colonne, se mettaient à leur poursuite, pendant que le train des équipages recueillait les dépouilles abandonnées par les fugitifs. Lorsque les cavaliers allaient en reconnaissance, les fantassins préparaient le repas ou le bivac. La colonne, ainsi équipée et forte de quatre mille hommes, faisait par jour douze lieues en moyenne, et la première campagne du général Bugeaud à Tekdempt avait duré cinquante-trois jours. — Le combat de Zouilan (juin 1842), la plus forte razzia de toute cette guerre, le combat de Taguin (15 mai 1843), où le duc d'Aumale s'empara de la *smala* d'Abd-el-Kader, le combat de l'Oued-Mala (11 novembre 1843), où fut tué le terrible Sidi-Embareck, qui allait rejoindre l'émir avec son dernier contingent, tous les faits d'armes, en un mot, qui ont marqué les campagnes du désert, sont dus aux colonnes mobiles disposées pour l'attaque, comme nous venons de le dire.

Dans la retraite, c'était l'infanterie qui formait l'arrière-garde; elle soutenait le choc des Arabes, qui attaquent toujours une colonne en retraite. Au lieu de faire un retour offensif, l'infanterie se massait autour du convoi. Les Arabes alors s'engageaient de plus près; lorsqu'ils étaient bien engagés, les chasseurs d'Afrique quittaient subitement la tête de la colonne, et tombaient au galop sur le flanc des ennemis.

Dans les opérations de montagne, la disposition des colonnes n'était plus la même. Les Kabyles ont une tactique relativement très-savante en comparaison des Arabes. Habiles aux stratagèmes et aux irruptions soudaines, ils savent, en se retirant devant nous, choisir les points les plus favorables à la défense. Un instant leur suffit pour se disperser sur des rochers escarpés, où ils restent inabordables à la cavalerie.

Aussi, pendant que nos fantassins s'avançaient en tirailleurs, nos cavaliers restaient en place à la garde du convoi, et ce poste n'était pas le moins périlleux parfois, en raison de l'habileté des Kabyles dans les manœuvres de montagne. Une fois que les Kabyles étaient débusqués individuellement de leur point de défense, ils se massaient sur des hauteurs plus inexpugnables encore. C'est alors que nos tirailleurs, promptement remis en ligne, montaient à l'escalade, le fusil sur l'épaule, et sans jamais répondre au feu des Kabyles qui les surplombait. Heureusement les fusils kabyles ne peuvent être chargés que lentement, grâce à la longueur du canon. L'intervalle d'une décharge à l'autre était mis à profit par nos soldats. Ils montaient toujours, impassibles et irrésistibles comme une machine douée de mouvement.

Cette impassibilité produisait toujours sur les Kabyles comme une fascination vertigineuse, que l'aspect des baïonnettes braquées contre eux venait augmenter encore. Ils ne reprenaient possession d'eux-mêmes que lorsqu'ils étaient abordés; mais alors c'était pour se précipiter à travers toutes les fentes des rochers. La cavalerie les attendait à la descente; pour elle, un combat de montagne n'était guère jamais qu'un hallali.

Abd-el-Kader avait courbé la tête pour laisser passer l'orage qui venait de fondre sur lui de tous côtés. Il comptait que nous ne mettrions pas dans nos expéditions plus de persistance que par le passé, et qu'un changement de général en chef viendrait bientôt changer aussi notre système de guerre. Il reparut donc à la fin de 1841, signalant sa présence par les terribles châtiments qu'il infligeait aux tribus qui avaient déserté sa cause, lançant partout nos colonnes sur de fausses pistes, multipliant ses mouvements pour mieux égarer nos recherches, et rétablissant enfin son influence, parce qu'il avait l'air de nous poursuivre en se montrant derrière nos corps en marche sur tous les chemins qu'ils venaient de traverser. Il renouvelait ainsi contre nous ces prodiges d'activité que Zumalacarregui avait accomplis en Navarre contre les armées constitutionnelles.

Après la campagne de 1841, les tribus de la plaine et des vallées étaient réduites; mais les tribus des montagnes avaient échappé à notre invasion derrière leurs rochers. Le général Bugeaud ne tarda pas à comprendre qu'il fallait reprendre contre les Kabyles les mêmes opérations qu'il venait de faire contre les Arabes. Le mouvement des colonnes recommença aussitôt avec le même ensemble que dans la campagne précédente. Seulement la besogne allait être plus rude et plus longue. Du reste, les dispositions des corps opérants changèrent peu. Le général Lamoricière se tenait toujours à cheval sur le désert, prêt à recevoir les ennemis qui seraient rejetés au delà du Tell. Le général Bedeau rayonna de Tlemcen à Nédroma, cernant la frontière du Maroc. Le général d'Arbouville bivaqua de l'autre côté de la province, sur les bords de la Mina, à la portée des Flittas, qui s'étaient réfugiés dans les montagnes avoisinantes. Trois colonnes opéraient également dans la province d'Alger, à peu près dans des positions correspondantes.

Si la campagne de 1841 avait ressemblé à une chasse à courre, celle de 1842 fut une véritable battue de montagnes. Le général Bugeaud prit ses dispositions de telle sorte, qu'en faisant indistinctement mouvoir une colonne, il pût immédiatement se mettre en communication avec une autre colonne, soit de l'est à l'ouest, soit du nord au sud. Aussi peut-on dire qu'il se multiplia dans cette campagne, qui, contre ses prévisions, allait durer deux ans.

Le plan qu'il mit à exécution était fort simple en apparence; seulement il exigeait une parfaite connaissance de la topographie algérienne, et plus encore une étude minutieuse de toutes les ressources qui doivent concourir à l'entretien des longues opérations militaires. Ce plan consistait à cerner toutes les régions montagneuses par leurs deux versants à la fois, de façon à étreindre l'ennemi dans un cercle qui irait toujours se rétrécissant.

Au centre même de l'Algérie, le Chéliff, après avoir coulé du sud au nord, tourne brusquement à l'ouest, arrêté dans sa direction première par les contre-forts du Petit-Atlas, au-dessous de Milianah. Il arrose alors une immense vallée, latérale à la mer, d'où il incline vers le nord, et va se jeter à la mer, non loin de Mostaganem.

La vallée du Chéliff sert de ligne de séparation à deux grands pâtés de montagnes : sur la rive gauche, c'est l'Ouérenséris, qui a pour limite au sud les plateaux de sable du Serssous ; sur la rive droite, c'est le Dahra, qui s'étend au nord jusqu'à la mer. L'Ouérenséris et le Dahra sont habités par de riches et nombreuses tribus kabyles dont nous ignorions même le nom. C'est du Dahra qu'El-Berkani tirait ces intrépides réguliers que nous avions trouvés si souvent sur le col de Mouzaïa et au bois des Oliviers ; c'est l'Ouérenséris qui fournissait jusqu'à dix mille combattants à la fois au plus infatigable lieutenant d'Abd-el-Kader, Sidi-Embareck. S'emparer de ce double pâté de rochers et de ravins, c'était enlever son dernier refuge à l'insurrection.

La battue des montagnes commença, au mois de juin, par le pâté qui a pour centre le Mouzaïa, entre Milianah, Médéah et Blidah. Après cette première battue, le général Changarnier opéra dans l'Ouérenséris, qu'il traversa deux fois au milieu de combats dont l'interminable gorge de l'Oued-Foddha vit le plus glorieux le 21 septembre 1842.

Pendant que le général Changarnier était à la recherche de Sidi-Emba reck, le général de Bar allait au sud-est de Médéah à la rencontre de Ben-Salem dans le Sebaou, soit pour le rejeter au sud, où une colonne l'attendait, soit pour le pousser vers le nord, d'où le général Bugeaud arrivait, au mois d'octobre, en remontant le cours de l'Isser jusqu'à la vallée du Hamza, aux avenues des Bibans.

Cette expédition à peine terminée, l'infatigable gouverneur prenait le commandement d'une autre colonne, avec laquelle il allait rejoindre le général Changarnier dans l'Ouérenséris. L'Ouérenséris fut vivement traqué par trois colonnes à la fois et cerné comme l'avait été le pâté de Mouzaïa. La battue de l'Ouérenséris finit, au mois de décembre, par les montagnes des Beni-Ourack. La même battue avait lieu dans les montagnes voisines, où les Flittas s'étaient retirés. Le général Lamoricière recevait leur soumission.

Enfin, dans les derniers jours de 1842, le général Bugeaud entreprit le Dahra. Ici, comme dans l'Ouérenséris, la résistance fut terrible et même héroïque; mais elle fut inutile aussi. Nos baïonnettes et nos obus produisirent leur effet accoutumé.

Ces expéditions nous montrèrent les montagnes de l'Algérie toutes couvertes d'une population armée dont nous n'avions même pas soupçonné l'existence. Il y avait, au sein de ces rochers ignorés, des tribus, comme les Beni-Menasser et les Traras d'Oran, par exemple, qui occupaient jusqu'à vingt villages bien construits, abritant deux cent mille têtes de bétail et pouvant armer jusqu'à dix mille guerriers.

La guerre semblait terminée avec l'année 1842 : comme les Arabes, les Kabyles avaient été partout vaincus ou refoulés, sinon réduits ou soumis. Les tribus même les plus dévouées à l'émir, les Hachems et les Flittas au-dessus du Mascara, les Djeffras au sud, avaient désespéré de sa fortune ; il y en avait même qui l'avaient repoussé, comme les Taras des montagnes de l'extrême ouest. Plus de quatre mille auxiliaires réguliers avaient marché contre lui sous la conduite de chefs nommés par nous.

Abd-el-Kader ne pouvait d'ailleurs longtemps se maintenir dans le désert devant la poursuite incessante du général de Lamoricière. Celui-ci lui avait enlevé successivement Saïda, Tegdempt, où il avait tenté de s'établir de nouveau, Frenda, au confluent de trois vallées qui mènent du Tell au désert, de sorte qu'il ne resta bientôt plus à l'émir aucun poste permanent où il pût déposer ses trésors et abriter sa famille, pas même Goudjila, dans la région des sables ; car les Arars et les Ouled-Katifs avaient prêté leurs chameaux au général Lamoricière pour lui disputer ce dernier asile. Abd-el-Kader dut donc remonter vers le nord-ouest, ne sachant plus où planter ses tentes ; mais il ne sut pas si bien cacher son passage, que nos auxiliaires réguliers d'abord, nos chasseurs à cheval et nos spahis ensuite, ne fussent parvenus à l'atteindre au défilé de Loha, et à le poursuivre, le sabre au dos, pendant deux lieues.

Abd-el-Kader, qu'aucun revers ne pouvait décourager, fit alors comme Mithridate : il porta la guerre dans les lieux mêmes ou nous venions de vaincre. Au mois de janvier 1843, quelques jours à peine après que nous avions quitté l'Ouérenséris et le Dahra, on le vit réveiller l'insurrection du Dahra et de l'Ouérenséris, secondé par les Kabyles fugitifs qui étaient allés le joindre au désert sous la conduite de Berkani et d'Embareck.

Cette nouvelle insurrection fut vigoureusement réprimée; mais peut-être, si Abd-el-Kader eût entretenu par sa présence l'ardeur des insurgés, au lieu de disparaître mystérieusement pour aller ailleurs nous créer d'autres embarras et faire diversion, le Dahra et l'Ouérenséris eussent-ils tenu longtemps devant nos armes.

Quoi qu'il en soit, le général Bugeaud comprit que l'insurrection des Kabyles, un instant comprimée, se réveillerait bientôt plus ardente, s'il n'agissait sur les montagnes par des moyens d'action plus permanents que ne l'était la battue générale qu'il venait d'accomplir contre les Kabyles du centre de l'Algérie.

C'est alors qu'il songea à bloquer les montagnes par des postes militaires fixes, correspondant entre eux par des routes, de façon à pouvoir toujours donner la main aux colonnes mobiles engagées dans la contrée, ainsi bloquée et traquée. Et, comme dans son esprit l'action suivait immédiatement l'idée, il se mit aussitôt à l'œuvre.

Cherchell et Milianah commandent le côté oriental du Dahra. En suivant à l'ouest la latitude de Cherchell, on arrive au port de Tenez, à l'autre extrémité du Dahra. C'est à Tenez que le général Bugeaud plaça son premier poste militaire. Il fallait chercher au sud un point de la vallée du Chéliff qui correspondît au poste de Tenez, comme Milianah correspondait à Cherchell. On arrive ainsi à El-Esnauo, sur un point qui commande de l'est à l'ouest la vallée du Chéliff, et du nord au sud le passage du Dahra à l'Ouérenséris; c'est là que le gouverneur général établit le second poste, qui devint bientôt Orléansville. Cherchant alors dans le sud, de l'autre côté de l'Ouérenséris, deux points correspondant à Orléansville et à Milianah, il trouva Téniet-el-Had et Tiaret, où les généraux Lamoricière et Changarnier furent chargés d'établir deux autres postes permanents, précisément aux environs de Tegdempt et de Thaza, détruits deux ans auparavant.

C'est ainsi que toute l'Algérie fut bientôt couverte de postes militaires sur les points stratégiques les plus importants. Partout où Abd-el-Kader voulut désormais tenter un soulèvement, outre les colonnes qui le poursuivaient, il vint toujours se heurter contre quelqu'un de ces postes qui le repoussaient comme autant d'angles saillants. Pour relier ces postes entre eux, il fallut percer des routes, jeter des ponts sur les ravins qui sillonnent en tous sens le territoire de l'Algérie : notre infatigable armée suffit à tout, aux travaux comme aux combats. A travers le soleil et la pluie, souvent après des marches forcées, il fallait prendre la pioche ou la truelle, construire des blockaus, assainir des marécages, préparer partout les voies à la colonisation attardée. C'est par là surtout que notre armée d'Afrique fut admirable sous le commandement de son illustre chef. Rien ne put rebuter le soldat sous un tel général, ni les privations, ni les fatigues, ni les labeurs; nous ne parlons pas du danger : c'était une prime offerte à son courage.

Cette fois la guerre était bien finie; nous dominions la plaine et la montagne. Après avoir balayé la vallée du Chéliff, nous avions organisé le Dahra et l'Ouérenséris, maintenus par nos colonnes et par nos postes militaires. Enfin Abd-el-Kader, chassé du désert, voyait sa *smala* prise et ses réguliers détruits. Poursuivi dans la province d'Oran, d'où il se disposait à gagner la frontière du Maroc, il était rejeté une fois encore vers le désert, du côté d'Angad, derrière Tlemcen et Sebaou. C'est de là qu'il manda à Sidi-Embareck de venir le rejoindre avec son dernier contingent; mais il ne tarda pas à apprendre la destruction de ce contingent et la mort de son khalifat. Alors, courbant la tête, mais interrogeant encore l'avenir, il passa la frontière du Maroc. C'était la fin de la campagne de 1843. L'Algérie était conquise.

# V

**La guerre en Kabylie.**

Les trois campagnes que nous venons de raconter avaient valu au général Bugeaud le bâton de maréchal de France. Lorsqu'il prit le gouvernement de l'Algérie, il y trouva vingt-sept mille Européens; il y en avait soixante-cinq mille trois ans après, et ce nombre allait désormais rapidement s'accroître. Notre domination dans l'Algérie assurée désormais contre toutes les entreprises des indigènes, la sécurité la plus profonde régnant autour de nos centres de division et de subdivision, dix-neuf routes percées, vingt-deux nouveaux centres de population installés, telle fut l'œuvre de ces trois années.

Abd-el-Kader cependant pouvait tenter de nouvelles incursions sur notre territoire; il pouvait être encore un chef de maraudeurs redoutable, mais il n'était plus un chef de nation pouvant traiter de pair avec nous, comme en 1834 et 1836. L'Algérie ne lui appartenait plus; il n'y pouvait plus rentrer que comme en pays ennemi, en pillant et dévastant.

L'insurrection ne pouvait p'us compter que sur les montagnes du Djerjera, sur ce qu'on est convenu de nommer la *Grande Kabylie*. C'est là que s'était réfugié le dernier khalifat d'Abd-el-Kader, Ben-Salem, après son expulsion de la vallée du Sebaou. Au commencement de 1844, il agitait ces populations fanatiques que le fameux Ben-Zamoun avait conduites plusieurs fois jusqu'aux portes d'Alger de 1830 à 1833, et qui depuis n'avaient pas cessé un seul jour de se ruer sur Bougie. Déjà en 1842, un marabout fanatique, Si-Zergzoud, dans le cercle de Philippeville, leur avait fait croire qu'il pouvait les rendre invisibles. Les Kabyles crédules s'étaient laissé guider par lui jusque dans notre camp, gardé, il est vrai, par un seul détachement. Ce ne fut qu'après être tous entrés dans nos retranchements qu'ils commencèrent le feu. Heureusement une colonne qui s'éloignait revint sur ses pas au bruit du combat. Les Kabyles se firent tous tuer jusqu'au dernier, croyant être invisibles à nos coups. La même chose arriva quelque temps après dans le camp de Sidi-bel-Abbès avec les *Darkouas* ou indépendants d'Oran.

Lorsqu'on apprit à Paris que le maréchal Bugeaud se disposait à envahir la Grande Kabylie pour en chasser Ben-Salem, on se figura que c'était une nouvelle conquête à entreprendre, et que le Djèrjera différait beaucoup de l'Ouérenséris et du Dahra. On refusa donc les crédits demandés pour cette expédition, et peu s'en fallut qu'on n'obtînt le rappel de l'homme qui nous avait sauvés en Algérie, comme accusé d'incapacité et d'extravagance. Depuis le temps où un député de la convention allait au camp d'un général vainqueur pour contrôler ses plans militaires et lui signifier des ordres, le pouvoir parlementaire n'avait pas donné pareil exemple de défiance. Que les chambres eussent limité les prérogatives du gouverneur général de l'Algérie, cela eût été juste peut-être; mais vouloir limiter l'action du général d'armée, intervenir dans les actes de son commandement, c'était compromettre son autorité auprès des soldats, c'était faire avorter d'avance tous les résultats de la guerre.

Le maréchal Bugeaud rassembla une colonne de sept mille hommes, y compris nos auxiliaires du Sebaou, sous la conduite de notre khalifat Mahiddin, et, se passant des crédits demandés, il prit la route de la Kabylie dans les premiers jours du mois de mai. Il traversa les fertiles vallées du Hamis et du Boudouaou, monta le col des Beni-Aïcha, et se vit bientôt en face de Dellys, où il allait établir un poste permanent.

Du haut des montagnes où la colonne était arrivée, un panorama splendide se déroulait à ses pieds : en face, la Méditerranée aux flots bleus; à gauche, la ligne boisée du Sahel jusqu'à la pointe Pescade et aux jardins d'Alger; à droite, vers l'est, les collines des Amérouas, en ce moment chargées de moissons, et qui se prolongent de vallons en vallons jusqu'à Bougie; dans la plaine, d'innombrables troupeaux paissant en paix les pâturages de l'Oued-Neça, et de riches villages s'étendant au loin, entourés de vergers.

Après s'être arrêté quatre jours à Dellys, le maréchal remonta l'Oued-Neça et pénétra dans le territoire des Flittas. Les Flittas sont une des tribus les plus considérables de la Kabylie : elle compte dix-neuf *kharoubas* (districts), et peut mettre sur pied vingt mille combattants; elle a un secret pour tremper le fer que lui fournit la tribu des Beni-Barbacha, et dont elle se sert pour fabriquer des sabres qui portent son nom. Ce sont les Graboulas qui fournissent la poudre; les Beni-Abbas fabriquent les fusils à longs canons. Toutes ces tribus réunies, depuis Dellys et Bougie jusqu'à Sétif, peuvent donner à la guerre un contingent de cinquante mille hommes [1].

La Kabylie ressemble beaucoup à l'Ouérenséris; elle est seulement plus riche et plus peuplée. L'affaire importante pour le maréchal Bugeaud n'était donc pas de vaincre, mais bien d'avoir hasardé l'expédition devant la mauvaise volonté des chambres. Il rencontra une première fois les Kabyles dans la vallée de T'aourgha, les vainquit et brûla leurs villages; puis, apprenant que tous leurs contingents se rassemblaient sur les hauteurs presque inaccessibles d'Ouarez-Eddin, il donna l'ordre aux deux colonnes du général Gentil et du général Korte de venir le joindre, et s'en alla lui-même camper dans les bas-fonds dominés par les rochers, couverts de Kabyles.

1. Le général Daumas porte même à soixante-dix mille fusils l'effectif militaire de la Grande Kabylie, et le général Daumas est certainement l'homme de France qui a le plus pratiqué les Kabyles, comme ennemi et comme ami.

Il fallait prouver à ces indomptés Kabyles qu'il n'était point d'escarpements tellement inexpugnables que nos soldats ne pussent les atteindre. Au milieu de la nuit du 16 mai 1844, l'ascension commença par un temps épouvantable. Telles étaient les précautions prises et la puissance de la discipline, que toute la division escalada les précipices, homme par homme, sans que les Kabyles, voyant le camp tranquille et silencieux à huit cents mètres au-dessous de leurs positions, se doutassent seulement qu'il avait été abandonné dans la nuit. Les mulets eux-mêmes suivaient, portant les obusiers.

Le jour nous surprit au milieu de cette ascension miraculeuse. Les zouaves, les premiers, atteignirent les hauteurs : l'avant-garde était aux prises, et l'on entendait la fusillade retentir au loin déjà, pendant que nos cavaliers montaient encore et embarrassaient la marche de la colonne qui venait derrière eux. Nos pelotons s'engageaient l'un après l'autre à mesure qu'ils arrivaient. Une charge de cavalerie détermina la déroute des Kabyles : on les vit se couler à travers les escarpements où nos cavaliers ne pouvaient les poursuivre, où nos obus rebondissaient au-dessus de leurs têtes. Malheureusement les escadrons du général Korte, laissés en réserve, n'étaient pas encore arrivés dans la vallée de l'Oued-el-Ksab pour les y recevoir. Il fallut revenir sur le front d'attaque, où les Kabyles avaient reflué, pendant que le général Gentil descendait au camp. Prenant ce mouvement pour une retraite, l'ennemi dispersé se rallia. Le maréchal, debout sur un plateau découvert et exposé de toutes parts aux balles des Kabyles épars autour de lui en tirailleurs, ordonna aux compagnies à sa portée de ne point répondre au feu, et de se masser en colonne. Les Kabyles enhardis s'avancèrent; une charge à la baïonnette les culbuta dans les précipices.

La bataille paraissait terminée, quand un contingent de trois mille hommes arriva du sud aux tribus engagées, probablement conduit par Ben-Salem. Les Kabyles revinrent à la charge, comme nous installions le bivac auprès d'une fontaine au delà de la vallée. Les nouveaux venus y arrivèrent en même temps, abrités par un mamelon boisé qui les cachait à nos yeux. Une compagnie du 48e essuya leur première décharge à portée de pistolet. La compagnie, fort maltraitée, revint au feu, protégée par un bataillon accouru à son secours. L'artillerie fit le reste. Cette bataille durait depuis quatorze heures; les Kabyles laissèrent onze cents cadavres à travers les rochers. Nous eûmes cent trente morts et blessés. — Quelques jours après, les Flittas se résignaient à notre domination.

Telle fut notre expédition dans la Kabylie : telle fut cette expédition audacieuse que nos hommes politiques redoutaient comme on redoute l'inconnu. Les troupes françaises avaient pu compter, chemin faisant, plus de cent villages, elles avaient traversé les plus belles montagnes de la terre. Deux combats et quinze jours avaient suffi pour y faire reconnaître notre domination.

Cependant le maréchal Bugeaud, à peine de retour à Alger, devait courir aux frontières du Maroc, où les intrigues d'Abd-el-Kader avaient amené une armée marocaine à l'appui de sa cause. Nous n'avons pas à nous occuper de cette rapide campagne, si bien racontée par le maréchal lui-même.

Du reste, si le maréchal donnait à la guerre d'Afrique l'importance qu'elle avait en réalité, il faisait peu de cas des victoires qu'on y pouvait remporter. Il disait souvent, et nos colonnes le prouvaient chaque jour, qu'une force cohérente et disciplinée aurait toujours raison, si minime qu'elle fût, de toutes les multitudes armées que les Arabes avaient à nous opposer. La victoire était pour lui une certitude mathématique : il rédigea le bulletin d'Isly la veille de la bataille, et l'événement répondit point par point à tout ce qu'il avait prévu. En Afrique, le mérite consistait, selon lui, dans la conduite de la guerre, mais nullement dans le succès des combats. Vaincre Abd-el-Kader, écraser l'insurrection, ce n'était rien ; mais assurer la conquête, c'était plus difficile, et c'est aussi où le maréchal mettait sa gloire.

A peine de retour de son expédition dans le Maroc, il apprenait que le général Comman luttait dans la Kabylie contre des forces dix fois supérieures. Le maréchal accourut aussitôt à Dellys : sa présence seule suffit à vaincre la résistance des Kabyles. Après avoir rangé sous notre domination les tribus récalcitrantes, il s'embarqua pour la France dans le mois de novembre, afin d'assister aux débats qu'allaient

soulever dans nos chambres les derniers événements
de la guerre d'Afrique. Ce qui le préoccupait surtout,
c'était d'achever la conquête par la grande expédition
qu'il avait projetée contre la Kabylie.

Tout était de nouveau tranquille en Algérie au
commencement de 1845. La conquête semblait à jamais assurée : nos marchands allaient sans escorte
jusqu'à quatre-vingts lieues dans l'intérieur, et pouvaient confier leurs personnes et leurs marchandises
à l'hospitalité des tribus du désert ; mais ce calme
n'était qu'à la surface. Une sourde fermentation ré-
gnait dans les tribus, agitées par les prédications à
voix basse de quelques fanatiques ambitieux. Comme
en 1839, avant la rupture du traité de la Tafna, rien
ne transpirait de cette mystérieuse propagande. Même
les tribus qui résistaient aux conseils de révolte et
nous restaient fidèles, se gardaient bien de nous prévenir, ne voulant point trahir pour nous leur coreli-
gionnaires. Abd-el-Kader, toujours interné dans le
Maroc, inondait la province d'Oran de ses émissaires.
Bou-Maza, un rusé sauvage que nous avons vu depuis
à Paris, sceptique et débauché, mais toujours sauvage,
travaillait le Dahra et l'Ouérenséris. D'abord repoussé,
il avait eu recours à quelques tours de prestidigitation
que ces fanatiques populations prirent pour des miracles.

Un jour, le 18 avril 1845, trois cent soixante-dix
tirailleurs de Vincennes sont attaqués, sur la route
d'Orléansville à Tenez, par une horde de Kabyles, et
ne parviennent à se dégager qu'après deux jours de

lutte continue ; cette lutte héroïque mit en relief la réputation naissante du colonel Canrobert.

Au même moment, toute cette contrée montagneuse, qui s'étend depuis le Serssous jusqu'à la mer, s'agite, et des partis armés passent à travers les tribus encore fidèles. Le maréchal, qui venait d'arriver à Alger, envoie aussitôt trois colonnes dans le Dahra soulevé, chargées de combiner leurs opérations.

Une de ces colonnes, sous les ordres du colonel Pélissier, opérait son mouvement de concentration vers une autre colonne, quand elle rencontra sur son chemin une tribu qui l'accueillit à coups de fusil, puis se retira dans des grottes inexpugnables : c'étaient les Ouled-Rhia. On les bloqua dans ces grottes, formées par deux rochers qui se rejoignaient, et par conséquent ouvertes des deux côtés. Les parlementaires qu'on envoya aux réfugiés pour traiter de leur reddition furent massacrés par eux. Alors, comme le colonel Pélissier n'avait pas le temps d'attendre que la faim chassât ces fanatiques de leur repaire, une compagnie coupa des fascines, les fit pénétrer dans les fissures des rochers et y mit le feu, pendant que le reste du bataillon cernait les avenues de la grotte pour recueillir les Kabyles que la fumée pousserait dehors. Malheureusement les fascines étaient humides et furent longues à prendre feu. Enfin une fumée épaisse s'éleva d'entre les rochers ; mais une rafale la rabattit et l'engouffra dans la grotte. Les heures se passaient pourtant, et aucun Kabyle ne paraissait. On entendait dans l'intérieur comme des gémissements et le bruit d'une lutte. — Le jour arriva : tout était silencieux dans la grotte. La fumée avait disparu, mais elle n'avait pas laissé un seul être vivant sur son passage. Nos soldats pénétrèrent dans la grotte; ils y trouvèrent huit cents cadavres.

Quelques, jours après, les Sbéas s'étaient retirés dans leurs grottes comme les Ouled-Rhia : on ne fut point obligé d'employer contre eux les fascines; on les bloqua, ils se rendirent.

L'insurrection s'apaisa peu à peu. Bou-Maza, chassé du Dahra et de l'Ouérenséris, s'était réfugié dans les montagnes des Flittas; mais il était inévitable que les tribus fidèles, ébranlées dans leur soumission par la propagande qu'on faisait autour d'elles, céderaient bientôt à l'entraînement de la révolte.

Le départ du maréchal pour la France, le 4 septembre, fut en effet le signal d'une grande levée de boucliers. Les Beni-Amers, qui avaient combattu l'émir à nos côtés en 1843, les Traras, qui l'avaient accueilli à coups de fusil lorsqu'il venait chercher un refuge dans leurs montagnes, furent les premiers à l'accueillir après la moisson de 1845. — Le 22 septembre 1845, la tribu des Souhélia vint à Djemma-Ghazouat demander secours au colonel Montagnac contre Abd-el-Kader, qui, dit-elle, traversait son territoire pour aller soulever les Traras. Le brave colonel prit trois cent cinquante tirailleurs de Vincennes, 8e bataillon, et soixante hussards, et se laissa guider par les Souhélia jusqu'au guet-apens où ceux-ci le conduisaient. La petite colonne se vit bientôt entourée par une nuée de cavaliers arabes. Il ne resta debout dans nos rangs que quatre-vingt-trois tirailleurs de Vincennes qui finirent par gagner à la pointe de la baïonnette le marabout voisin de Sidi-Brahim, où ils s'enfermèrent. On sait le reste : ces quatre-vingt-trois braves soutinrent l'assaut trois jours durant. A la fin, privés de vivres et de munitions, ils sortirent du marabout, s'ouvrirent à la baïonnette un chemin à travers les rangs ennemis, qui grossissaient sans cesse devant eux. Ils arrivèrent ainsi à Djemma-Ghazouat après une pleine journée de combat : ils étaient encore douze vivants!

Ce désastre héroïque fut peu de jours après suivi d'une honte. Deux cents hommes envoyés au poste d'Aïn-Tmouchen mirent bas les armes presque sans combat. Ils étaient à peine convalescents, il est vrai. Le général Lamoricière se mit aussitôt en campagne, mais il était trop tard; toute l'Algérie était en feu. L'insurrection, maîtrisée ici, se réveillait plus loin. Bou-Maza avait reparu chez les Flittas; le Dahra et l'Ouérenséris l'attendaient en armes. Tout le cercle de Tlemcen, depuis le désert jusqu'à la mer, était soulevé. Des officiers isolés, attirés sous la tente par des Arabes, avaient été massacrés. Il était évident que toute l'Algérie obéissait à un mot d'ordre, car partout à la fois on attendait l'arrivée d'Abd-el-Kader, dans le Djebbel-Amour, sur la ligne des oasis, aussi bien que dans le Djerjera, sur le littoral.

Nos colonnes, prises entre cette insurrection formidable, avaient été obligées de se concentrer sur elles-mêmes pour n'être point débordées. Agissant presque toujours isolément, elles étaient impuissantes à dominer le pays insurgé.

Il était temps que le maréchal revînt. Les premières nouvelles de cette insurrection avaient beaucoup ému les esprits en France, où l'on s'était persuadé que la guerre était finie. Le maréchal, qui ne savait jamais cacher son humeur ni retenir sa langue, maugréa contre tout le monde, contre le gouvernement, contre les chambres, puis il partit avec un renfort équipé à la hâte. « En Afrique, disait-il souvent, une armée européenne est comme un taureau assailli par une multitude de guêpes. » Cette fois, il se promettait bien d'écraser le guêpier. A peine débarqué à Alger vers le milieu d'octobre, il partit avec une colonne pour l'Ouérenséris; mais l'Ouérenséris était dépeuplé. Il fallut recommencer contre l'émir, qui fuyait toujours entraînant les populations après lui, la campagne de 1841. La chasse recommença ardente, impitoyable, à travers les montagnes, à travers les déserts, de l'ouest à l'est, du nord au sud. La flamme et la dévastation suivaient le combat.

Tant que les tribus avaient espéré pouvoir échapper à nos atteintes, elles avaient accueilli et approvisionné l'émir; mais, sitôt qu'elles virent une colonne française apparaître toujours derrière l'émir, qu'elles avaient reçu, pour les punir de lui avoir donné asile, elles l'accueillirent bientôt à coups de fusil, comme elles l'avaient fait deux années auparavant.

La présence seule du maréchal avait suffi pour rendre l'élasticité de leurs mouvements à nos colonnes.

Désormais Abd-el-Kader ne put faire un pas sans courir le risque de tomber au milieu d'un de ces corps expéditionnaires qui se croisaient en tous sens sur le théâtre de la guerre. Défait trois fois par le général Yusuf, commis à sa poursuite, l'émir ne l'évitait que pour aller se faire battre par le général Lamoricière. Battu par celui-ci, il devait faire cinquante lieues tout d'une traite pour éviter la colonne du maréchal et se réfugier auprès de Ben-Salem dans le Sebaou : il croyait y trouver un moment de repos; mais le général Gentil était là, qui le recevait rudement; peu s'en fallait même que l'émir ne tombât dans ses mains. Chassé des vallées de l'Isser, Abd-el-Kader chercha un asile chez les Kabyles de l'est, dans le Djerjera. Le maréchal, qui se trouvait en ce moment dans l'Ouérenséris, partit aussitôt, arriva chez les Beni-Kalfoun, qu'il châtia; mais, pendant qu'il tournait le Djerjera, Abd-el-Kader en descendit les pentes occidentales, revint à travers le Hamza et disparut, livrant ceux qui s'étaient compromis pour lui à la merci du vainqueur.

Le maréchal rentra enfin à Alger le 18 février, espérant y trouver le repos pour sa colonne après quatre mois de courses incessantes. Il se trompait. Quelques jours après, il apprit qu'Abd-el-Kader avait reparu dans la Kabylie : il repartit avec des troupes fraîches; mais les Kabyles n'attendirent pas cette fois l'arrivée du maréchal pour expulser Abd-el-Kader. Celui-ci fait alors une pointe de quarante lieues vers le sud-ouest sans s'arrêter. Le colonel Camou le reucontre du côté de Boghar, lui tue la majeure partie de ses cavaliers, s'empare de tous ses chevaux de relais, et le renvoie ainsi mutilé au général Yusuf, qui le poursuit à son tour de bivac en bivac, toujours bride abattue, l'atteint une première fois, le poursuit encore plus avant; et châtie les tribus du désert qui ont donné un asile de quatre heures aux quatorze cavaliers restés à l'émir. Ainsi poursuivi par les infatigables spahis de Yusuf, Abd-el-Kader abandonne les Ouled-Naïls compromis par lui, remonte vers le Serssous, essaye de se réfugier dans l'Ouérensérir; mais il apprend que le maréchal vient d'en chasser Bou-Maza et El-Séghir, le successeur de Sidi-Embareck. Il reprend sa course vers l'ouest, arrive le 5 mai 1846 à Stétinn, où Bou-Maza et El-Séghir viennent le joindre. Le colonel Regnaud se met en chasse à son tour; il atteint enfin l'émir, dans les premiers jours de juin, chez les Chellalah, lui tue ses derniers cavaliers et le rejette par delà la frontière du Maroc, que l'émir ne devait plus repasser que pour se rendre aux Français.

Telle fut la fin de cette campagne furieuse et haletante à laquelle personne ne comprenait rien en France ni ailleurs. Ce fut pourtant la plus intelligente et la mieux ordonnée de toutes les campagnes du maréchal en Afrique, comme le résultat l'a démontré de reste. De quoi s'agissait-il en effet? De s'emparer d'Abd-el-Kader? C'est bien là ce qu'on demandait en France, précisément parce qu'on savait la chose à peu près impossible; mais Abd-el-Kader

pris, restait Bou-Maza, et, après Bou-Maza, d'autres
intrigants et d'autres ambitieux, qui auraient conti-
nué l'œuvre de l'insurrection auprès de ces tribus si
facilement inflammables. L'important était donc de
compromettre Abd-el-Kader et ses imitateurs vis-à-
vis des tribus mêmes qui les avaient accueillis ou appelés. Pour cela, il suffisait d'être toujours en mesure de tomber sur la tribu qui recevait l'émir
fugitif. L'émir, au lieu de défendre ceux qui s'étaient
compromis pour lui, les abandonnait à notre vengeance et allait demander asile à une autre tribu.
Celle-ci, sachant à quoi l'exposait cette hospitalité
dangereuse, refusait de recevoir l'émir. Dans ce cas,
Abd-el-Kader, pressé par la faim, était obligé de
piller pour vivre : la tribu pillée par lui se défendait;
le saint marabout n'était plus alors qu'un maraudeur
vulgaire. C'est ainsi que toutes les tribus qui les premières s'étaient armées dans le Tell en faveur d'Abd-
el-Kader ou de Bou-Maza furent aussi les premières
à les repousser à coups de fusil vers la fin de la
campagne.

Le désert restait à l'émir; mais le maréchal savait
fort bien que les tribus du désert, une fois leurs communications interceptées avec le Tell, se verraient
obligées de rejeter elles-mêmes Abd-el-Kader de leur
sein pour ne pas être exposées à mourir de faim.
Cela ne manqua pas d'arriver. Les Arars se soumirent au général Lamoricière avant même que celui-
ci les eût atteints, et les Ouled-Naïls se virent bientôt dans la nécessité de suivre leur exemple. Ces deux

confédérations du désert occupent, de l'ouest à l'est, une lisière de cent lieues d'étendue sur les penchants du Grand Atlas ; le Tell leur fournit leur approvisionnement de grains.

Repoussé du Tell, rejeté du désert, ne sachant plus où se cacher, ne trouvant plus ou s'abriter, il était inévitable qu'Abd-el-Kader, au bout d'un temps donné, voyant le sol de l'Algérie manquer partout sous ses pieds, serait forcé de se rendre, comme allait le faire Bou-Maza, si le Maroc lui refusait un asile. En vain, désespérant de la résistance, voulut-il prêcher l'émigration : les tribus sédentaires des montagnes n'avaient garde de le suivre dans le Maroc ; et quant aux tribus de la plaine qui essayèrent de gagner les bords de la Mouilah, atteintes par nos colonnes dans le trajet ou bien recueillies par le général Cavaignac sur la frontière, elles furent obligées de revenir sur leurs pas, décimées et ruinées.

Cette campagne dura six mois, sans un jour de repos pour nos colonnes, sans un instant de répit pour les tribus insurgées. Nos soldats rentrèrent dans leurs divisions, exténués par les privations et les fatigues ; mais l'Algérie était définitivement pacifiée.

Et cependant, aux yeux du maréchal, la conquête même alors n'était pas achevée : il restait, comme point d'intersection entre la province d'Alger et celle de Constantine, ce grand massif du Djerjera, qui était en même temps pour nos armes une menace et un défi. Le maréchal l'avait abordé plusieurs fois, et même durant la précédente campagne, où tant d'autres soins l'avaient occupé, il n'avait pas un seul jour quitté des yeux la Grande Kabylie : c'était pour lui la Carthage à détruire. Il disait à tout propos que jamais la possession de l'Algérie ne serait assurée tant que le Djerjera resterait indépendant, que cette indépendance serait une perpétuelle tentation de révolte pour les Kabyles des autres montagnes qui s'étaient rangés sous notre domination, et que la colonisation enfin, le but de tous nos sacrifices en Algérie, ne commencerait jamais tant que ce dernier foyer laissé à l'insurrection alimenterait l'état de guerre dans nos possessions toujours menacées.

Le Djerjera couvre de son ombre les plus beaux abris de la colonisation européenne : à l'ouest, les vallées de l'Isser, abondantes en pâturages, le Hamza, où l'olive et l'oranger mûrissent; au sud, la Medjanah, fréquentée des abeilles, et la plaine de Sétif; à l'est et au nord, les collines fécondes qui, de Sétif jusqu'à Bougie et de Bougie à Dellys, entourent, comme d'une ceinture de moissons et de forêts, les flancs escarpés des grandes montagnes.

Néanmoins cette ombre du Djerjera ne sera jamais propice à la colonisation, tant qu'un Kabyle armé dominera les hauteurs. Il semblait qu'un charme mystérieux eût protégé jusque-là ce grand massif de montagnes contre l'effort de nos armées. Toutes les fois que le maréchal s'en était rapproché, un cri d'alarme avait retenti à Paris. Encore cette fois, il allait être obligé de faire son expédition à la dérobée, après l'avoir préparée en secret. Comment les chambres, qui

avaient accordé toute sorte de crédits pour aller dans
le Dahra et dans l'Ouérenséris, refusaient-elles obstinément ce qu'on leur demandait pour aller dans
la Grande Kabylie, c'est-à-dire pour terminer la guerre
d'Afrique? La conquête de la Kabylie était plus importante assurément que la conquête de l'Ouérenséris
et du Dahra. Était-elle plus difficile? — Tous les kha-
lifats de l'émir étaient morts ou en fuite : Bou-Maza
lui-même, chassé par les tribus et poursuivi par nos
colonnes, venait de se remettre entre les mains du colonel Saint-Arnaud, découragé et mourant de faim.

Ben-Salem, le seul khalifat de l'émir resté debout,
comprit que son tour était venu. Au lieu d'attendre
dans ses montagnes une défaite inévitable, il vint
chercher l'*aman* à Alger, dans les derniers jours de
mars 1847. Il obtint du maréchal la faveur de pouvoir
se retirer à la Mecque, et son frère, Si-Omar, fut in-
vesti, à sa place, du commandement des tribus kabyles qui longent le cours supérieur de la Summam,
du côté de Hamza. C'étaient les Ouled-Aziz, les Beni-
Yala, les Beni-Djaad, les Merckalla, qui fournissent
un contingent de dix mille fusils.

Bel-Kassem-ou-Kassi, chef des Ameraouas, craignant le même sort que Ben-Salem, était venu avec
lui faire sa soumission à Alger. Le maréchal l'in-
vestit du commandement des tribus qui s'étendent au-
dessous de Dellys, dans la riche vallée de Sebaou, et
qui fournissent un contingent de vingt-deux mille fusils. Ben-Zemoun conserva le commandement des
tribus qui confinent à la vallée de l'Isser, les Flissas,

les Beni-Kalfoun, les Nezlyoua, fortes de plus de six mille fusils.

C'était donc, depuis Dellys jusqu'au poste d'Au- male au sud, la moitié de la Grande-Kabylie dont nous donnions ainsi l'investiture. Il ne restait à sou- mettre que le versant oriental du Djerjera, c'est-à- dire, en remontant du sud au nord, la vallée de l'Abjeb depuis Sétif, et la populeuse vallée de la Summam jus- qu'à Bougie.

Vers le milieu de mai 1847, deux colonnes, fortes chacune de huit mille hommes environ, partirent, l'une d'Aumale sous le commandement du maréchal, l'autre de Sétif sous la conduite du général Bedeau, pour opérer l'envahissement du pays insoumis. Elles devaient se rejoindre près du défilé de Fellaye, qui sé- pare les deux bassins de l'Adjeb et de la Summam, après avoir enfermé dans l'angle de leur direction les tribus hostiles.

Le 15 mai, le maréchal campait à Sidi-Moussa, sur la rive gauche de la Summam. Il avait en face, sur l'autre rive, la puissante confédération des Beni-Abbas, dont les villages s'échelonnent sur un amphithéâtre de monts superposés. Au point central et culminant est Azrou, village presque inaccessible, resserré à droite et à gauche sur la crête d'un contre-fort escarpé. Sitôt que la nuit fut venue, notre camp, qui repo- sait au bas de cet amphithéâtre, protégé sur son flanc par le cours de la rivière, vit tout à coup les hau- teurs s'illuminer d'innombrables lumières. Peu à peu, ces lumières se rapprochèrent du camp, ruisselant à la fois de tous les gradins des montagnes : les Kabyles venaient provoquer notre colonne à un combat de nuit.

C'est à coup sûr une des choses les plus pittoresques et les plus curieuses de cette guerre qu'une attaque nocturne de Kabyles contre un de nos campements. Lorsqu'on se bat dans l'obscurité, l'ordre et la tactique ne sont plus d'aucun secours; la confusion se met dans les rangs. Si nos soldats sortent du campement, ils tombent inévitablement dans les embuscades tendues par leurs assaillants. Aussi est-il expressément défendu à nos colonnes de s'exposer à ces combats de nuit, où l'ennemi reprend sur nous tous les avantages de ruse et de surprise que le jour vient rendre inutiles. A mesure que les lumières descendent des hauteurs et se rapprochent, les feux s'éteignent; à mesure que les clameurs des Kabyles augmentent, le silence se fait plus profond parmi nos soldats, couchés près de leurs armes. Ce silence produit toujours son effet de terreur mystérieuse sur les Kabyles, lorsqu'ils viennent à interrompre leurs clameurs pour écouter; mais cette terreur même les exalte, et produit souvent sur eux une sorte d'ivresse sauvage qui les fait se précipiter contre nos retranchements. Alors la lumière éclatante et soudaine des pots à feu [1] produit le jour autour du camp; les obus éclatent sur les Ka-

---

1. Ces pots à feu sont des godets en fer remplis de poudre d'artifice. L'inflammation de cette poudre dure jusqu'à deux et trois minutes. Le général Duvivier les employa avec un grand succès contre les attaques nocturnes des Kabyles de Bougie.

byles, qui fuient épars et décimés; puis tout rentre dans la nuit et le silence.

Pendant que nos postes avancés soutenaient l'attaque nocturne des Beni-Abbas, les soldats du campement, habitués à de pareilles rencontres, se tenaient prêts à recevoir les Kabyles, dans le cas où ceux-ci eussent refoulé nos grand'gardes; mais l'ennemi dut se retirer après avoir vainement tenté d'enlever nos sentinelles.

Le lendemain, avant le point du jour, la colonne s'ébranle, passe les gués de la rivière, et l'attaque commence aussitôt. On voit huit bataillons sans sac s'élancer au pas de course, le fusil sur l'épaule. En vain les Kabyles, des hauteurs qu'ils occupent, dirigent un feu plongeant sur cette colonne : elle ne riposte point et avance toujours avec l'impassibilité d'une machine mise en mouvement. Les Kabyles, étonnés, se replient sur leur seconde ligne de bataille : la colonne marche toujours. Elle atteint successivement les quatre premiers villages, où les Kabyles se sont barricadés, pendant que les zouaves agiles voltigent sur les hauteurs environnantes qu'ils ont tournées. La population de ces villages avait déjà déménagé avec toutes ses richesses depuis le matin. La fusillade commence à travers des sentiers de chèvre, des escarpements inabordables. Au milieu du bruit du combat, notre colonne d'attaque monte si vite, que déjà elle atteint l'émigration des villages évacués avant que celle-ci ait pu tout entière s'abriter dans Azrou.

Deux villages, flanqués chacun d'une tour, protégent la position plus élevée d'Azrou : on les a surnommés les *Cornès du Taureau*. Arrivé là, le maréchal commande aussitôt l'assaut pour ne pas laisser aux Kabyles le temps de reprendre haleine. Tout le monde connaît dans le midi de la France ces vieilles tours romaines perchées sur la plate-forme des rochers ; telle est la position d'Azrou. On ne peut gravir cette plate-forme qu'en s'aidant des pieds et des mains, en se pendant aux broussailles. Le seul point accessible est un étroit sentier qui serpente sous le feu des maisons crénelées. C'est par ce sentier que monte le 6e bataillon des tirailleurs de Vincennes, pendant que les zouaves escaladent la droite du village, et que le 13e léger tourne à gauche pour couper la retraite aux Kabyles. Ici encore, on voit nos fantassins essuyer résolûment le feu de l'ennemi sans y répondre. Ces décharges, au lieu d'arrêter leur élan, le précipitent. Les Kabyles, nous l'avons dit, sont lents à recharger leurs fusils à cause de la longueur du canon. Nos fantassins mettent à profit l'intervalle d'une décharge à l'autre pour franchir un obstacle de plus. Ils étaient devant les maisons crénelées, les voici dans l'intérieur même d'Azrou, après la dernière décharge. Une fumée noire et fétide s'élève bientôt des villages emportés : elle est produite par la combustion de grands approvisionnements d'huile que chaque maison recélait. Dans le même temps, une des *Cornes du Taureau* s'abat avec fracas sous l'effet de la mine. Les Kabyles ont disparu.

Tout a coup, de ce chaos de fumée, de bruit et de chaleur intolérables, s'élance un cheik : pareil à un guerrier d'Homère, il s'avance vers le maréchal d'un pas grave et majestueux, passant à travers les balles et faisant signe qu'il veut parler : « L'honneur exigeait, dit-il en se prosternant, que son peuple fît l'épreuve de la poudre ; mais il en a vu assez : *son œil est satisfait*. Il demande l'*aman*. » Et le guerrier lève la main avec solennité pour attester la sincérité de ses paroles.

L'état-major hésite à le croire ; mais le général, frappé de la dignité fière avec laquelle cet homme s'est présenté à lui, lui dit : « Va, et songe bien à tenir ta promesse ; le salut de ton peuple me répondra de toi. » Le Kabyle s'éloigne.

Aussitôt l'appel du canon retentit, les tambours battent aux champs, et les clairons se répondent au loin. Nos bataillons, dispersés dans les villages, reprennent leurs rangs à cet appel ; on les voit descendre les pentes qu'ils avaient envahies, chargés de butin. Le Kabyle tint fidèlement sa parole ; le lendemain, la confédération des Beni-Abbas faisait sa soumission ; elle fut mise sous le commandement de notre khalifat de la Medjana, Mockrani.

Pendant la cérémonie de l'investiture, une scène caractéristique se passa à une des extrémités du camp. Nos soldats avaient mis aux enchères les objets provenant de leur *razzia*. Les Beni-Abbas, qui la veille avaient sacrifié leurs maisons et leurs richesses pour défendre leur indépendance, marchandaient les objets qu'ils voulaient racheter, comme si ces objets ne leur eussent jamais appartenu. L'instinct guerrier avait soudainement fait place à l'instinct mercantile.

Le jour même du combat d'Azrou, le 16 mai, la colonne de Sétif campait au milieu du *Soff* ou confédération des Reboulas, au pied du mont Guergour. Les Reboulas attendaient sous les armes l'arrivée de notre colonne. Quelques charges de cavalerie suffirent pour balayer les hauteurs qu'ils occupaient. La colonne continua sa route, comme si elle avait hésité à recommencer le combat. Naturellement les Reboulas s'enhardirent ; mais, sitôt qu'ils furent à portée, la colonne fit un retour offensif et les dispersa de nouveau. Les Reboulas, ayant ainsi fait leur *journée de poudre*, se soumirent comme les Beni-Abbas, après avoir vu brûler quelques-uns de leurs villages. Ainsi firent les Beni-Ourtilan, que la colonne rencontra deux jours après sur sa route. Les deux colonnes remontèrent, chacune de son côté, vers le défilé de Fellaye, où elles devaient se rejoindre ; mais le bruit de leurs combats les y avait précédées : aussi ne rencontrèrent-elles plus aucune résistance. Il semblait que les tribus dont on traversa le territoire eussent chargé les Beni-Abbas et les Reboulas de faire pour elles l'épreuve de la poudre contre les Français, car elles vinrent au-devant du maréchal et reconnurent notre domination sans brûler la moindre cartouche. Telle fut pourtant cette terrible expédition de Kabylie, dont on s'émouvait tant en France.

Le maréchal avait le projet d'opérer le désarmement de la Kabylie, comme il avait déjà opéré le désarmement du Dahra et de l'Ouérenséris. C'était là en effet le résultat logique de la conquête; mais, pour désarmer les Kabyles, pour démembrer ces confédérations belliqueuses par des postes militaires et par des routes, il fallait plus qu'une armée expéditionnaire, il fallait une armée d'occupation. Or le maréchal était fatigué de toujours lutter contre la résistance des chambres et l'indécision du gouvernement. Après avoir conduit ses soldats jusqu'à Bougie, il fit ses adieux à l'armée qu'il avait illustrée, et quitta l'Afrique conquise par lui pour n'y plus retourner, laissant à ses lieutenants le soin de mettre la dernière main à la conquête.

Si l'on avait mis à exécution les projets formés par le maréchal, nous n'eussions pas eu à solder en 1849 les frais de l'expédition de Zaatcha et à déplorer la mort du brave général Barral, blessé mortellement le 21 mai 1850 en dispersant un rassemblement kabyle dans les montagnes des Beni-Himmel.

Voici quelles étaient à ce sujet les idées du maréchal. Le Kabyle puise le sentiment de la résistance dans la possession de son fusil, de même que l'Arabe le puise dans la possession de son cheval. Tant qu'on n'aura pas désarmé l'un et démonté l'autre, ils ne subiront pas notre conquête sans protestation. Lorsque nous voudrons accomplir ce dernier acte de la conquête, nous devrons peut-être soutenir contre les indigènes une lutte suprême; mais notre domination ne sera définitive qu'à ce prix. Une fois cet acte accompli, les zouaves et les spahis, recrutés pour moitié parmi les vaincus, suffiront à garantir à la colonisation la complète sécurité de l'Algérie. Les insurrections ne pourraient plus venir alors que de la région du désert; mais, en portant dans le Serssous, à Laghouat par exemple, le centre de nos divisions que le maréchal Bugeaud avait déjà porté dans le Tell, on préviendrait aisément toute possibilité de révolte. Pour affamer les tribus du désert, il n'y a qu'à leur fermer le Tell, qui est leur grenier d'approvisionnement.

J'ai suivi fidèlement toutes les phases de cette guerre d'Afrique, les hésitations des premières années, la guerre offensive portée dans le Tell, enfin la guerre en Kabylie. Si j'ai atteint le but que je m'étais proposé, on aura compris toutes les difficultés qu'une pareille guerre présentait à une armée européenne. Ces difficultés, le maréchal Bugeaud les a victorieusement surmontées une par une, on a vu comment. C'est lui qui a trouvé le secret de notre force contre les Africains, en prenant l'offensive partout où ses devanciers s'étaient tenus sur la défensive. Les Arabes qu'on attaque sont à moitié vaincus; mais, tant qu'on leur a laissé l'offensive, on avait beau les repousser, ils revenaient toujours à la charge, et la guerre devenait interminable.

Ce n'était pas tout cependant que de trouver le meilleur système de guerre en Algérie; bien d'autres l'avaient proclamé au temps même où le maréchal prônait l'occupation restreinte et par conséquent la guerre

défensive : ce qui importait surtout, c'était le moyen
de rendre l'offensive efficace, en la portant partout à la
fois, en attaquant les indigènes en tout lieu et en toute
occasion. La colonne mobile fut organisée. Ce n'était
pas tout encore : il fallait qu'il n'y eût pas de position
si inexpugnable dans les montagnes où le Kabyle pût
se mettre à l'abri de notre attaque ; il fallait qu'il n'y
eût pas de retraite si lointaine dans le désert où l'Arabe
vagabond, qui parcourt jusqu'à soixante lieues en
vingt-quatre heures, pût se mettre à l'abri de notre
poursuite. Si les cavaliers ne pouvaient suivre la colonne mobile dans les montagnes, si les fantassins ne
pouvaient suivre la cavalerie dans le désert, rien n'é-
tait fait. Il fallut donc que les cavaliers galopassent,
le sabre au poing, sur des crêtes de rochers où des
piétons ordinaires auraient à peine osé marcher ; il
fallut que les fantassins fussent équipés de telle sorte
qu'ils pussent, par une marche continue à travers le
désert, regagner les avantages de vitesse qu'avaient
pris sur eux les cavaliers arabes. Le train des équipages devenait ainsi l'objet le plus important de ce
système militaire. L'offensive aurait pu nous devenir
funeste dans cette guerre où l'ennemi commandait
toujours les positions de la bataille, si l'artillerie n'a-
vait pu, en toute occasion, venir en aide à la colonne
mobile. Il fallut créer une batterie portative qu'on
pût établir sur les pitons les plus escarpés, qu'on pût
faire suivre dans les courses les plus rapides du Sahara. L'obusier de 12 devint maniable comme un fusil
de rempart. Il forma le chargement d'un mulet : de

même pour son affût. Vingt-cinq mulets furent suffisants au service de chaque pièce, approvisionnée à cent coups, avec une réserve de trente mille cartouches.

Les perfectionnements obtenus dans l'artillerie de montagne ne sont rien encore en comparaison des progrès de la mousqueterie. La carabine à tige, dite carabine Delvigne, dont se servent les tirailleurs de Vincennes, amènera inévitablement, par sa portée et sa justesse, une véritable révolution dans l'emploi des armes de guerre. La carabine à tige porte aussi loin que le canon, et là où le gros tube peut à peine atteindre une masse, le petit tube atteint un objet déterminé. Je laisse à supposer ce que nos soldats, habitués par la guerre de Kabylie à marcher l'arme au bras sous le feu de l'ennemi, pourraient faire contre une redoute européenne, sous la protection d'une pareille mousqueterie.

La guerre d'Afrique a développé jusqu'au miracle toutes les qualités qui caractérisent l'armée française : la souplesse et la vigueur du jarret, qui déjà nous avaient permis avec Napoléon de parcourir l'Europe et l'Égypte au pas de charge, tout d'une haleine; la sobriété, qui nous fait supporter des privations devant lesquelles succomberaient les soldats de toute autre nation, excepté peut-être les Navarrais; la force de résistance aux fatigues, qui a fait accomplir à notre armée d'Afrique des travaux publics que les vieilles légions romaines auraient pu seules exécuter; la fermeté du caractère contre les épreuves démoralisantes et la fermeté du cœur devant le danger imprévu;

l'intelligence et l'initiative du soldat merveilleusement unies à son instinct de la discipline, à sa religion du devoir, qualités dont le rare ensemble permet à une armée de tenter l'impossible, parce qu'elle n'a jamais été arrêtée par une impossibilité. C'est la guerre d'Afrique enfin qui a mis notre jeune armée sur les traces de l'armée impériale, et qui peut-être nous a préservés d'une guerre en Europe en montrant aux puissances attentives ce que nous pourrions contre elles par ce que nous faisions loin d'elles.

Lors même que l'Algérie n'eût fait que servir d'exutoire aux ardeurs militaires si profondément invétérées dans le sang français, cette conquête serait déjà un bienfait. La possession du littoral africain importe d'ailleurs aux destinées de la France. Certes, sans vouloir faire de la Méditerranée un lac français, comme le prétendait Napoléon, il nous est indispensable d'avoir au moins, comme riverains, un droit privilégié de jouissance sur cet immense canal, animé et peuplé comme les avenues d'une capitale. Nous avons à Toulon un des battants d'écluse de cet entrepôt maritime du monde. Bonaparte cherchait l'autre battant à Alexandrie, en Égypte; nous l'avons trouvé au Mers-el-Kebir d'Oran. Les navires engagés dans le canal de la Méditerranée à l'Océan sont inévitablement poussés par les courants sous le feu des canons du Mers-el-Kebir. En prenant, soit à Carthagène, soit aux Baléares, un point d'appui entre Oran et Toulon, nous dominerions, grâce à l'invention de la marine à vapeur, le transit du marché européen en cas de guerre. Quant aux bénéfices directs de la conquête, la France attend que l'armée puisse livrer le sol conquis à la colonisation ; le pionnier attend que le soldat ait fini. Dès que le moment sera venu, la colonisation se fera d'elle-même et sans qu'on y songe, comme tout se fait chez nous, par entraînement et par engouement. Nous sommes les ouvriers de la onzième heure; mais il nous est arrivé de faire en dix années l'ouvrage d'un siècle[1].

1. L'auteur de ce livre avait formulé un projet de colonisation, connu sous le nom de *Villages départementaux en Algérie*, et qui consistait à prendre dans chaque département un contingent de colons, et à l'installer en Algérie dans un village distinct, avec toutes les attributions municipales et politiques de la métropole.

Ce projet, pris en considération par le Sénat sur le rapport remarquable de M. Ferd. Barrot, a sans doute été mis au panier par le ministre de la guerre et le gouvernement de l'Algérie : la nécessité des choses le fera surnager un de ces jours.

# LIVRE III.

## LA GUERRE D'AMÉRIQUE EN 1864.

## I

J'ai souvent vu le maréchal Bugeaud dans les derniers temps de sa vie. Depuis son retour du camp des Alpes, où tous ses grands projets militaires avaient été culbutés par un mot de tribune, son esprit s'était sinon affaibli, du moins considérablement détendu. Il était devenu loquace comme un héros d'Homère, avec un mélange de bonhomie et d'irritabilité qui était comme le caractère dominant de cette puissante nature à son déclin.

Le souvenir que j'avais gardé de ces épanchements, où la pédagogie militaire servait d'accompagnement ordinaire à des récits héroïques, m'inspira un travail qui fut publié, quelque temps après, dans la *Revue des Deux-Mondes*, sous le titre de *Guerre de montagne ;* et

il paraît que ma mémoire avait assez fidèlement gardé
les renseignements du vieux maréchal, pour que des
hommes de guerre aient cherché le nom de l'auteur
de ce travail dans l'*Annuaire militaire*, où il ne s'est
jamais trouvé.

La thèse que le maréchal Bugeaud développait avec
le plus de complaisance est celle-ci : « Le plus difficile pour un général d'armée, ce n'est pas de gagner
la bataille, c'est de savoir profiter de la victoire. » Et
parmi tant d'exemples connus qu'il citait à l'appui de
sa thèse, le maréchal rappelait la bataille d'Isly, où il
avait disposé les choses de telle sorte qu'il avait cru
pouvoir annoncer les résultats de la victoire la veille du
combat, pour donner la preuve bien évidente que
ses combinaisons n'avaient laissé aucune prise au
hasard.

« Certes, ajoutait-il, la bataille d'Hauestaedt, gagnée par Davout, vaut la bataille d'Iéna, gagnée par
Napoléon. Comment donc se fait-il que l'une soit
restée sans résultat, tandis que l'autre a eu des conséquences si énormes? C'est que celle-ci a été une victoire *voulue*, et que l'autre n'a été qu'une victoire surprise ; c'est que l'empereur, en engageant la bataille
d'Iéna, savait non-seulement qu'il la gagnerait, mais
encore quelle portée aurait la victoire; et il avait disposé les choses en conséquence. Aussi Murat, laissé
en réserve avec toute sa cavalerie, put-il, une fois le
champ de bataille déblayé, poursuivre les Prussiens
vaincus jusqu'à Stettin, une place forte dont il s'empara du même coup et au galop. Voilà ce que j'ap-

pelle une victoire *voulue* : celle dont on a préparé les conséquences avant d'engager la lutte, Iéna mettant la Prusse entière à la discrétion du vainqueur. »

Ces paroles du maréchal Bugeaud me sont bien souvent depuis revenues à l'esprit ; et j'ai pu en reconnaître la profonde vérité, même avant que la guerre d'Amérique vînt leur donner une confirmation si éclatante.

Appliquons la théorie du maréchal Bugeaud à la bataille de l'Alma, par exemple. Voici quel était le plan convenu de la bataille : Faire une feinte par notre aile droite, afin d'attirer l'attention des Russes du côté de la mer, pendant que les Anglais feraient l'attaque véritable du côté opposé. Le résultat de cette combinaison, en cas de succès, devait être d'acculer les Russes à la mer, où ils auraient été foudroyés par l'artillerie de notre flotte. Même les choses se passant comme elles avaient été combinées, il n'est pas bien sûr que les Russes vaincus ne se seraient pas écoulés vers Sébastopol au lieu de se laisser acculer à la mer.

Quoi qu'il en soit, la bataille tourna à l'inverse de ce qu'on avait prévu. Un concours de circonstances et la lenteur des Anglais firent que l'attaque feinte devint l'attaque réelle ; et que la victoire fut due à un bouleversement complet du plan de bataille.

L'artillerie de mer ne pouvant servir à foudroyer les Russes acculés au rivage, permit du moins au général Bosquet de tenter cette fameuse escalade qui devait mettre notre aile droite en présence de l'aile gauche russe. Le mouvement très-hasardeux et tout à fait inopiné du général Bosquet ayant réussi, grâce à la flotte qui inondait de boulets l'espace laissé vide entre lui et l'armée russe, il fallut le soutenir, quoiqu'il eût été convenu que les Russes ne seraient pas entamés de ce côté. Le pivot de la bataille se trouvait ainsi déplacé ; et, comme on avait perdu un temps précieux, on mit d'autant plus de précipitation dans l'attaque que les retards survenus avaient mis la confusion dans le commandement. Un mot du maréchal Saint-Arnaud peint bien la situation qui nous était faite. Lord Raglan lui ayant fait savoir qu'il n'avait pu attaquer à l'heure dite : « Mais cet homme ne sait donc pas que je n'ai pas le temps d'attendre, » s'écria Saint-Arnaud, livré à l'anxiété du commandement et aux douleurs de l'agonie.

Ce ne fut pas trop de l'engagement de toutes nos réserves et du concours bien tardif des Anglais pour chasser les Russes de leurs positions. Mais enfin la bataille était gagnée. Qu'en résulta-t-il pour nous? Absolument rien, car c'était là une victoire surprise et non une victoire voulue. Les Russes s'écoulèrent vers Sébastopol, s'étonnant de n'être pas poursuivis et se rassurant à mesure qu'ils s'éloignaient.

Comment les aurions-nous poursuivis? Notre armée était comme un vaisseau désemparé après le combat, et condamné à l'immobilité. Tout ce qu'on put faire, ce fut de coucher sur le champ de bataille.

Nous n'avions pas de cavalerie, et, en eussions-nous eu, il aurait fallu l'engager dans la bataille pour diminuer l'éventualité d'une défaite qui aurait été un désastre.

A défaut de cavalerie, nous avions des troupes légères, zouaves et chasseurs à pied. On engagea ces soldats d'élite avec le gros de l'armée, de même qu'on aurait engagé la cavalerie, au lieu de les tenir en réserve pour mettre la victoire à profit. Mais, encore une fois, il s'agissait moins de profiter d'un succès que d'échapper à un revers.

Si la confiance dans la victoire avait présidé à l'engagement, on aurait, à défaut de cavalerie, tenu en réserve les zouaves et les chasseurs à pied pour poursuivre les Russes dans leur retraite, au lieu de les engager dans la mêlée, comme cela eut lieu. Ils auraient fait l'office de Murat après Iéna; et de même qu'il s'emparait de Stettin avec quelques escadrons, il aurait suffi, après l'Alma, de quelques compagnies de zouaves pour occuper Sébastopol sans résistance. Pouvoir le tenter, c'était réussir.

Le maréchal Bugeaud avait raison : — En dehors de la science et de la volonté du commandement, toute bataille engagée n'est jamais qu'une tuerie, de quelque côté que tourne l'avantage.

Sans m'arrêter à la campagne d'Italie, où il me serait possible de montrer que les conséquences de la victoire de Solférino auraient été tout autres si la puissante division du prince Napoléon, avec son parc d'artillerie, avait tourné le quadrilatère dans la direction de Venise, comme c'était l'intention du prince, au lieu de venir rejoindre par ordre l'armée de l'Empereur en avant de Mantoue, — appliquons la théorie du maréchal Bugeaud à la guerre d'Amérique.

## II

Jamais l'histoire ne nous a offert un théâtre de guerre comparable à celui que nous a présenté la guerre d'Amérique. — Vaste région que la mer limite d'un côté, et qui s'étend de l'autre depuis les sources du Saint-Laurent jusqu'aux bouches du Mississipi, avec un circuit de quinze cents lieues d'un bout à l'autre. Des plaines sans fin, des forêts profondes, des fleuves immenses, dont la plupart creusent leurs bassins dans des directions différentes, — telle est la disposition des lieux.

Des deux côtés, les belligérants sont des hommes énergiques, poussés par une passion politique mille fois plus violente qu'une haine de race, appliquant leur génie d'invention et de découverte à l'art de se détruire, lançant des *monitors* invulnérables sur tous les fleuves, mettant à leur service une artillerie formidable dont le calibre était inconnu jusqu'ici, ayant pour se ravitailler des chemins de fer de mille kilomètres qu'ils détruisent ou qu'ils réparent suivant les chances de la lutte, marchant par trois cent mille hommes et pouvant détacher des colonnes mobiles de trente mille hommes pour faire des incursions à cinquante lieues, ardents à l'attaque, impassibles dans la retraite, trouvant partout des ressources et exerçant partout des ravages, comme s'ils étaient moins occupés de vaincre que de détruire, sacrifiant tous les ans dans cette lutte trois cent mille hommes et quatre milliards, tel est le caractère de cette guerre.

On voit que les acteurs sont dignes de la scène.

Pendant quatre années pleines ce drame inouï et gigantesque s'est déroulé sans avoir amené aucun incident décisif.. Il semblait que le combat ne pût finir que faute de combattants. La disposition des lieux et la ténacité de la lutte ont retardé un dénoûment inévitable, je le veux bien. J'ai pourtant dans l'idée qu'un véritable homme de guerre aurait trouvé dans la disposition des lieux et dans le caractère même des combattants moins d'inconvénients que d'avantages.

Quels que soient et l'immensité du théâtre et l'éparpillement des acteurs, toute guerre est un drame qui tend fatalement à se concentrer sur un point donné. Ainsi, depuis l'origine de la guerre, nous avons vu les deux armées américaines belligérantes revenir toujours au même endroit, sans s'y chercher, comme par une impulsion irrésistible. Ce rendez-vous involontaire et fatal, c'est l'espace relativement restreint qui sépare Washington et Richmond, les deux capitales ennemies. Cet espace est un réseau de rivières entrecoupé de marécages et de hauteurs boisées. Combien de combats meurtriers auxquels a servi de champ

clos la vallée de la Shenandoah, la principale maille
de ce réseau de rivières, de marais et de forêts! Bull-
Run a vu deux des grandes batailles de cette guerre,
deux batailles auxquelles la Moskowa pourrait à peine
servir de point de comparaison. A deux reprises, deux
immenses armées s'y sont entre-tuées trois jours durant, sans paraître chercher dans cette lutte sanglante
autre chose que l'honneur de coucher sur le champ
de bataille.

On a dit que si le Nord avait trop de forces de résistance pour jamais succomber aux victoires du Sud,
il n'avait pas non plus assez de qualités militaires
pour pouvoir jamais dompter complétement son adversaire plus habile et mieux commandé, si bien que cette
guerre aurait été interminable, l'un des combattants
ne pouvant vaincre et l'autre ne pouvant être vaincu.

Pendant quatre ans il est certain que ni l'habileté
stratégique mais trop lente de Mac Clellan, ni la prudence active de Meade, ni la ténacité indomptable
de Grant, les trois généraux qui ont exercé successivement le commandement des armées du Nord, n'ont
rien pu contre la résistance bien conduite et souvent
heureuse des armées du Sud.

La consommation d'hommes et d'argent qui s'est
faite dans cette guerre est vraiment effroyable, je l'ai
déjà dit. Les armées du Nord s'alimentaient et se re-
nouvelaient au moyen d'enrôlés volontaires et d'im-
migrants, à coups de 300 à 500 000 hommes; et,
chose particulière à ce pays en tout extraordinaire, la
qualité des combattants n'en était pas moins bonne

pour cela. Dans le Sud, au contraire, les vides que laissaient les combats ne pouvaient être remplis. Ce sont
les combattants d'origine qui ont soutenu jusqu'au bout
la lutte. Aussi les rangs de cette armée, qui se serraient
au lieu de se vider, ont eu toute la solidité des vieilles
bandes.

Ils étaient là 4 millions d'hommes luttant contre
20 millions.

Voyez aussi comme l'inévitable loi de la pesanteur
s'accomplit ! Les troupes plus exercées et plus militaires du Sud ont remporté l'avantage dans presque
tous les engagements; et pourtant les troupes du Nord,
presque partout battues, mues par le poids de leur
masse, gagnent toujours du terrain, et l'on pourrait
presque dire que chacune de leurs défaites a été pour
elles l'occasion d'une nouvelle avance sur leurs adversaires.

On a donc pu prévoir que cette guerre conduite à
coups de soldats, riche en engins destructeurs, où les
machines infernales immergées brisent comme verre la
carapace prétendue invulnérable des *monitors*, mais où
aucune combinaison ne préside aux batailles livrées,
où enfin la victoire tourne fatalement contre celui qui
la gagne, devait finir comme finissent toutes les
guerres où le génie du commandement ne compense
pas la différence des forces, par l'épuisement du parti
le plus faible.

On a dit que les armées du Sud étaient mieux com-
mandées que les armées du Nord, et que par là les
chances de la guerre pourraient peut-être bien tour-

ner contre la supériorité du nombre. Ce qui a donné créance à cette opinion très-répandue, mais très-hasardée, selon moi, c'est qu'on a vu le commandement changer souvent de mains dans les armées du Nord, tandis que dans les armées du Sud ce sont toujours les mêmes hommes qui l'exercent. C'est toujours le mystérieux ou trop modeste Beauregard qui dirige la résistance, après l'avoir organisée; c'est toujours Lee, aussi audacieux que prudent, qui mène la bataille; ce sont les mêmes brillants officiers et ces insaisissables chefs de guérillas dont le nom se perd dans l'immensité même de la lutte.

Mais tout cela ne constitue pas la supériorité du commandement. Le génie d'un homme de guerre consiste, non pas seulement à se trouver le plus fort dans un moment donné, sur un point donné; mais surtout à savoir tirer un parti décisif du moment décisif. Le général Bonaparte, avec une armée réduite et privée de ressources, battait simultanément trois armées formidables, parce qu'il avait trouvé le moyen d'être le plus fort dans un moment donné, sur un point donné, et se rendait maître de toute l'Italie, parce que c'était à ce but préconçu qu'il avait fait concourir les batailles engagées. A la tête de ces admirables troupes du Sud, mettez Bonaparte au lieu de Lee, et calculez quelle aurait été la différence des résultats de la bataille de Bull-Run! Le talent de Lee ne va que jusqu'au gain d'une bataille : le génie d'un Bonaparte va jusqu'au lendemain d'une victoire, et domine les hasards.

La pointe de Beauregard se dérobant à toutes les colonnes qui l'observent, et parcourant des espaces immenses pour arriver au point où son concours est nécessaire, est une manœuvre de guerre digne d'admiration; mais Soult, Masséna ou Davout auraient peut-être fait, en pareille circonstance, une diversion contre les colonnes opposées, laquelle aurait dégagé l'armée principale, au lieu de la renforcer sans parvenir pour cela à lui assurer la victoire.

Il y avait dans l'armée du Sud tous les éléments nécessaires pour compenser l'infériorité du nombre; mais c'était à la condition qu'un homme de guerre supérieur aurait su les combiner et s'en servir. Cet homme ne s'est pas produit, et il n'est pas probable qu'il se produise jamais dans une guerre d'Amérique. L'armée du Sud, privée de moyens de recrutement, devait donc finir par fondre tout entière dans les rayons mêmes de sa gloire. Chacun de ses succès l'épuisait à l'égal d'un revers.

Si même cet épuisement a tant tardé, cela tient moins à l'habileté des généraux sudistes qu'à la multiplicité et à l'étendue des opérations engagées, aux formidables défenses des points occupés par les rebelles, de Richmond entre autres [1], et surtout aux

1. Dès le début des hostilités, le Nord a péché par présomption et négligence. Ne croyant pas à la gravité des choses, il a laissé le Sud se fortifier à loisir sur tous les points stratégiques, et y organiser la résistance. Cette indécision du début, dont nous-mêmes n'avons pas été exempts devant Sébastopol, explique en partie la durée de la guerre d'Amérique, malgré l'inégalité des forces.

hésitations que donnait aux généraux du Nord l'importance même du but à atteindre. Ceux-ci, en effet, voyaient si beaux les résultats d'une victoire décisive qu'ils hésitaient d'autant plus à la poursuivre.

C'est là qu'est le secret inavoué des temporisations de Grant, aussi bien que de Mac Clellan et de Meade, et pourquoi la loi de la pesanteur, dont je parlais tout à l'heure, a tant tardé à avoir son effet fatal. Mais malgré tout, l'heure de l'accomplissement ne devait tarder longtemps à sonner.

# III

C'est assurément la volonté de la Providence qui a permis que cette guerre formidable arrive à sa fin sans avoir produit un homme de guerre qui en retire la gloire et les profits au détriment de la liberté.

Avec un homme de guerre, l'écrasement du Sud serait devenu bien vite un fait accompli; mais c'eût été peut-être au prix d'une ambition militaire satisfaite, centralisant l'administration et la politique, absorbant tous les pouvoirs, maintenant une armée permanente qui donne la force et levant des impôts pour la nourrir; enfin, invoquant à son aide les vanités aveugles d'un patriotisme brutal qui court, là comme ailleurs, au-devant du joug de la gloire.

Grâce au ciel, Richmond est tombé, grâce aux efforts de Grant, sans que sa chute ait fait une brèche à la liberté de l'Amérique. Il y aura eu dans le Nord des dépenses énormes dont les taxes intérieures auront dû sans doute payer les arrérages, à défaut des droits de douane, devenus tout à fait insuffisants : mais du moins le dernier refuge de la libre démocratie aura échappé aux périls d'une armée permanente.

Pendant la lutte, l'édifice de l'esclavage s'est écroulé pièce à pièce dans le Sud ; et de proche en proche le travail libre sera venu remplacer le travail servile.

Après la chute de Richmond, on s'est aperçu que l'économie politique ne condamne pas l'esclavage moins formellement que la philosophie. Ainsi, le cours de l'Ohio sépare deux États, situés sous la même latitude, mais dont l'un vit de l'esclavage et l'autre du travail libre. La terre de l'État à esclaves est de beaucoup la plus fertile ; cependant elle produit sept fois moins, à culture égale, que la terre où le travail n'est pas déshonoré.

Ce fait me paraît concluant contre l'esclavage.

On dit bien que le noir n'est pas mieux traité dans le Nord que dans le Sud, et que s'il est esclave ici, là il est ilote. Ilote, soit! mais le blanc ne se trouve pas déshonoré de travailler à côté d'un ilote, tandis qu'il jette sa bêche avec dégoût et horreur partout où un esclave a bêché. Cela vous explique la fortune différente des deux États riverains de l'Ohio.

Que faire après la guerre de tant de soldats que la guerre a enfantés! Cette question aurait été terrible si le Sud l'avait emporté. Mais la victoire restant au Nord, lequel a pu échapper, grâce au ciel, à la nécessité d'armées permanentes, les éventualités que

présente le rétablissement de l'Union sont moins redoutables. Les soldats du Nord sont redevenus citoyens
au lendemain même de leur licenciement, et les forces
des États, surexcitées par la guerre, se sont appliquées,
avec l'énergie de la vitesse acquise, aux réparations de
la richesse et de la liberté, laissées en souffrance.

Que telle ait été l'issue de la guerre d'Amérique,
cela me paraissait inévitable, et je n'ai eu d'autre
but dans cet essai que de faire partager ma conviction.

# II

## LES DOMINATIONS FRANÇAISES

Dans tous les temps, les migrations de races ont été les étapes de l'humanité. C'est dans leur histoire qu'il faudrait chercher la filiation de chaque époque.

Ce n'est jamais sans but que Dieu pousse les hommes dans les aventures du temps et de l'espace. Le vent qui enlève la poussière fécondante du calice entr'ouvert de chaque fleur, sait quelle fleur jumelle le pollen ira féconder.

Combien de peuples, menés en esclavage ou guidés par la victoire à travers les climats changeants, ont servi de cortége à la civilisation, soit à leur départ, soit à leur retour !

Suivez ces grands déménagements de l'histoire humaine, vous trouverez, à travers les traces laissées sur la route par chaque peuple conquérant ou voyageur, le sens de la mission qui le poussa et de la destinée qu'il accomplit.

De nos jours, ces migrations de peuples, migrations

sans repos et sans trêve, ont un caractère moins imposant et moins solennel que dans le passé; mais elles n'en sont devenues que plus actives encore, comme si leur masse s'était accrue en raison directe des progrès apportés à la viabilité humaine. On dirait que la vieille Europe, saturée de civilisation, la dégorge par tous ses pores, et qu'elle a reçu mission de la Providence d'en semer le trop-plein à travers le monde. Dieu les mène, ces déshérités que le besoin pousse hors de la patrie! Ils croient n'obéir qu'aux hasards de leur fortune errante : ils accomplissent le cycle imposé par Dieu à l'activité de chaque peuple.

Pourquoi, sur les routes ignorées où ils se rencontrent, ne se mêlent-ils pas entre eux? Pourquoi, au contraire, semblent-ils se trier pour suivre la voie particulière que leur imposent instinctivement les affinités de leur race? Pourquoi les Anglais, par exemple, ont-ils fini par chasser successivement du monde indien les Français, qui en avaient chassé les Hollandais, lesquels en avaient chassé les Portugais? Pourquoi ces mêmes Anglais ont-ils perdu l'Amérique en conquérant l'Inde? Pourquoi, enfin, les Anglais qui ont réussi à nous chasser de l'Inde malgré nos exploits et notre héroïsme, n'ont-ils jamais pu réussir à nous compromettre dans le Levant, malgré nos fautes et nos lassitudes?

Si l'on ne veut pas voir, comme du temps des croisades, le doigt de Dieu dans ces bizarres contradictions de la destinée des peuples, comment les expliquer?

Comment expliquer même l'origine des diverses migrations de races, si l'on ne veut admettre un aimant d'en haut dans ces directions de la boussole humaine? Pourquoi tel peuple se met-il en migration, tantôt pour chercher la civilisation où elle se trouve, tantôt pour l'apporter où elle n'est pas? L'histoire vous montre à chaque page ce perpétuel va-et-vient des peuples : pourquoi changent-ils de place? L'instinct de l'humanité militante peut seul vous l'apprendre; et cet instinct, c'est la voix de Dieu.

La venue d'Alexandre dans Babylone était annoncée depuis longtemps par les prophètes de la Judée. Alexandre était attendu par les prophètes : pourquoi l'attendaient-ils? et qui leur disait qu'Alexandre viendrait? Est-ce lui qui apportait la civilisation dans ce vieil Orient, foyer de la science et de la foi, ou bien venait-il y retremper la civilisation hellénique? L'histoire vous l'a dit après les prophètes. Le grand conquérant venait ravir le feu sacré à son foyer même, mais pour le raviver et le répandre sur le monde. Les voies étaient préparées : le *divin* Macédonien trouva Babylone énervée de l'excès même de sa civilisation, et l'empire de Darius tomba en poussière à ce premier souffle de vie qui venait rajeunir l'Orient épuisé et stérile.

Est-ce que vous trouvez une grande différence entre l'expédition d'Alexandre et les croisades? Aux deux époques, c'était la civilisation nouvelle qui allait se rallumer à la flamme éternelle. Pierre l'Hermite savait bien que le moment était venu; aussi n'eut-il

qu'un mot à dire : *Dieu le veut!* Et les croisés obéirent soudain à la volonté d'en haut et au commandement des prophètes, comme l'avaient fait, quelques
siècles auparavant, les soldats d'Alexandre.

Je ne veux toucher qu'en passant à l'histoire de la
migration des peuples, qui attire l'esprit par l'immensité de ses enseignements. Qu'il me suffise de faire la
part de notre race dans ces grands mouvements de
l'humanité.

Il semble que Dieu ait voulu préparer de longue
main notre nation à l'œuvre d'initiation qu'elle a remplie presque toujours à ses dépens à travers les siècles. L'esprit d'aventure planait sur les forêts de la
Gaule et poussait nos ancêtres vers les lointaines expéditions, bien avant que Brennus eût balancé les
destins de Rome avec le poids de son épée. Les Pho-
céens n'avaient pas encore touché nos rivages, que nos
pères bivaquaient sous le pavois dans les régions de
l'Asie Mineure. Nous avions peut-être vu Troie avant
que les Grecs en eussent dispersé les débris.

Les Tartares, les Sarrasins et les Turcs n'ont fait
que rendre à l'Europe les visites qu'ils avaient reçues
de nos pères. Le vaisseau symbolique, le *Baris* égyptien, était à l'ancre sur l'autel des druides, avant que
les Argonautes l'eussent lancé sur les mers ioniennes
à la conquête des Hespérides[1].

1. La tradition raconte qu'une druidesse, consacrant l'emplacement de Paris, éleva au-dessus de sa tête le vaisseau symbolique et s'écria : « O Baris, tu porteras la lumière du monde. »
J'ai cru devoir rapporter cette tradition, quoiqu'elle soit peu
accréditée. Le fait certain, c'est que le vaisseau qu'on trouve

Ce n'est pas Pierre l'Hermite seulement qui a eu la puissance de lancer nos pères sur l'Orient avec un geste et un mot. Il suffisait qu'une druidesse inspirée et écumante apparût au milieu des Gaulois assemblés au fond des forêts, et levât le doigt vers le soleil levant pour pousser par delà les monts et par delà les mers la moitié des Gaules.

Le caractère de ces migrations militaires a toujours été le même à travers les âges. Toutes nos invasions anciennes ou modernes ont été de véritables expéditions d'Égypte, sans utilité apparente, sans but bien défini. Nous allions toujours devant nous, semant l'héroïsme et l'enthousiasme sur notre route, recueillant le découragement et la ruine en vue même de la terre cherchée. Trois fois nos croisés sont partis pour Jérusalem ; trois fois ils se sont oubliés en chemin et se sont dispersés avant d'avoir atteint le but marqué par le doigt de Dieu.

Nous avons toujours semé sur notre route, où d'autres plus tard sont venus récolter. Toujours en avant comme les batteurs d'estrade de la civilisation, d'autres en sont devenus les pionniers. C'est ainsi que nous avons abandonné le Canada et cet immense et magnifique bassin du Saint-Laurent qui était notre conquête, dans le même temps à peu près que nous abandonnions l'Inde, après y avoir préparé le lit à la domination de l'Angleterre. L'expédition de Bonaparte en Égypte était un projet admirable ; nous n'en avons

dans les armes de la ville de Paris est de tout point semblable au *Baris* hiéroglifique des Égyptiens.

su faire qu'une aventure héroïque, dont l'Angleterre, si l'on n'avise, recueillera prochainement les fruits. Notre domination en Morée ne durera, comme nous le verrons, que tout juste le temps qu'il faudra aux républiques italiennes du moyen âge pour recueillir les bénéfices de notre héritage dans tout le Levant.

Dans ce cycle immense de migrations et de conquêtes que nous avons parcouru, partout nous avons laissé des souvenirs, nulle part nous n'avons laissé de traces. Partout désirés et partout regrettés, malgré nos fautes et nos excès, nous nous sommes portés en tout lieu comme une inondation, mais en déposant sur les contrées envahies par nous le limon générateur de l'avenir.

Peuple inconstant et léger que nous sommes, aussi prompts au découragement qu'à l'enthousiasme, on dirait que nous n'avons pas conscience de la haute et sérieuse mission que nous accomplissons dans le monde, et que nous nous considérons comme désintéressés dans le bien comme dans le mal que nous pouvons faire. Mais les nations ne s'y trompent pas, elles; c'est même à ces signes étranges de l'inondation qui passe pour féconder et du feu qui ravage pour épurer, c'est à ces signes bizarres de notre existence que les nations ont reconnu en nous le peuple armé dont parle l'Écriture.

Qu'on me permette de rappeler comment les Barbares sont entrés dans l'Aquitaine : outre que ce fait historique a été dénaturé par les préjugés de la tradition, il me fournira une analogie frappante avec l'accueil qu'on a fait souvent à nos propres invasions. C'était une belle soirée d'automne; les habitations étaient désertes; on était en pleine vendange. Les Barbares s'avançaient, l'arme à l'épaule : leur invasion n'effraya personne : bien plutôt, le doux Ausonius aurait pu y trouver le sujet d'une églogue en action. Les populations d'Aquitaine allèrent avec des acclamations joyeuses au-devant de ces étrangers aux cheveux blonds et aux yeux bleus, et leur firent accueil comme à des hôtes bienvenus. Les paniers aux doux fruits passèrent de mains en mains; le pressoir en souffrit, sans doute, et bien des grappes manquèrent à la cuve; mais la fête n'en fut que plus animée et plus joyeuse : il y avait cent mille invités qu'on n'attendait pas.

Les Barbares se montrèrent reconnaissants de ce charmant accueil. Aussi, lorsqu'on appréhenda qu'ils ne changeassent cette hospitalité en conquête, on leur montra les Alpes du doigt en leur disant : *Rome est plus loin*. Ils s'écoulèrent aussitôt vers l'Italie. Et c'est ainsi que l'Aquitaine ne fut pour eux qu'une étape, en attendant qu'elle devînt une station.

Et nous aussi, comme les Barbares en Aquitaine, nous avons été accueillis en chantant par les populations envahies. On n'a même pas eu besoin de nous dire : *Rome est plus loin*, pour que notre humeur inquiète et changeante se portât à d'autres conquêtes et vers d'autres climats. Nous avons eu le Canada et la Louisiane; nous avons eu l'Inde, et la Grèce, et la Syrie, et l'Égypte. A peine y étions-nous installés, que nous nous apercevions que pour nous Rome était ailleurs; et nous nous écoulions vers d'autres invasions, en livrant les contrées envahies par nous à d'autres influences et à d'autres dominations.

Ce sont ces établissements éphémères mais retentissants des Français à travers le monde, ces étapes fécondes pour la civilisation, mais stériles pour notre puissance, que je veux essayer d'apprécier. D'étape en étape, nous sommes arrivés en Algérie, où nous avons apporté les mêmes hésitations avec les mêmes héroïsmes. La France gardera-t-elle sa conquête, ou bien ira-t-elle encore ailleurs en l'abandonnant comme ses autres dominations antérieures? Quoi qu'il en soit, que l'Algérie reste dans nos mains ou bien que la Rome symbolique soit pour nous derrière d'autres Alpes encore, là comme ailleurs c'est la civilisation que nous aurons apportée dans les plis flottants de notre drapeau.

La preuve en apparaîtra éclatante dans le cours de ce travail.

# I



## Les Français en Syrie.

L'histoire des croisades est une épopée longue et multiple, où le merveilleux se mêle au tragique dans des proportions tellement colossales qu'elles ne seront probablement jamais égalées par aucun autre événement humain. Il semble que l'éclatant soleil syrien colore et dessine avec plus de splendeur et de netteté les traits particuliers de notre race, la turbulence sans frein, l'extravagance héroïque, ces retours soudains de la sagesse à la folie, le dévouement sublime à côté des prostrations les moins excusables. Oui ! l'on dirait que les ardeurs de ce soleil viennent encore activer les vigoureuses ardeurs de notre sang et les faire fleurir en des actes de brutale magnificence.

Les croisades nous appartiennent à peu près exclusivement. En Syrie, tous les chrétiens venus d'Occident étaient appelés des *Francs*. C'est nous qui avons fondé le royaume de Jérusalem et ces principautés féodales qui ont enfermé tout le Levant dans le réseau de notre puissance métropolitaine. L'on peut même dire que pendant un siècle l'histoire de France a été transportée tout entière en Syrie.

A Dieu ne plaise que j'aie la prétention de donner ici une esquisse même incomplète de cette histoire de Titans, pour laquelle il ne serait pas trop de la réunion d'un poëte épique comme Homère et d'un historien comme Thucydide. Je veux seulement, en en rappelant les faits principaux, montrer à côté de la grandeur des efforts la stérilité du résultat, c'est-à-dire l'effet inévitable de toutes les dominations françaises, la conquête éphémère.

Le royaume de Jérusalem ou la domination française en Syrie a duré moins d'un siècle. Et, pour le dire encore une fois, il n'y a pas d'Iliade plus remplie de choses merveilleuses, plus nourrie de faits éclatants que cet espace d'un siècle, dans lequel est enfermée cette épopée presque invraisemblable d'héroïsme.

Le commencement et la fin de cette domination ont été, comme partout, marqués de notre sceau, c'est-à-dire par une faute. La grande croisade qui s'empara de Jérusalem, après avoir conquis la Syrie, avait été en partie conduite et entretenue par Raymond de Saint-Gilles, comte souverain de Toulouse, cœur loyal, âme fervente, grand esprit politique et par-dessus tout administrateur habile, chose essentielle dans ce chaos d'intérêts. Eh bien! le premier acte des barons de la croisade, après la prise de Jérusalem, fut d'élire roi de Judée, non point le comte de Toulouse qui avait rendu le succès praticable, mais bien Godefroy de Bouillon, de la maison de Lorraine. Godefroy était un homme pieux, sage au conseil, intrépide au combat, fait au commandement; mais il n'avait aucune des ressources d'esprit et de fortune nécessaires à l'établissement d'un royaume d'invasion, ces avantages inappréciables qu'offrait précisément le comte de Toulouse.

Après l'élection de son rival, Raymond de Saint-Gilles aurait pu retourner dans son pays et entraîner dans sa retraite la majeure partie des croisés; il aurait pu également abuser de ses ressources matérielles pour déposséder le roi de Jérusalem et se mettre en sa place : il n'en fit rien, et se soumit en vrai fidèle. En prenant la croix, il avait juré de mourir en Terre-Sainte : il s'arrangea donc en conséquence. Le château qu'il bâtit comme un boulevard protecteur du royaume de Jérusalem subsiste encore et porte le nom de *Château-Pèlerin*, qu'il lui avait donné. Mais l'existence de sa race en Palestine devait peser comme un remords, comme un reproche toujours vivant, sur l'esprit des croisés. L'ingratitude devait être, du commencement à la fin, la part faite par les croisés à cette famille vraiment dévouée et vraiment grande.

Un descendant de la maison de Toulouse se trouvait comte de Tripoli, lorsque la couronne de Jérusalem passa sur la tête des Lusignan. Ç'était le comte de Tripoli qui était encore alors le chef désigné, le seul digne de se mesurer avec le grand Saladin, sultan d'Égypte. C'était un homme encore jeune, grand et pâle, comme nous le représentent les chroniques,

d'une vigueur sans pareille, d'une activité sans égale.
Par sa politique habile il avait su se concilier et fixer
la foi changeante de l'empereur des Grecs; et grâce à
lui, la mer tyrienne voyait de nouveau refleurir son
empire commercial. Par ses héroïques et rapides incursions en Syrie, il avait refoulé jusque dans les déserts de l'Égypte et de l'Idumée les Arabes qui tenaient en échec le royaume de Jérusalem.

Les rivalités et les haines que le comte de Tripoli
souleva parmi les croisés se mesurèrent à sa haute
valeur et à ses immenses services.

Il y avait alors parmi les croisés et parmi les féaux
de Lusignan un Renaud de Châtillon, compatriote du
comte de Tripoli. C'est ce Renaud de Châtillon que
le Tasse a pris pour héros de son épopée. Mais si
grand que l'ait fait le poëte, la chronique le fait plus
grand encore. Un beau jour la fantaisie lui prendra
de s'emparer de la Mecque, dont la conquête aurait eu
des conséquences bien autrement importantes pour
l'islamisme que la prise même de Jérusalem. A la
tête de trois cents cavaliers, il part ; et le hasard
empêcha seul que la ville sainte ne tombât dans ses
mains.

Les Arabes qui redoutaient le comte de Tripoli, et
les croisés qui le jalousaient, suscitent contre lui la
rivalité de Renaud de Châtillon. Bouillant, impétueux
et irascible, celui-ci se laisse entraîner. Dans un conseil de croisés, le comte de Tripoli est accusé publiquement d'avoir vendu à Saladin la cause des croisés.
Le roi Lusignan se tait et laisse dire. Le comte, pâle

et superbe, dédaigne de se justifier. La conduite qu'il avait tenue dans les affaires politiques de l'Orient était trop savante et trop admirablement combinée pour que les motifs en pussent être compris par l'intelligence abrupte des croisés.

La trahison du comte de Tripoli resta donc une accusation parfaitement accréditée dans leur esprit; et, lorsque en face des monts Libans les Arabes de Saladin provoquèrent les croisés à une bataille décisive, dans la plaine de Tibériade, l'armée de Lusignan et de Renaud fit bande à part d'avec les troupes amenées par le comte de Tripoli. Celui-ci, furieux de cet isolement qui était une mortelle injure faite à sa chevalerie, se précipita comme une trombe sur l'armée de Saladin et la laboura de part en part comme le soc qui creuse un sillon. Les chrétiens le voyant faire, se persuadèrent que les rangs des Arabes s'écartaient à dessein autour du comte Tripoli, et qu'il consommait sa trahison en allant prendre place à l'arrière-garde des infidèles, adossés à une éminence. Le comte de Tripoli s'empara, en effet, de cette éminence, mais en laissant derrière lui sur son passage une longue traînée de cadavres, un sillage sanglant.

Saladin, voyant que les croisés ne songeaient pas même à profiter d'un pareil succès, devina tout; et, au lieu de se ruer sur le comte de Tripoli, maître des positions de la bataille, il ordonna à son armée de fondre tout entière sur les croisés de Lusignan, hésitants et consternés. La bataille fut perdue, malgré l'héroïsme aveugle et trompé de Renaud de Châtillon, qui fut fait prisonnier avec le roi de Jérusalem. Mais les Arabes vainqueurs n'osèrent affronter les cohortes du comte de Tripoli, destiné encore à sauver les débris de la croisade et du royaume de Jérusalem.

La bataille de Tibériade fut l'agonie de notre puissance en Palestine. Mais si deux hommes tels que le comte de Tripoli et Renaud de Châtillon étaient restés unis, c'était l'empire de Saladin qui finissait.

Celui-ci, redoutant encore l'influence du comte de Tripoli, voulut sauver le roi Lusignan, son prisonnier, pour la contre-balancer. Le roi se trouvait sous la tente de Saladin, à côté de son trop fidèle Châtillon. La chaleur était accablante, et la poussière de la bataille avait fort altéré les prisonniers. Saladin fit apporter à boire, et offrit la coupe à Lusignan. L'homme qui avait bu sous la tente du sultan était garanti par les lois de l'hospitalité, et sa vie était sacrée. Lusignan le savait; aussi d'un mouvement rapide comme l'éclair et beau comme l'héroïsme, au lieu de boire, il fit passer la coupe à Renaud de Châtillon, le violateur de la Mecque, la terreur de l'Idumée, le héros de cent batailles : Renaud était sauvé ! Mais le sultan furieux fit voler sa tête d'un coup de cimeterre avant que Renaud eût eu le temps d'approcher la coupe de ses lèvres. Ainsi périt l'homme glorieux, mais aussi l'homme fatal de cette épopée gigantesque.

Ce qui distingue plus particulièrement les croisades des autres invasions, c'est que le conquérant n'a subi en rien l'influence de sa conquête. Les Barbares qui envahissaient la Gaule et l'Italie s'imprégnèrent si bien des mœurs et des habitudes des vaincus que leurs idiomes et leurs croyances, c'est-à-dire tout ce qui constitue une nationalité, furent bientôt absorbés dans la langue et dans la foi des vaincus, et qu'ils perdirent même jusqu'au souvenir de leur origine. Bonaparte, lorsqu'il envahit l'Égypte, se crut obligé de vivre en musulman et de déguiser sa politique sous des protocoles orientaux. Nous aussi, en Algérie, il est incontestable que nous avons beaucoup plus pris des habitudes arabes, que les Arabes n'ont pris de la civilisation française.

Dans les croisades, rien de semblable. C'est la société féodale française du moyen âge, transportée tout d'une pièce en pleine Syrie, dans la terre des prophètes. Le croisé ne fait même pas de concession au climat. Sous cet ardent soleil, il conserve ses lourdes armures, ses sarrots grossiers, son épée à deux mains dont se rit le léger damas de Saladin.

L'organisation féodale, connue sous le nom d'*Assises de Jérusalem*, ne diffère en rien de la constitution des grands vassaux de la France métropolitaine. Cette organisation, sous laquelle la France elle-même aurait infailliblement péri sans les rudes et habiles traitements de Louis XI et de Richelieu, devait entraîner et entraîna en effet la ruine de notre domination dans le Levant. Les rivalités et les compétitions féodales des hauts barons de la croisade mettaient sans cesse notre domination en péril. Il fallait plus d'efforts et de peines pour contenir ou ramener les comtes d'Antioche, d'Édesse ou de Tripoli, qui ne voulaient dépendre ni du roi de Jérusalem ni de l'empereur de Constantinople, que pour résister à la puissante coalition des infidèles. Nous avons vu de quel poids avait pesé sur nos destinées en Orient la rivalité du roi Lusignan et du comte de Tripoli. Mais cette rivalité ne faisait que continuer les jalousies traditionnelles qui faisaient de la croisade un véritable camp d'Agramant.

Les compétitions de commandement, d'influence, de position, de gloire même qui ont eu de si funestes résultats dans notre guerre d'Espagne sous l'Empire, ne donneraient qu'une faible idée de celles qui avaient lieu journellement entre les barons croisés. Toutes les vigoureuses ardeurs de notre sang français s'exaltaient encore sous ce climat brûlant qui chauffait à blanc toutes les passions, haines, amours, dévouements et colères. Combien a été puissante la vitalité de notre race, et à l'épreuve de quels excès elle a été mise, on ne le saura jamais, si l'on n'a pas lu l'histoire des croisades. Nous, qui avons trop vécu des traditions de la société antique, ce qui nous a presque exclusivement frappés dans ce grand mouvement de la nationalité française en Orient, c'est ce bizarre accouplement de noms antiques avec des titres nouveaux, d'entendre, par exemple, annoncer dans l'histoire un duc d'Athènes, un comte d'Antioche ou d'Édesse, un baron de Corinthe. Mais ce n'est là que la curieuse enveloppe d'une société plus étrange encore au fond qu'à la surface.

Oubliez les récits généraux de l'histoire officielle, et parcourez les chroniques familières des croisades :

moins l'époque et le climat, vous trouverez toutes les scènes de la Fronde, mais plus grandes et plus animées encore. Rien n'y manque, ni les intrigues galantes, ni les duels fameux, ni les tumultes de la foule, ni même les *gausseries* du soldat à l'endroit des chefs, chansons caustiques, *sirventes* rimés qui passent dans les rangs comme des nouvelles à la main.

Au-dessus des bruits éclatants de l'expédition militaire, vous entendrez les murmures continus d'une société qui se constitue avec tous les caractères d'une nationalité vivante. On tenait des cours d'amour, comme en Provence, jusque sur les rives de Jourdain, où l'on discutait compendieusement s'il était plus doux d'aimer que d'être aimé. Village sacré de Nazareth, vous avez assisté à ces tournois profanes de la chevalerie amoureuse! Poussière sainte du Calvaire qui gardes encore la trace des douze stations du Christ s'immolant à la rédemption du monde, tu étais soulevée sous les pas d'une foule railleuse, applaudissant aux brillantes chevauchées de tous les mécréants de la chrétienté!

Les Arabes, étonnés et surpris de tant d'héroïsme mêlé à tant de légèreté, se laissèrent aller insensiblement à cette vie désordonnée de la société franque. Le sultan Saladin lui-même s'affola de chevalerie; et sa lance fit mordre la poussière à plus d'un haut baron. Les Maures et les Sarrasins devaient reporter en Occident ces traditions perfectionnées de la chevalerie française.

Jamais ce que les anciens appelaient la *vertu du*

*sang* n'eut de plus folles exagérations de vaillance, d'héroïsme et de force brutale. C'est miracle que la vie humaine ait pu suffire à de tels déploiements d'énergie vitale. Les héros d'Homère eux-mêmes deviennent petits à côté de ces héros sans proportion connue. Vous trouverez là un comte d'Édesse qui, sous sa lourde armure, résiste comme une tour à l'assaut d'une nuée d'Arabes. La tour aurait été renversée; le comte reste debout. Tel chevalier s'imposait comme pénitence une expédition sur l'Euphrate ou dans l'Idumée; et il en revenait, avec l'aide de Dieu, embarrassé de prisonniers et de butin. Nous avons vu Renaud de Châtillon, à la tête de trois cents cavaliers, entreprendre la conquête de la Mecque et mettre par cette folle équipée l'empire de Mahomet à deux doigts de sa perte.

Ce fut même à ces brillantes extravagances que les croisés sacrifièrent toujours les intérêts de leur domination en Orient. Il suffisait pour eux qu'un projet fût utile pour qu'il fût sacrifié aussitôt à une aventure chevaleresque; il suffisait qu'un homme fût un habile politique pour qu'il fût sacrifié sans conteste au héros inutile ou compromettant. Philippe Auguste allait avoir le dessous sur Richard Cœur de Lion, comme le comte de Tripoli l'avait eu sur Renaud de Châtillon. Si même le comte de Tripoli eût consenti à effacer son intelligence devant son héroïsme, il eût été l'idole des croisés à la place de Châtillon, le brillant aventurier.

L'héroïsme en pure perte et la rivalité des chefs furent donc la cause unique de la ruine de notre domination en Syrie. Un frère de Lusignan disait brutalement après l'élection des Assises de Jérusalem : « *Ils ont fait mon frère roi : que feront-ils de moi, donc?* » C'est le mot précurseur annonçant la chute de notre établissement en Palestine.

Quant à l'héroïsme, les vieillards eux-mêmes luttaient d'extravagance avec les jeunes chevaliers. Et Shakspeare n'a fait que parodier dans la bouche de Richard III le mot d'un vieux roi de Jérusalem : « *Mon royaume pour l'honneur de cette journée !* »

Châteaubriand nous a raconté l'histoire de ce vieux roi de Bohême, aveugle, venu au secours de la France à la bataille de Crécy, et qui avait mis sur son écusson royal cette devise humble et fière à la fois : *Je sers.* Il disait à ses deux écuyers : « Attachez mon che-« val entre vos deux chevaux, et menez-moi à la « bataille. Je veux férir un dernier coup sur les An-« glais. »

Eh bien ! ce vieux roi de Bohême ne faisait qu'imiter, lui aussi, l'héroïsme du jeune Beaudoin, roi de Jérusalem, l'élève du sage Guillaume de Tyr. Lui aussi, que la lèpre avait rendu aveugle, il se fit mener à la bataille pour férir un dernier coup sur les infidèles.

Il n'y a pas d'exagération d'héroïsme dont vous ne retrouviez ainsi la trace dans l'histoire des croisades.

C'est par là même, je ne saurais trop le répéter, que périt notre domination en Syrie. Ce fut en vain que le comte de Tripoli dépensa des trésors d'énergie et d'habileté à vouloir reformer le faisceau de notre puissance, rompu à la bataille de Tibériade. Après la dissolution du royaume de Jérusalem, il fut impossible de recomposer

le moule brisé de notre société orientale. Il n'y eut plus
de croisés en Syrie, il n'y eut que des aventuriers.
La croisade fut abandonnée aux ordres religieux militaires, aux chevaliers du Temple et aux Hospitaliers
qui s'établirent dans les contre-forts des monts Libans.
Le vœu de célibat, prononcé par ces derniers représentants de notre domination, condamnait désormais la
croisade à ne plus pouvoir redevenir une société.

Ce déclin de notre domination en Syrie se présen-
tera avec les mêmes caractères, mais sous une autre
forme, en Morée, dans l'Amérique du Nord et dans
l'Inde. Conquêtes brillantes, domination éphémère : tel
sera partout notre lot.

# II

Les Français en Morée.

A la bataille de Tibériade et à la chute du royaume de Jérusalem, finit véritablement la domination française en Syrie; les croisades qui suivirent n'eurent plus pour objet de reprendre la ville sainte aux infidèles, mais seulement de venger les injures du nom chrétien en Orient; ce furent plutôt des expéditions militaires, et par conséquent passagères, qu'une entreprise religieuse où la domination s'imposât avec la foi. Le roi de France et le roi d'Angleterre, Philippe Auguste et Richard Cœur de Lion, se croisèrent; mais la prise de Saint-Jean-d'Acre ne leur avait pas encore ouvert l'accès de Jérusalem, que déjà l'esprit de division et de rivalité avait condamné leur entreprise. Moins résigné et moins pieux que Raymond de Saint-Gilles, auquel il ressemblait sous tant de rapports, Philippe Auguste s'en retourna bientôt dans son royaume avec toutes ses troupes, livrant le sort de la croisade à l'aveugle et impuissant héroïsme de Richard. Après le départ du roi de France, le roi d'Angleterre eut exactement en Syrie la position de Kléber en Égypte après le départ de Bonaparte ; tout ce qu'il put faire, ce fut de conquérir l'île de Chypre pour la donner aux Lusignan à la place du royaume de Jérusalem qu'ils venaient de perdre, et qu'il ne put parvenir à leur faire restituer[1].

Les barbares qui étaient venus pour s'emparer de Rome dédaignèrent bientôt la ville éternelle, et finirent par s'installer peu à peu dans la douce Aquitaine ; ainsi firent les Français qui étaient partis pour reprendre Jérusalem aux infidèles. Bientôt Jérusalem fut oubliée pour l'opulente Constantinople ; les croisés qui revenaient de Syrie rencontrèrent dans les mers de Grèce les croisés qui allaient à la terre sainte. Aussi bien ceux qui partaient que ceux qui revenaient, oublièrent le but de leur voyage. Avant même d'avoir pu se concerter, ils s'arrêtèrent à Constantinople et ils y restèrent ; ce fut une domination improvisée, si jamais il en fut. Pareille chose était déjà arrivée longtemps auparavant aux Normands du comte de Dreux, qui revenaient de leur pèlerinage aux saints lieux; ils rencontrèrent la Sicile sur le chemin, ou plutôt ils y échouèrent. Or, comme le prince régnant de Palerme avait précisément maille à partir avec les Sarrasins dans ce moment, les Normands crurent faire œuvre pie en se mettant à son service ; seulement, après avoir

---

1. Richard Cœur de Lion était en vue de Jérusalem prêt à donner l'assaut, lorsque le duc de Bourgogne se retira avec une partie de l'armée, « ne voulant pas, dit-il, contribuer à ce que l'honneur de reconquérir la ville sainte échût à un Anglais.

chassé l'infidèle de la Sicile, les Normands s'y oublièrent eux-mêmes pendant des siècles. Telle fut l'origine de la longue domination angevine dans le royaume de Naples.

A peine l'invasion franque en Orient eut-elle trouvé Constantinople comme point de relâche, qu'elle se répandit à l'entour comme un torrent qui rompt ses digues. Elle déborda dans la Salonique, dans le Péloponèse, dans la Grèce continentale, aux Cyclades, aux îles Ioniennes ; elle devait encore tenter de s'établir avec Saint-Louis en Égypte, et jusque sur les côtes barbaresques.

Peu à peu toutes ces conquêtes s'égrenèrent comme les perles d'un collier où un chaînon vient à se rompre. Ce chaînon, qui rattachait à nous tout l'Orient, vient-il d'être renoué par notre conquête d'Afrique ? c'est ce que l'avenir dira ; mais il faudrait que l'avenir démentît le passé.

Ce fut une journée imposante, une journée vraiment épique, que celle qui réunit dans l'immense prairie de Ravennique, en Macédoine, les chefs français convoqués par l'empereur Henri de Constantinople. Tous étaient à cheval, haubert en tête, en panoplies éclatantes qui resplendissaient au soleil comme les murailles d'acier des châteaux féeriques. Ce fut un champ de Mars, une sorte de grand concile militaire, où trouvèrent place depuis le baron séculier jusqu'au prince de l'église latine, stipulant pour les droits du pape de Rome contre le patriarche de l'église grecque. On aurait dit le grand rassemblement des héros d'Homère partant pour la conquête de Troie, ou leur débarquement au rivage phrygien.

Dans la plaine de Ravennique se fit la grande distribution, entre les hauts barons, de toutes les contrées conquises autour des mers helléniques. Les assises de Jérusalem servirent encore de constitution et de code à cette vaste confédération féodale ; l'empire de Constantinople resta acquis à la maison de Flandre, l'île de Chypre aux Lusignan, l'île de Candie, ainsi que le royaume de Salonique ou de Macédoine attenant à la Grèce continentale, depuis le mont Hémus jusqu'au mont Olympe, à la famille Lombarde de Montferrat, enfin, la principauté d'Achaïe ou de Morée, aux Villehardouin de Champagne, avec les Cyclades et îles Ioniennes.

Tous ces fiefs souverains dépendirent, nominalement du moins, de l'empire de Constantinople. Si notre domination byzantine ne dura que cinquante-neuf ans, elle ne dut sa chute prématurée qu'aux vices inhérents à cette confédération féodale qui avait déjà causé la chute du royaume de Jérusalem. Le royaume de Salonique, déjà tombé dès les premières luttes contre les Byzantins, annonçait d'avance la chute de l'empire franc de Constantinople.

Si les grands barons français de la Morée, livrés à leurs querelles féodales, à leurs éternelles compétitions de suzeraineté et d'influence, s'étaient patriotiquement ligués contre l'ennemi commun pour soutenir l'empire de Constantinople, le royaume français de Morée ne serait pas tombé, à son tour, après trois siècles d'existence héroïque, et durerait peut-être encore.

Lorsqu'on lit l'histoire de toutes nos dominations en Orient, la réflexion qui vous frappe à peu près exclusivement et invinciblement, c'est le nombre et la gravité des fautes commises qu'il a fallu pour nous faire perdre ce que la conquête avait déjà fait français, et foncièrement français.

Nous allons en avoir la preuve dans un rapide coup d'œil jeté sur l'existence de notre domination en Morée.

Cette histoire est féconde en émotions et en enseignements de toute sorte ; et d'abord, ce n'est pas sans un certain charme patriotique qu'on associe des noms français à ces lieux antiques fixés dans l'imagination des hommes par le plus grand poëte de la terre. C'est un Homère à la main qu'il faut lire les gestes de nos Français, pour y retrouver l'Iliade avec toutes ses merveilles héroïques renouvelées. Je vais plus loin, et je dis que l'on ne peut savoir ce qu'étaient bien exactement les héros vainqueurs de Troie avant d'avoir lu l'histoire de leurs successeurs, nos hauts barons de Morée.

Ils étaient douze, comme les rois grecs qui reconnaissaient la suzeraineté d'Agamemnon, le chef des rois. Ils étaient tous égaux, c'est-à-dire que chacun dans son domaine, et pour son domaine, avait le droit de guerre privée, exactement comme les rois d'Homère l'avaient l'un vis-à-vis de l'autre. L'autorité du suzerain Villehardouin sur les hauts barons était seulement de convenance, absolument comme celle du roi d'Argos sur les grands tenanciers de la Grèce antique. Achille, le haut baron du Sperchius et de la Phthiotide, ne se gênait guère pour dire ses vérités, et fort brutalement, au roi des rois; il assemblait même, de son autorité privée, le conseil militaire pour délibérer sur la conduite impertinente du majestueux fils d'Atrée. Ainsi faisaient trop souvent nos hauts barons de Morée contre leurs suzerains de Mistra, les Villehardouin. Ces grands feudataires se battaient même de fief à fief, comme des monarques souverains. Trop souvent aussi le sage et vieux Nestor, le prince de la sabloneuse Pylos, leur fit défaut pour les réconcilier au moment où les belliqueuses populations du Magne et de l'Étolie profitaient de ces querelles intestines de leurs vainqueurs pour secouer le joug, et pour conquérir leur indépendance.

Mais saluons d'abord tous ces lieux célèbres, si chers à nos souvenirs de jeunesse. Voici la *marche* avancée de notre établissement en Grèce : c'est la sourcilleuse Thessalie aux hauts plateaux couronnés de soixante-quinze villes opulentes, aux forêts sonores, aux chevaux hennissants; c'est de là que venaient communément toutes les invasions qui menacèrent la confédération grecque d'abord, et la confédération frauque d'Achaïe ensuite. Derrière la Thessalie étaient les Centaures et leurs descendants, les Thraces au temps homérique, les Huns sous le Bas-Empire : au temps de notre domination c'étaient les

Bulgares et les Turcs de Bajazet venant de Nicopolis.
Nous débouchons de la Thessalie dans la vallée du
Sperchius, aux blonds coteaux, aux rives verdoyantes,
dont le divin Pirithoüs avait la garde contre les Centaures, Léonidas contre les Perses aux Thermopyles,
et que le marquis de Bodonitza, suzerain de la froide
Dodone, héritier d'Achille, occupait au compte de
notre domination contre les Byzantins et contre les
Turcs.

Orientons-nous ici. Nous sommes à l'issue du défilé des Thermopyles, dans la vallée intérieure de la
Doride, où le beau Céphise serpente entre ses deux
rives bordées de lauriers-roses, en plein monde homérique, enfin, c'est-à-dire au centre même de la
vieille Hellade, ou Grèce continentale. Le golfe de
Corinthe, ou de Lépante, au sud à notre droite, nous
sépare du Péloponèse, ou Grèce péninsulaire. Derrière nous, et sur le même rivage septentrional, est
l'ancienne Épire, la montagneuse Épire, domaine de
Pyrrhus, fils d'Achille, et les côtes sinueuses de l'A-
carnanie. Nous descendons les pentes adoucies du
Callidrome aux beaux ombrages, et les versants plus
abruptes du divin Parnasse, laissant le Pinde derrière
nous et l'Arachinte d'où s'échappe, à travers l'Açarna-
nie, le bruyant Achéloüs. C'est par ici que descendi-
rent nos anciens Gaulois pour venir piller le temple
de Delphes, enrichi des offrandes de toute la Grèce.
Près de nous est l'antre de Trophonius qui gardait
les secrets de Jupiter; devant nous, et à notre droite,
au fond même du golfe qui nous sépare du Pélopo-

nèse, est la Béotie, aux nombreux troupeaux et aux laitages renommés; à notre gauche la Locride, dont Ajax, fils d'Oïlée, conduisit les montagnards du Cnémis au siége de Troie. Nous côtoyons les rives marécageuses du lac Copaïs, que le Céphise vient alimenter de ses eaux, après avoir traversé les champs fameux de Chéronée, où se joua le sort de la Grèce contre Philippe de Macédoine. C'est ici, aux bords même du Copaïs, en vue des cimes neigeuses du Parnasse et du double sommet de l'Hélicon, que vint se briser, en 1310, la bravoure inutile des chevaliers de France contre les traits lointains et sûrs de la grande compagnie catalane que le duc français d'Athènes avait refusé de prendre à son service.

Toutes ces contrées que nous venons de mentionner, dépendaient de la seigneurie de Bodonitza.

Si, partant du pied du Cnémis aux bois odorants, nous allons toujours devant nous, après avoir quitté les rives escarpées du Boagrius, nous arrivons bientôt en face d'un détroit où se perdit la flotte des Grecs à son retour de Troie, comme nous l'apprend le vieux Nestor dans l'Odyssée. De l'autre côté de cet étroit canal, on distingue les rives fertiles et peuplées de l'île d'Eubée et ses montagnes bleues, et plus bas les îles adjacentes nourricières d'Achille si cher aux filles de Lycomède, les Cyclades, berceau de Pyrrhus.

Tournons le dos à l'île d'Eubée, et dirigeons-nous par l'Attique, vers l'isthme de Corinthe. Voici la plaine de Thèbes et les coteaux tragiques de Cadméa: un climat plus ardent et plus chaud nous enveloppe;

c'est le pays de l'olivier, cher à Minerve, du myrthe et de la lavande, consacrés à Aphrodite. Les parfums enivrants du mont Hymette, où bourdonnent les abeilles, nous arrivent. Voici le Pentélique et la vallée de Marathon, tombeau des Perses; plus loin le cap Sunium, où Platon méditait, tourné vers la mer sonore. Nous montons les monts Parnès, où les torrents abondent; du haut du Cythéron, où Antigone conduisit Œdipe aveugle et maudit, nous pouvons enfin contempler Athènes, l'immortelle, la glorieuse métropole de l'Hellade continentale, comme, de l'autre côté de l'isthme, Sparte était la métropole du Péloponèse, de la Grèce péninsulaire.

Dans les temps homériques, Ménesthée, habile aux manœuvres, conduisit les Athéniens au siége de Troie. Hélas! pourquoi son successeur franc, le sire de Brienne, duc d'Athènes, n'eut-il pas, comme Ménesthée, la prudence et la science militaires? il n'aurait pas aventuré sa lourde cavalerie dans les marais trompeurs du Copaïs, contre les archers plus mobiles des bandes catalanes!

L'Attique, et même la plus grande partie de l'Hellade, devint, au temps de notre conquête, le fief des puissants barons de la Roche, et plus tard de la maison de Brienne.

L'orgueilleux et indocile seigneur d'Athènes, Guy de la Roche, fils et successeur du premier baron, résolut de briser le vasselage qui le rattachait aux princes de Morée, les Villehardouin. C'était encore l'éternelle rivalité des deux Grèces qu'un isthme sépare et devrait réunir, rivalité féconde, dans tous les temps, en événements glorieux et sinistres, et à laquelle le nouvel établissement du royaume d'Athènes n'a pu mettre un terme définitif. Guy de la Roche entraîna donc dans sa rébellion le marquis de Bodonitza d'une part, et même le haut baron de Caritena, le sire de Brière, propre cousin du roi de Morée, qui amena avec lui les populations belliqueuses de la Tzaconie et de l'Arcadie. Ce Geoffroy de Brière avait été l'Achille de la conquête; la chronique n'est jamais lasse de raconter ses exploits. Il s'en allait tout seul chevaucher au travers des populations ennemies de la Tzaconie, et il s'en retournait à son château fort de Caritena, ayant distribué plus de horions qu'il n'en avait reçu.

La plus brillante chevalerie de la Morée se donna donc rendez-vous en Attique, au pied du mont Carydi, sur la route de Mégare à Thèbes la bien murée, pour se livrer aux joies de la bataille.

Guillaume de Villehardouin, qui venait de prendre possession de sa principauté, ne se fit pas attendre; il amenait avec lui le sire de Neuilly, son maréchal, descendu de son château de Passava, qui dominait le Magne indocile.

Jamais la Grèce, aux beaux exploits, n'avait vu pareille chevauchée. Il fut vainqueur, cette fois, ce Guillaume de Villehardouin qui, quelques années plus tard, allait tomber prisonnier des Byzantins et leur livrer Mistra, sa capitale, pour rançon !

Mais laissons-là les récits de ces luttes intestines

des hauts barons de Morée, qui devaient durer près de trois siècles, c'est-à-dire jusqu'à ce qu'elles eussent amené la chute définitive de notre domination, et poursuivons à travers le Péloponèse la description de nos établissements. Aussi bien cette topographie des deux Grèces, qui n'a jamais été faite bien clairement, servira de guide à tous ceux de nos lecteurs qui ont lu Homère et l'histoire grecque, aussi bien qu'à ceux qui voudront lire l'histoire fort curieuse de nos établissements de Morée.

· Revenons au mont Cythéron couronné de pins à la feuille harmonieuse, et, gravissant son sommet élevé, regardons se dérouler autour de nous le magique panorama de cette Grèce merveilleuse. L'atmosphère est si limpide et si transparente sous ce beau ciel, que les objets les plus lointains se mettent à portée de la vue, teintés d'azur et de rose. Les yeux tournés vers Athènes, nous voyons à notre droite, au sud, au delà de Corinthe que deux golfes embrassent de leurs étreintes rivales, ce beau Péloponèse dominé par les monts Taygètes qui abritent Sparte, aux mâles souvenirs, et par les monts d'Arcadie qui se déroulent vers Olympie aux fêtes héroïques. La mer embrasse de tout côté cette terre merveilleuse par d'innombrables golfes qui lui forment comme une ceinture de festons d'argent et d'azur. A gauche, vers l'Orient, la mer d'Égée avec son archipel d'îles embaumées comme une corbeille de fleurs; à droite, par delà le Péloponèse, la mer d'Ionie et son archipel d'îles aux noms fameux, la Crète aux cent villes, Ithaque aux monts escarpés, et Zanthe plus rapprochée, et Leucade en face de l'embouchure de l'Achéloüs, et ·Céphalonie qui salue la divine Élide. Devant nous, au midi, la mer de Grèce qui semble vouloir pousser vers le contingent le groupe amoureux de ses îles brillantes comme une constellation : c'est Paros, au marbre sans tache; c'est Délos, au doux nom, Délos qui attirait à ses fêtes la population de toute la Grèce. C'est là qu'était ce beau palmier qui enchaîna, comme la vue d'une belle femme, la contemplation amoureuse d'Ulysse. Le grand Xerxès, qui resta trois jours en extase devant la beauté d'un palmier de l'Asie Mineure, nous explique comment Ulysse avait pu dire à la belle Nausicaa, la Phéacienne, qu'après elle, ce qu'il avait vu de plus beau sur la terre, c'était le palmier de Délos.

Souvenirs éternels de la Grèce antique, il n'est pas un seul coin de cette terre et de cette mer qui ne conserve votre trace poétique! Plus près du rivage que nous touchons de l'œil, pour ainsi dire, voici Épidaure aux sources salutaires qu'Esculape fait jaillir; plus près encore, c'est Égine aux routes bordées de myrthe et de cactus aux fleurs éclatantes; c'est Salamine, l'héroïque et la victorieuse; c'est enfin un îlot que le nom d'Hélène rend immortel. Thésée la vit dans un vallon de l'Hymette, à Aphidé; il enleva la blonde fille de Léda sous les yeux même de Décalos, qui dénonça le ravisseur. L'îlot indiscret reçut la confidence de ces amours éphémères.

Cette Hélène au beau visage, aux formes divines,

restera éternellement souveraine de l'imagination de
la Grèce; fidèle au culte de la beauté, partout la
poésie antique semble avoir baisé la trace de ses pas
voluptueux. Hélène a pourtant trouvé une rivale dans
l'imagination de ce peuple poétique, une rivale plus
pudique et plus chaste, mais non moins pitoyable.
C'est une belle Franque aux robes de brocard qui,
dans son château fort, résista pendant douze ans à
tous les efforts des Turcs, et ne succomba que devant
une supercherie dont son bon cœur la rendit victime.
Il y a, dans le Péloponèse, des châteaux qui portent
encore le nom de *Château-de-la-Belle.* Quelle était
cette belle héroïne française ? la ballade populaire ne
nous dit pas son nom, et l'histoire est encore moins
scrupuleuse que la tradition.

Sous nos yeux est la voie sacrée qui conduit à l'A-
cropole d'Athènes. Là, sont entassées sur un étroit
espace toutes les merveilles de l'art que le divin ci-
seau a dérobées au flanc de toutes ces montagnes dont
les sommets bleuissent à l'horizon; là est le temple
élégant de Thésée, le Parthénon aux lignes admirables, et tant d'autres monuments dont les nobles
ruines attestent encore la magnificence et la beauté.

Ce qu'il a fallu de vitalité et de facultés puissantes
à une petite peuplade de la Grèce pour entasser autour d'elle tant de chefs-d'œuvre et de monuments
impérissables, dont le monde entier se dispute les
débris comme des reliques précieuses, cela est prodigieux.

Cette contrée dont l'histoire, le génie et la position

privilégiée ont fait la perle du monde, est destinée, quoi qu'on fasse, à partager avec Constantinople l'empire de l'Orient. Ces deux métropoles des échelles du Levant ne pourront vivre longtemps en rivalité et séparées, et vous verrez que par la force même des choses elles finiront, malgré tout, par se rejoindre comme les deux tronçons d'un même corps. La Grèce finira par devenir une nouvelle république de Venise, si l'on ne veut pas en faire un nouvel empire de Byzance.

Vous demandez comment ont pu s'entasser sur d'aussi étroits espaces tant d'œuvres immortelles et magnifiques? Regardez donc la configuration du sol hellénique : c'est un véritable damier, dont chaque case, si elle n'est pas une île, est une vallée profonde, dont les limites escarpées forment autant de frontières distinctes. Cette configuration du sol a, de tout temps, imposé à la Grèce des institutions municipales exclusives, mais fécondes. Ouvrez les poëtes et les historiens : partout vous retrouverez l'esprit municipal et ses traditions locales qui font de chaque tribu une nationalité presque distincte. Agamemnon, aussi bien que Périclès ou Lycurgue, était entouré d'un aréopage composé des notables de la localité. Les chefs qui s'affranchissaient de ce contrôle du pouvoir municipal étaient appelés des *tyrans,* même lorsque leur pouvoir était bienfaisant et salutaire. Chaque citoyen était fier de sa tribu naturellement, et son patriotisme local exaltait d'autant son imagination artiste. Athènes avait ses monuments et ses fêtes ; Sicyone voulait en avoir autant, et Corinthe et Olympie, et toutes les autres métropoles provinciales. C'est cette émulation féconde qui a peuplé la Grèce de souvenirs et de chefs-d'œuvre, et qui a fait que l'Attique, par exemple, qui n'a jamais eu plus de deux cent mille habitants, a pu entreprendre et achever des monuments si riches et si beaux que l'empire le plus puissant n'osera jamais en entreprendre de pareils.

Elle nous a pourtant appartenu, cette terre magique, et l'on peut dire que notre chevalerie l'a pressée avec amour, pendant trois siècles, entre ses bras armés. Dans ce temps-là, les papes appelaient la Morée la *Nouvelle France*, et les voyageurs qui la visitaient disent que les plus grands seigneurs et les plus puissants de France s'y étaient donné rendez-vous et s'y étaient établis héréditairement avec leur famille. Nous trouvons là les Bourbons, les d'Enghien, les Saint-Omer, les Alaman d'Armagnac, les Neuilly, les d'Aunoy, les la Trémouille, les du Plessis, les d'Ostrevent, etc.

Ce n'étaient déjà plus ces guerriers au rude et brutal langage, aux sarrots grossiers, que nous avons vus en Palestine. La soie et le brocard avaient remplacé la serge ; les défis courtois avaient chassé du vocabulaire chevaleresque ces invectives grossières qu'Homère lui-même n'a pu tout à fait poétiser dans la bouche de ses héros à demi sauvages. Il semblait que ce doux climat de la Grèce eût pénétré les mœurs des Francs de ses tièdes influences, sans amollir en rien leur courage. De même que l'Aquitaine agissait sur les Barbares, la Grèce agit sur les Francs. Ce n'est plus ici comme en Syrie, où l'enthousiasme religieux préservait les Croisés contre toute influence sociale des Infidèles. En Grèce, au contraire, les Francs prirent insensiblement le caractère et les habitudes des vaincus. Ils y contractèrent surtout ce génie de l'astuce héroïque, qui semble être une qualité originelle des Grecs de tous les temps. La Chronique de Morée est féconde en stratagèmes heureux, en traits de ruse audacieuse. — Le seigneur de Caritena, Geoffroy de Brière, dont nous avons déjà parlé comme de l'Achille de la conquête, était mort sans postérité directe. Un de ses neveux, du même nom que lui, vint du fond de la Champagne pour recueillir son héritage; mais il apprit en route que le fief de son oncle avait déjà un possesseur. Il ne se rebuta point pour cela : au lieu de réclamer et de compter sur son droit, ce qui ne l'aurait mené à rien, il ne compta que sur lui-même. Il arrive en inconnu sur son domaine envahi; par l'habile indiscrétion de ses domestiques, il fait savoir au châtelain de Caritena qu'un homme mourant est aux environs, venu pour boire les eaux salutaires d'une source thermale qui se trouve dans l'enceinte du château. Des relations de voisinage et d'hospitalité s'établissent. Bientôt, le prétendu malade obtient la permission de passer le pont-levis; puis, un beau jour, lorsque le châtelain est à boire dans une auberge au bas du fort, Geoffroy de Brière jette sa défroque de faux malade, s'arme, lève le pont-levis, et décline son nom et ses droits au

châtelain usurpateur. Celui-ci proteste et se récrie :
il convoque ses vassaux de la plaine à l'assaut du
château. Geoffroy de Brière résiste bravement et en
véritable homme de race, avec ses six domestiques.
A son astuce si bien soutenue, les barons du Péloponèse le reconnaissent pour un des leurs, mieux qu'à
ses titres et à sa parenté ; et son compétiteur, qui
n'avait pu se faire droit lui-même, est aussitôt abandonné par tous. Les Grecs d'Homère auraient mis ce
stratagème sous le patronage de Mercure ; et qui sait
si Ulysse lui-même n'en eût point été jaloux ?

L'empereur de Constantinople avait marié sa fille
à Charles d'Anjou, roi de Naples. Le navire qui portait
la princesse échoue sur les côtes d'Élide. Nicolas de
Saint-Omer, si je ne me trompe, le plus remuant et
le plus ambitieux baron de la Morée, recueille la
naufragée. Il entreprend aussitôt de s'en faire aimer ;
l'amour comme la fortune réussit aux audacieux.
Lorsque le père et le fiancé vont réclamer la princesse, il n'est plus temps : elle avait épousé son
hôte.

La Chronique de Morée abonde en aventures de
ce genre ; et, de fait, l'histoire de notre domination
n'est elle-même qu'une aventure aux incidents mul-
tiples, qui se continue pendant près de trois siècles.

Le 1er mai 1205, la flotte qui portait Geoffroy de
Villehardouin et ses chevaliers toucha la côte de Morée, à l'entrée du golfe de Corinthe. Elle arriva à
Patras, que les envahisseurs prirent d'assaut, non
loin de l'antique Œgium, où les Atrides convoquèrent

les Grecs pour l'expédition de Troie. De là, ils s'avancèrent dans l'intérieur de l'Achaïe, franchirent les monts Érymanthe, suivirent le cours du Ladon et de l'Alphée, à travers les délicieuses prairies du Péloponèse, et ne s'arrêtèrent plus qu'après avoir débouché par le revers méridional de la chaîne du Taygète, où le prince de Morée fixa sa résidence dans le bourg de Mistra, à deux lieues de l'antique Sparte. Après avoir distribué les fiefs sur la route qu'il venait de parcourir,—à Calavryta, qui domine l'Arcadie, à Caritena, qui commande la Tzaconie, la petite armée de Villehardouin attendit le prince lombard de Montferrat, qui, après avoir conquis la Macédoine ou Salonique, descendait vers l'Hellade, à travers les riches plaines de la Thessalie et la plantureuse vallée de la Doride, par la route même que nous avons fait parcourir au lecteur, presque au début de ce chapitre.

Le prince de Montferrat avait, comme le prince de Villehardouin, distribué en passant les fiefs sur sa route, sur les plateaux de la Thessalie et dans les vallées intérieures de l'Hellade. Après cette première répartition de la conquête, le reste fut une affaire du temps, et les barons qui n'avaient pas encore de possession se taillèrent eux-mêmes leur fief dans le pays conquis, avec le tranchant de leur épée. Ce fut ainsi que le seigneur de la Roche conquit l'Attique; que Jean de Neuilly bâtit son château fort de Passava, à la pointe intérieure de la presqu'île de Matapan ou Ténare, au sein même du Magne indompté.

Aux barons qui ne s'étaient pas fait leur part

eux-mêmes, on assigna les fiefs à conquérir. L'un
s'établit à Néo-Castro, au moderne Navarin, à l'antique Sphactérie, sur le sablonneux rivage de Pylos, et
domina ainsi, du côté de la mer, toute la Messénie,
qu'arrose le Tamisus et que la Pénée sépare de
l'Élide. Un autre remonta sur les côtes de la divine
Élide, que le doux Alphée embellit et féconde, jusqu'au cap Tornèse, et s'établit dans l'ancienne Cylicie,
en regard de Céphalonie et de la mer Ionienne. Des
débris même de Cylicie fut bâtie Clarentza. Bientôt
afflua vers Clarentza le commerce de tout le Péloponèse, et même de l'Hellade, comme si les conquérants avaient cherché le point le plus rapproché de la
mère patrie, pour convier la métropole aux bénéfices
de leur domination. Aussi, Clarentza s'éleva bientôt
à un point de prospérité tel que Venise et Florence
en furent jalouses, et que la possession de ce port
florissant fut, pendant le cours de notre domination,
incessamment disputée ; si bien que, après des fortunes diverses, cet apanage donna son nom aux fils
aînés des rois d'Angleterre, comme l'Attique devint
un des titres d'apanage des rois d'Espagne.

Notre système d'occupation fut partout le même,
dans le Péloponèse comme dans l'Hellade et la Thessalie. Un château fort dominant d'une éminence plus
ou moins escarpée toutes les vallées correspondantes,
telle fut l'occupation militaire. Douze de ces châteaux
forts, dont les murailles encore debout ont bien des
fois arrêté les Turcs, pendant la récente guerre de
l'indépendance hellénique, dominèrent toutes les

avenues intérieures du Péloponèse. La population
des vallées ne put résister à cette pression toujours
présente des châteaux forts; mais les conquérants eurent au moins le bon esprit de laisser à ces populations leurs antiques institutions municipales.

Aussi notre domination fut-elle bien vite acclimatée
dans les plaines de la Morée. Il n'en fut pas ainsi dans
les montagnes. Dans les monts de l'Arcadie, de la Tzaconie et du Magne, s'étaient réfugiés les derniers représentants de l'indépendance hellénique, qui avaient
hérité des Spartiates, et dont les Klephtes ont hérité.
Pour n'avoir pas à lutter sans fin contre leurs aggres-
sions incessantes, il fallut les prendre à la solde et
les incorporer dans nos rangs, comme nous l'avons
fait en Algérie avec les spahis et les zouaves. Comme
les spahis et les zouaves, les Maniotes devinrent
bientôt les plus fermes appuis de notre domination.

Le comte palatin de Céphalonie et les barons tier-
ciers de l'Eubée furent chargés de la défense maritime, avec les Vénitiens auxiliaires; le premier, du
côté de l'entrée du golfe de Corinthe, les derniers,
du côté de l'entrée du golfe Malliaque ou de Lamia.

Avec un pareil système militaire, notre domination
en Morée serait devenue inexpugnable, si tous ces
châteaux forts avaient été reliés l'un à l'autre par des
liens hiérarchiques, et si tous ces hauts barons suzerains s'étaient considérés comme solidaires. Mais,
hélas ! si l'un d'eux succombait devant l'ennemi commun, loin de lui porter secours, les autres se réjouis-
saient plutôt de sa chute. Ainsi disparut d'abord le

duché français d'Athènes sous l'attaque des Catalans.
Ainsi disparut elle-même, momentanément du moins,
la principauté souveraine de Mistra et de Calamata,
avec Guillaume de Villehardouin, abandonné par ses
barons, dans la lutte contre les Byzantins. Ainsi allaient disparaître, un à un, tous les fiefs français de
Morée, ceux-ci dans des alliances étrangères, d'autres achetés par les Vénitiens, qui venaient derrière
notre conquête, comme des brocanteurs derrière une
armée pour escompter les dépouilles des vaincus.

Il fut un moment, néanmoins, où tous ces turbulents feudataires comprirent que leur rivalité jalouse
les livrait isolés à leurs ennemis communs. — La
principauté de Morée était échue, par bénéfice de
descendance et d'héritage, à Louis de Bourbon, le
représentant de cette race héroïque dans laquelle devait s'incarner la nationalité française. Avant d'aller
prendre possession de son fief souverain, Louis de
Bourbon dépêcha devant lui un de ses mandataires,
qui reçut l'hommage et l'adhésion de tous les seigneurs de Morée. C'était en 1390. Les calamités qui
s'accumulaient sur la mère patrie empêchèrent Louis
de Bourbon de réaliser son projet de monarchie hellénique. Sa présence en Morée aurait certainement
eu pour effet de rapprocher, pour le salut commun,
les douze hauts barons, fatigués de leurs luttes intestines, et de les rallier autour d'une maison à laquelle
son ancienneté illustre donnait droit de commander
et de régner sur tous et partout. Privés de ce centre
de ralliement, les hauts barons de la Grèce s'aban-

donnèrent eux-mêmes. Déjà, les Turcs avec Bajazet
s'étaient avancés jusqu'au cœur de l'Épire, aux avenues mêmes du Péloponèse, après avoir écrasé, à
Nicopolis, les barons de Thessalie, qui, avec les
Hongrois, avaient essayé de les arrêter. A partir de
ce moment, les seigneurs de Morée ne songèrent
plus qu'à réaliser leurs fiefs en les vendant aux Vénitiens ; si bien qu'en 1470 il ne restait rien de la
domination française, ni à Constantinople, ni à Salonique, ni en Morée. L'Orient était tout entier aux
mains des Turcs.

Lorsqu'on voit ainsi tomber pierre à pierre un établissement national que notre héroïsme et notre affi-
nité de génie avec les populations conquises parais-
saient devoir faire éternel, l'on éprouve, malgré soi,
un sentiment de tristesse amère et profonde. — Sur
ces bords fameux de l'Eurotas, aujourd'hui sans eau,
mais alors ombragés de platanes, bordés de lauriers-
roses, là même où luttaient les belles filles de Sparte,
aux applaudissements d'un peuple émerveillé, dire
que nos belles châtelaines ont chevauché au son du
cor sur ces mêmes prairies où la blonde épouse de
Ménélas cueillait le narcisse et le safran parfumés ;
dire que nous avons tenu des tournois et des passes
d'armes chevaleresques sur cette terre sacrée d'Olympie, où l'on fêtait jadis les vainqueurs des jeux héroïques, dont Pindare, le ménestrel païen, célébrait
les exploits ! Les pâturages fécondés par le Céphise
limoneux, où paissaient les chevaux du divin fils de
Pélée, ont nourri les coursiers de nos preux, qui s'en

allaient mourir glorieusement dans les plaines de
Salonique. Vallons de l'Érymanthe et du Ladon, à la
verdure éternelle, versants boisés du Taygète, hantés
par les colombes ; plaines fécondes de l'Argolide aux
sept villes opulentes ; pampres chargés des grappes savoureuses de la Corinthie ! vous les avez abrités aussi,
depuis leur naissance jusqu'à leur mort, nos fiers ancêtres, qui laissaient à leurs enfants, acclimatés en
Grèce, des domaines héréditairement possédés par eux!

Comment a fini cette domination, qui était pour
nous plus qu'une conquête, car elle était devenue un
héritage national ? Hélas ! vous savez comment le ver
avait pénétré dans ce beau fruit, et comment, ainsi
que le fruit véreux, notre établissement de Morée
était tombé en poussière de l'arbre de nos conquêtes!

En 1828, lorsque notre expédition militaire pour
l'indépendance de la Grèce débarquait à Modon, en
vue de la vieille Ithome, la mère de l'antique Pylos,
nous pouvions enter de nouveau notre tige vigoureuse
sur l'arbre hellénique : nous ne fîmes que le secouer ;
mais il n'y avait déjà plus de fruits, même véreux.

## [ III ]



### Les Français au Canada.

Oublions la Syrie, où nous guidait la Bible, oublions la Grèce, où nous guidait Homère. De ces contrées labourées par les miracles de Jéhovah et de Jupiter, où chaque lieu rappelle un souvenir, où chaque souvenir éveille une évocation de la poésie et l'histoire, passons dans un monde dont l'avenir ne demande rien au passé ; où tout est nouveau, hommes et choses, excepté la terre pour recevoir la semence et le soleil pour la féconder.

Voici cette mystérieuse Atlantide, tant cherchée et tant de fois entrevue par les navigateurs anciens, de laquelle rêvait depuis si longtemps l'imagination réveillée du vieux continent, et qui, jusqu'à Christophe Colomb, n'avait peut-être reçu que quelques malheureux naufragés égarés par la tempête sûr les mers inconnues.

Je me représente l'étonnement effrayé qui dut s'emparer de nos Argonautes normands, lorsqu'ils pénétrèrent dans le golfe du Saint-Laurent.

L'embouchure du fleuve forme une vaste mer qui s'enfonce dans les terres. Des brumes éternelles en gardent les approches, et semblaient les protéger contre la curiosité des hommes ; et, comme si ce n'était pas assez de ces brumes épaisses pour le décourager, le navigateur ne trouve sur les rives du fleuve que des côtes montueuses, où le reflux cherche les fissures pour s'extravaser en mares stagnantes. Mais derrière ces brumes éternelles et ces bords stériles, se cachait un monde, qui attendait, dans ses immenses et merveilleuses solitudes, l'avenir de l'humanité.

Ce Saint-Laurent, que nous abordons, règne sur une vallée dans laquelle pourrait tenir à l'aise tout le continent européen. C'est dire en peu de mots que la nature grandit ici à des proportions inconnues aux horizons mesquins du vieux monde. C'est ici la terre des Titans. A cent-vingt lieues de son embouchure, le fleuve offre encore des rades qui peuvent donner abri à deux cents vaisseaux de haut bord. A partir de ce point, où sera Québec, le continent nord-américain se révèle à nous dans toute son incomparable majesté.

Voyez-vous, au sud-ouest, cet arc-en-ciel qui forme comme un immense vestibule, derrière lequel apparaissent des ondulations de terres infinies ? C'est le premier gradin de ces incommensurables assises continentales. Cet arc-en-ciel est produit par la première chute de la nappe d'eau qui tombe d'un bassin supérieur, comme d'une urne épanchée. Ce premier lac, qui se dégorge par une cascade dans le Saint-Laurent, reçoit, par une cascade plus imposante encore, les eaux d'un lac supérieur. C'est le Niagara. Au-dessus du Niagara est le lac Érié, qui sert de déchargement au lac Saint-Clair, lequel reçoit en passant les eaux du lac Michigan, aux bords fertiles et plantureux. Au Michigan se relient, par une pente à peine sensible, les eaux du lac Huron. Nous remontons ainsi, de gradins en gradins, de plateaux en plateaux, toute cette immense région des lacs, jusqu'au lac Supérieur, qui lui sert de faîte. Le lac Supérieur est alimenté par quarante rivières aux eaux limpides. Sa circonférence est de cinq cents lieues : il a ses tempêtes et ses reflux comme l'Océan. De cascade en cascade, par une succession de gradins qu'on nomme les *Sauts de Sainte-Marie*, le lac Supérieur se décharge dans le lac Huron, cette autre mer d'eau douce, qui n'a pas moins de cinq cents lieues de long sur quatre-vingt-six de large.

Cet amphithéâtre, plus imposant que l'imagination humaine n'oserait se le représenter, est dominé par une chaîne de monts, les Alleghanys ou Apalaches. Le bassin que nous suivons de l'est au sud-ouest, coupé par la chaîne des Alleghanys, tourne vers le sud, où il rejoint, par la riche et admirable vallée de l'Ohio, cet autre bassin, qui, en suivant le cours du Mississipi aux mille lieues de parcours, aboutit au sud à la Louisiane et au golfe du Mexique.

La Louisiane et le Canada forment ainsi les deux aboutissants et les deux entrées, au midi et au nord, de cet immense circuit de près de deux mille lieues, qui enveloppait par l'ouest tout le territoire de

Nouvelle-Angleterre. Ce bassin si admirablement étagé pour l'écoulement des grandes masses d'eau qui en descendent, et qui épanche vers le sud et vers le nord les deux plus fécondes artères de circulation et de richesse qui soient sur le globe terrestre, le Mississipi et le Saint-Laurent, tout ce monde nous appartenait, il n'y a pas encore un siècle.

Par le Canada et la Louisiane, nous commandions incontestablement le continent de l'Amérique Septentrionale, où semblent vouloir se réfugier toutes les forces encore vivaces du vieux continent épuisé. Dire que nous avons eu dans la main tout ce continent, et que nous l'avons laissé insoucieusement échapper, n'est-ce pas reconnaître que Dieu, dans un jour de dépit vengeur, a voulu nous retirer la mission qu'il nous avait confiée, celle de présider à l'établissement d'un monde nouveau et d'une société rajeunie?

Que les desseins de Dieu soient bénis! car, en voyant ce qu'a fait de l'Amérique septentrionale la race anglo-saxonne, nous devons reconnaître humblement que nous n'étions pas faits pour cette mission providentielle, qu'elle accomplit à l'étonnement émerveillé et peut-être inquiet du vieux monde.

Les premiers Français qui pénétrèrent dans le Saint-Laurent ne cherchaient d'abord qu'une colonie; ils se trouvaient en face d'un monde. Il semble que cette nature grandiose, ces forêts immenses, dont les rayons du soleil n'avaient jamais visité les sombres solitudes, les aient effrayés. Aussi on les vit se ramasser et se peletonner, pour ainsi dire, aux bords du fleuve, depuis Québec jusqu'à Montréal, aux avenues de la région des lacs. C'est là qu'ils fixent leurs établissements ; et, bien qu'en poussant en avant dans les solitudes, les chasseurs aventureux trouvassent des terres plus fertiles, un climat plus tiède et des exploitations sans limites, ils revenaient invariablement au point où ils s'étaient fixés d'abord. En vain la Providence, en rendant le climat plus doux et les terres plus riches à mesure qu'on s'éloignait de la mer, semblait-elle leur faire une loi de s'enfoncer de plus en plus dans ce vaste continent : ils remontaient obstinément la voie tracée par la Providence, en se rapprochant de la mer le plus possible.

En avant de Québec, le Saint-Laurent sépare ses eaux autour d'une île d'alluvion assez vaste et fort boisée au centre, très-fertile sur les bords. Si le côté de l'île d'Orléans qui regarde la mer avait été aussi favorable à la culture que le côté qui regarde Québec, il est plus que probable que les Français n'auraient pas choisi les bords occidentaux pour s'y établir.

Quoi qu'il en soit, cette île avec la ligne du Saint-Laurent qui s'étend jusqu'à Montréal présentait, au moment où le Canada, abandonné par la France, passa à l'Angleterre, le même coup d'œil qu'il offre aujourd'hui, s'il faut s'en rapporter aux voyageurs qui l'ont décrit à cette époque. C'était une succession à peine interrompue de clochers, de tours féodales et de cheminées blanches qui se détachaient sur un fond de forêts épaisses. C'est là tout ce qu'occupèrent nos colons

Malheureusement, la mauvaise organisation de notre établissement colonial devait encore en hâter la chute. La Couronne, au lieu de livrer aux émigrants la libre disposition des terres, ne fit de concession que par fief. Les colons ne pouvaient posséder de domaine qu'à titre de redevance seigneuriale ou ecclésiastique ; et la plupart du temps ces deux redevances pesaient à la fois sur la culture. Comme conséquence de ce système déplorable, on établit la subdivision des héritages, afin sans doute de n'avoir pas de fiefs nouveaux à concéder aux enfants des premiers colons, déjà pourvus à part égale dans l'héritage paternel. De telle sorte que dans un pays où la terre était illimitée, on subdivisait toujours davantage la propriété, après en avoir originairement circonscrit les limites. Au lieu d'agrandir le domaine du travail aux proportions d'une immense contrée conquise, on le rétrécissait de plus en plus aux exigences toujours plus absorbantes d'un héritage transmis.

Aussi, n'est-ce pas tout à fait la répugnance au travail et l'esprit d'aventure qui firent négliger à nos émigrants la culture et la colonisation. Si en arrivant ils avaient trouvé le travail libre, au lieu d'être assujétis au travail servile, à la culture de redevance, peut-être auraient-ils pris la pioche du défricheur au lieu de prendre le fusil de l'aventurier. Ils s'en allèrent donc la plupart à travers les forêts profondes et les labyrinthes des lacs, à la recherche du castor et du sauvage. Autant l'administration coloniale les aurait gênés dans leur existence de colons, autant elle les favorisait dans cette existence vagabonde de trafiquants et de détrousseurs. Le gouvernement du Canada était purement militaire : il s'inquiétait naturellement beaucoup plus d'expéditions et de chasses aventureuses que de culture et de colonisation. Sous une pareille influence, l'esprit de notre établissement canadien devint exclusivement guerrier. Au moins faut-il reconnaître que ce gouvernement parvint à créer ou trouva une population admirablement douée des qualités militantes.

C'est l'amour du danger autant au moins que l'appât du lucre commercial qui poussa nos colons au-devant des sauvages. Ceux-ci trouvèrent sur le visage des nouveaux arrivants ce même air d'intrépidité et de bonhomie qui avait tant séduit les Arabes de l'Iémen et les Byzantins de Constantinople. Ils dormirent sous la même hutte, ils se rendaient aux mêmes affûts de chasse, en attendant qu'ils combattissent le même ennemi, le colon froid et patient des possessions britanniques. Puis, lorsque l'hiver long et précoce les séparait, ils se donnaient rendez-vous pour la saison nouvelle et organisaient des relations d'amitié et de commerce. Les pelleteries devinrent l'objet de ce trafic et le gage de cette alliance. C'est ainsi que nos chasseurs fondèrent le Comptoir des Trois-Rivières, entre Québec et Montréal, pour y attendre les Papinachois qui descendaient dans leurs canots la rivière Saguanay jusqu'à son confluent, et les Mohawks que leur amenait la rivière d'Oure, et les Algonquins des lacs, et les Iroquois qui errent sur les bords de l'Ottawa.

Ils s'avancèrent enfin jusqu'aux rives du lac Ontario (1671); et dans ces solitudes magnifiques où dormaient tant de richesses prêtes à éclore sous des mains laborieuses, le gouvernement leur éleva un port de refuge, le fort de Frontenac.

Les pionniers de la Nouvelle-Angleterre s'avançaient justement de ce côté. Les prétextes et les motifs de contestation s'accumulèrent bientôt. La guerre eut pour première origine le commerce des pelleteries. Chose caractéristique! les sauvages, ayant à choisir entre le marché français et le marché anglais, donnèrent la préférence au premier, quoiqu'il leur fît subir 25 p. 100 de perte. L'on put calculer par là de quel côté ils se tourneraient dans la guerre. Mais il y avait des sauvages aussi dans les possessions anglaises, de telle sorte que les rivalités européennes se doublèrent inévitablement des vieilles rivalités indigènes.

Justement alors (1747) les deux métropoles d'Europe n'étaient pas en fort bonne intelligence. Nonseulement les Anglais élevaient des prétentions sur le territoire qui se trouve au versant occidental des Alleghanys, et sur les bords de l'Ohio qui relie le bassin du Saint-Laurent au bassin du Mississipi, mais encore ils prétendirent porter les limites de leurs possessions acadiennes jusqu'à la rive méridionale du Saint-Laurent, ce qui eût été isoler à peu près de la mer les établissements français du Canada.

Avant que la guerre ne fût officiellement déclarée, des engagements particuliers avaient lieu tous les jours

dans la région des lacs entre les traqueurs des deux
nations. Le gouverneur La Galissonière, qui malheureusement allait être remplacé au moment où son intelligence et sa fermeté étaient le plus nécessaires à
la colonie, s'était fortifié de ce côté. Au fort Frontenac se relièrent d'autres forts espacés entre les lacs,
sur une étendue de soixante lieues environ. Ces forts
étaient défendus par de petites garnisons et protégeaient une population de huit mille individus, ce
qui, avec les quatre-vingt mille colons étagés sur le
fleuve Saint-Laurent, formait un contingent colonial
de quatre-vingt-dix mille nationaux, sur une étendue
de territoire disposée pour en recevoir des millions.

Ces engagements d'avant-garde et d'avant-guerre
furent constamment funestes aux pionniers anglais,
plus habitués aux luttes avec la nature et à l'héroïque
patience du travail qu'aux entreprises brillantes et
vaines de l'épée.

Ce qu'allaient faire ces huit mille Français, perdus
dans la région des lacs, contre toute la puissance de
l'Angleterre, je vais le dire, non pas certes pour donner une consolation à notre orgueil guerrier, mais au
contraire pour montrer combien est stérile l'héroïsme
qui n'a pas pour point d'appui une politique nationale
et résolûment poursuivie. C'est à peine un passé
d'hier : sera-t-il compris du présent ?

J'ai dit que les avant-postes des deux colonies anglaise et française se voyaient en présence dans la
région des lacs, par delà les monts Alleghanys. Un
fort établi par les Français en 1753 aux sources de

l'Ohio, pour commander les communications avec le bassin du Mississipi, inquiétait beaucoup les Anglais. D'un autre côté, les Anglais, en descendant les monts Alleghanys vers le Canada, avaient élevé près du lac Saint-Sacrement le fort George, qui inquiétait autant les établissements français que le fort Duquesne inquiétait les Anglais. C'est entre ces deux positions que vont avoir lieu les engagements qui précédèrent la guerre de 1758, la quelle nous coûtera le Canada.

Battus une première fois devant le fort Duquesne, les Anglais convoquent l'arrière-ban de leurs colonies pour l'attaquer de nouveau avec les renforts envoyés d'Angleterre. Le général Braddock se met en marche dans l'été de 1755 avec trente-six canons et six mille hommes, qui ne faisaient que précéder trois autres corps d'expédition en mouvement vers le Canada. Le général anglais était déjà en vue du fort Duquesne et n'avait plus qu'à traverser les dernières ondulations de terrain qui l'en séparaient, lorsqu'il se voit attaqué tout à coup par deux cent cinquante Français et six cents sauvages. Tout le monde reconnaît que les Français sont formidables à l'attaque : il faut bien croire que cela est vrai, quand nous voyons ici cette poignée de miliciens mettre en déroute un corps de six mille Anglais, aidés par le canon.

Cette victoire foudroyante eut pour premier résultat d'arrêter en chemin les trois corps d'expédition qui venaient derrière le général Braddock. Autant elle démoralisa les Anglais, autant elle eut pour effet de surexciter l'audace des Français. Nous les voyons l'année suivante emporter d'assaut le magasin fortifié d'Oswégo, sur le lac Ontario, sans matériel de siège et à peu près sans artillerie. Enfin, en 1757, ils se réunissent au nombre de six mille et prennent avec eux deux mille sauvages pour attaquer le fort George. Ce dépôt militaire des Anglais était dans une position presque inabordable, protégé qu'il était autant par les obstacles de la nature que par les travaux de fortification élevés par les Anglais. Mais rien ne put arrêter l'impétuosité française. Repoussés la veille, les assaillants remontaient à l'assaut le lendemain. Les fortifications sont emportées : on se massacre encore sur les ouvrages intérieurs. Deux mille cinq cents Anglais, acculés au dernier réduit de la place, sont obligés de se rendre à discrétion.

Tant d'héroïsme, déployé pour la défense d'une lointaine colonie, n'émut pas cependant la métropole. Peut-être même ignora-t-elle les faits ; c'est à peine si nous en trouvons une mention sommaire dans les mémoires du temps.

Pendant que l'Angleterre armait pour la défense de ses possessions américaines menacées, et préludait à la guerre par des actes de piraterie contre nos navires marchands, la France s'oubliait dans une diplomatie inutile et se contentait de promettre au Canada des renforts qui furent vainement attendus par nos colons, réduits à toute extrémité, mais luttant encore.

La guerre du Canada devint pour l'Angleterre une guerre politique, habilement et énergiquement soutenue, tandis qu'elle resta pour nous une guerre d'aventure, une expédition de fantaisie où nous étions uniquement poussés par la changeante et mobile passion de la gloire.

L'orage qui s'était formé à notre insu allait bientôt éclater sur nos têtes. L'Angleterre avait combiné contre le Canada un plan de campagne savant et décisif. En même temps qu'elle portait tout l'effort de ses milices, organisées disciplinairement, sur les positions des lacs, elle attaquait avec sa marine l'île Royale ou cap Breton, l'Acadie ou Nouvelle-Écosse et tout cet archipel d'îles situées à l'entrée du golfe Saint-Laurent comme les grand'gardes de notre établissement continental.

L'île Royale nous avait été rendue par les Anglais à la paix d'Aix-la-Chapelle. Louisbourg en était la capitale. Le 2 juin 1758, on vit arriver devant Louisbourg une escadre anglaise de vingt-trois vaisseaux de ligne et de dix-huit frégates, portant un corps de débarquement de seize mille hommes. La garnison et les habitants de Louisbourg se mirent aussitôt en défense. A défaut de fortifications régulières, ils avaient abattu en avant de la ville une forêt d'arbres, dont les branches encore vertes disposées en chevaux de frise les couvraient en trompant l'ennemi par une apparence de taillis peu redoutable. Malheureusement les deux mille Français postés derrière cet abatis verdoyant démasquèrent le piége par une attaque prématurée, avant que les Anglais se fussent engagés dans cette inextricable fondrière où sans doute la plupart eussent péri sous le feu de nos batteries sans pouvoir rejoindre leurs vaisseaux.

Ce piége étant découvert, les Anglais eurent le temps de choisir un autre point de débarquement, hors de l'atteinte de nos batteries ; et force fut aux trois mille soldats de la garnison de se renfermer dans une place mal fortifiée. Ils résistèrent pourtant : une femme, Mme de Drucourt, épouse du gouverneur, leur donna l'exemple de l'héroïsme. Trois fois par jour elle montait sur les remparts, et trois fois de sa main frêle et blanche elle allumait la mèche du canon d'attaque. Ces actes de vaillance de nos blondes filles de France sont trop nombreux dans notre histoire pour que celui-ci mérite une mention particulière. Louisbourg dut capituler à la fin, la défense y devenant absolument impossible.

L'Angleterre était moins heureuse dans la région des lacs. Les Français avaient commis une grande faute en rasant le fort George, dont ils s'étaient héroïquement emparés l'année précédente. Au lieu de l'occuper, ils s'étaient fortifiés dans un fort voisin, à Carillon. Ce fut là que les Anglais vinrent les assiéger, le 8 juillet 1758. Ils étaient près de vingt mille.

Ici, comme à Louisbourg, ils trouvèrent les abords de la place palissadés avec une forêt abattue. Mais ici ce n'était point un piége, car notre drapeau flottait comme un défi, cloué aux troncs d'arbres de la palissade. Les Anglais s'y précipitèrent avec une audace telle, que les assiégés applaudirent eux-mêmes à cet excès de vaillance. Ce que fut cet engagement effréné, le résultat le dit éloquemment. Pendant quatre heures les Anglais se firent massacrer sur les palissades, sans pouvoir les franchir, et ils ne renoncèrent à l'attaque qu'après avoir laissé quatre mille des leurs dans le champ clos.

L'intervention des sauvages donnait à la guerre du Canada une fureur meurtrière qu'aucune autre guerre n'atteindra probablement jamais. L'hiver même, malgré ses rigueurs extrêmes et prolongées dans ce climat, l'hiver ne pouvait suspendre ces hostilités à outrance. Ce fut cette année-là surtout, que nos aventuriers audacieux traversèrent les fleuves et les marais sur les glaces qui enchaînaient les eaux, pour porter la destruction et le ravage jusqu'au cœur des possessions anglaises. C'est dans ces engagements de milices coloniales, que nous trouvons pour la première fois, et fort peu à son avantage, il faut le reconnaître, le nom de Washington.

Mais avec le printemps de l'année suivante, cette guerre, jusque-là si favorable pour les Français, allait se dénouer au profit de l'Angleterre par une de ces surprises du hasard, qui sont comme un changement de front providentiel dans les annales de l'histoire.

Au mois de juin 1759, une flotte anglaise de trois cents voiles parut devant Québec. C'était le va-tout de l'Angleterre, qui allait gagner la partie contre nous. — Nous avions alors dans le Canada un homme d'une audace presque fabuleuse, et auquel il n'a manqué qu'un théâtre plus retentissant pour obtenir l'apothéose héroïque. C'était le marquis de Montcalm, que les sauvages, pleins de son souvenir, désignent encore aujourd'hui du nom de *Grand-Vaincu.*

Montcalm commandait à Québec lorsque la flotte anglaise y parut.

Québec, boulevard de notre établissement canadien, est situé sur une éminence, dans une péninsule formée par le Saint-Laurent et le Saint-Charles à leur jonction. Le cap Diamant, sur lequel est située la haute ville, domine le fleuve d'une hauteur de 345 pieds. A six cents toises environ, de l'autre côté de l'eau, est la pointe Lévy en regard de la ville haute. Le saut de Montmorency sépare les deux promontoires. La ligne des fortifications s'étend jusqu'aux hauteurs d'Abraham, à une lieue environ.

C'était ces formidables positions que la flotte anglaise allait attaquer. Malheureusement nos troupes n'étaient pas assez nombreuses pour les défendre, surtout la pointe Lévy et les hauteurs d'Abraham, que leur escarpement semblait du reste devoir protéger suffisamment.

Ce fut par la pointe Lévy que les Anglais commencèrent l'attaque avec toutes leurs forces, dix mille hommes. Le détachement français, qui occupait cette position, s'y fit hacher inutilement: les Anglais, après y avoir établi leurs batteries, se mirent à bombarder la ville, mais sans résultat. Eu vain les Français tentèrent de reprendre la pointe Lévy; en vain les Anglais tentèrent-ils de s'emparer de la ville. Inutiles efforts, qui occupèrent les belligérants pendant quatre mois: à un de ces assauts acharnés, les Anglais laissèrent quinze cents

des leurs au saut de Montmorency. L'hiver était
venu cependant, et les glaces allaient retenir pri-
sonnière la flotte anglaise dans la rade de Québec.
D'un autre côté, la ville assiégée était à bout de
ressources. Il fallait donc en finir des deux côtés.

Les Anglais, à bout d'expédients, songèrent alors
à occuper les hauteurs d'Abraham de l'autre côté
de Québec. Aux premiers rayons du jour, la garnison voit avec étonnement les Anglais montant
résolûment la pointe escarpée. Elle s'élance par
le versant opposé, conduite par l'intrépide Montcalm. Au premier choc, le général ennemi, Wolf,
celui-là même qui s'était si brillamment conduit
l'année précédente à Louisbourg, tombe mortellement blessé. Sa mort ne fait que redoubler le courage des assaillants. Les Français ne sont pas encore arrivés sur le plateau, qu'ils se voient déjà
culbutés par les Anglais qui les ont devancés. Montcalm, étonné de reculer pour la première fois de
sa vie, fait un retour offensif subit. Il tombe, victime de sa bravoure. — « Me reste-t-il encore
un jour à vivre ? demanda-t-il à son médecin. —
Une heure à peine ! répondit celui-ci. — Tant mieux !
je ne verrai pas Québec aux mains des Anglais. »
Et son dernier souffle s'exhala dans un dernier conseil héroïque : « Concentrez à la hâte, dit-il à son
état-major, les garnisons de Montréal et des Trois-
Rivières ; gardez Québec et ne laissez pas un instant
de plus Abraham aux Anglais ; il y va de la gloire
et de votre salut : Adieu ! »

Malheureusement le conseil de guerre n'osa prendre sur lui la responsabilité de cette résolution suprême. Au lieu d'appeler à lui les garnisons du Bas-Canada, il sacrifia Québec et se retira vers Montréal. La ville, aux trois quarts détruite par les batteries convergentes de l'ennemi, se rendit enfin, au moment même où le successeur de Montcalm, le chevalier de Lévy, faisait rebrousser chemin aux vaincus d'Abraham, se dirigeant vers Montréal.

Avec la prise de Québec, finissait notre puissance dans le Canada. C'était bien la fin de ce drame militaire, où s'étaient jouées nos destinées dans l'Amérique septentrionale. On le croyait, du moins ; mais ni la cour de Versailles ni les Anglais n'avaient compté sur l'indomptable énergie de nos Canadiens. Ils préparaient un épilogue glorieux à ce drame, déjà dénoué pour tout le monde.

Les débris de nos garnisons, sept mille hommes environ, s'étaient concentrés à Montréal, attendant le printemps pour recommencer une guerre impossible. Trois armées anglaises les pressaient de toutes parts, en avant, en arrière et sur leurs flancs.

L'hiver enchaînait encore les eaux du Saint-Laurent dans ses glaces. En supposant qu'un secours vînt de France, il fallait donc attendre que le printemps lui permît d'arriver. On était à la fin d'avril 1760.

A dix lieues environ en arrière de Québec, une rivière venant du sud se décharge dans le Saint-Laurent ; ses eaux plus tièdes ouvrent tout à coup une brèche dans les glaces du fleuve. C'est par cet étroit canal que nos Français impatients se précipitent vers Québec. Ils arrivent ainsi en vue même de la ville : ils touchent déjà aux avant-postes que les Anglais ont échelonnés à trois lieues de la place. Un instant encore, et les avant-postes massacrés sur leurs pièces ouvraient aux Français le cœur même de la ville. Un hasard malheurenx, un canonnier tombant dans l'eau et arrivant au milieu de la garnison ennemie porté sur un glaçon, signale l'approche des Français. Les avant-postes ennemis reculent en hâte vers Québec. Quatre mille hommes sortent de la ville pour les recueillir; mais les Français arrivent, entament l'arrière-garde et se trouvent en face des quatre mille survenants. Le combat s'engage à une lieue au-dessous de la ville, combat furieux et rapide, où le canon n'a même pas le temps de faire entendre sa voix. La moitié du corps ennemi resta sur le terrain; l'autre moitié se réfugia dans la place, et les Français, dans leur élan, faillirent y pénétrer avec les fuyards. L'assaut fut donné aussitôt, en vue même d'une flotte anglaise, qui venait au secours des assiégés. Mais que faire sans matériel de siége et sans munitions ? Il fallut se replier de poste en poste jusqu'aux environs de Montréal. Les secours attendus de France n'étaient pas arrivés avec le printemps; le Canada était désormais sacrifié par la cour de Versailles, et les traités vinrent bientôt ratifier la fin de notre domination dans l'Amérique du Nord.

Eh bien ! je le déclare, quoi qu'un tel aveu puisse avoir de pénible et d'humiliant; non! il n'eût pas été juste que notre domination, féconde en héroïsme, mais stérile en résultats, prévalût dans ce vaste continent promis à l'avenir de l'humanité, prévalût, dis-je, sur la domination d'un peuple encore sans baptême historique, qui s'avançait patiemment, moralement, providentiellement sur une terre sans limites, conquise progressivement à l'action laborieuse de l'homme. Il ne serait pas juste non plus que cette domination féconde des États-Unis sur le continent nord-américain fût tenue en échec par les Anglais du Saint-Laurent, comme nous-mêmes tenions en échec par le Canada, il y a moins d'un siècle, les Anglais de la Nouvelle-Angleterre.

Ce qui resta de notre population sur les bords du Saint-Laurent et dans l'Acadie, reçut le nom de *Français neutres ;* les autres protestèrent par l'émigration contre la domination anglaise. Ceux qu'on nommait alors les Français neutres, forment aujourd'hui le parti libéral du Bas-Canada ; et vous verrez qu'ils finiront par faire pencher la balance du côté de l'annexion aux États-Unis. Le jour où l'Angleterre disparaîtra après la France des bords du Saint-Laurent, les mânes de Montcalm seront apaisées.

# IV



## Les Français dans l'Inde.

Un beau jour de l'an 1748, et lorsque personne n'était encore dupe de cette grande duperie diplomatique qu'on préparait sous le nom de paix d'Aix-la-Chapelle, la France apprit avec étonnement qu'elle était maîtresse de l'Inde.

Cette domination, qui nous donnait près de trente millions de tributaires, surprit la France émerveillée comme un coup de théâtre dans une féerie. Prompts à l'engouement, nous nous éprîmes soudain de l'Inde et des choses indiennes. Les dames ne parlèrent plus que des fins tissus de Mazulipatam, des lampas éclatants de Tandjaor, de l'étincelante orfévrerie de Golconde et des parfums de Surate.

Le continent asiatique fait une vaste pointe dans l'Océan indien et finit au cap Comorin, en face de l'île de Ceylan. Du cap Comorin court vers le nord-ouest, jusqu'à l'embouchure de l'Indus, la côte du Malabar, où l'on rencontre Mahé, Goa et Bombay, et vers le nord-est, jusqu'à l'embouchure du Gange la côte du Coromandel, où vous attirent Pondichéry, Madras et Mazulipatam, qui, par les embouchures du Godavery, vous introduit jusqu'à Golconde, au centre même de la Péninsule.

C'est ce vaste triangle péninsulaire qui comprend la grande soubabie du Dekkan, les puissantes confédérations du Karnatik et des Maharates, les royaumes de Tandjaore, du Maïssour, de Golconde, de Nagpour et les cinq circars qui d'Ellora dominent la côte du Coromandel jusqu'aux bouches du Gange. Cette vaste agglomération de territoires et de nations, la Providence en faisait cadeau à la France qui allait de gaieté de cœur briser ce don magnifique comme l'enfant brise un vase précieux dont il s'était épris la veille, sans en connaître le prix.

Si du golfe d'Oman on tire une ligne latitudinale jusqu'au golfe du Bengale, on aura la limite septentrionale de la suprématie française dans l'Inde en 1750, depuis le cap Comorin au sud. Au-dessus, sont la grande Mogolie de Delhy, le Penjaub, le Lahore, le Scinde, le Caboul, l'Afghanistan et Cachemir, dont l'Indus ouvre l'accès; et à l'autre extrémité de la ligne latitudinale, le Bengale, le Népaul, le Thibet et la Chine, dont le Gange commande l'entrée par Calcutta et Chandernagor.

Aujourd'hui, tout ce vaste continent, occupé par cent millions d'habitants, forme l'empire de l'Angleterre dans l'Inde.

Il y a cent ans, cette puissance anglaise était tenue en échec et vassale par un simple facteur de com-

merce français, à peine reconnu comme gouverneur
par le cabinet de Versailles, à peine accrédité par
la compagnie commerciale de l'Inde qu'il représen-
tait. C'était Joseph Dupleix.

Cet homme, abandonné par la France qui n'osait
pas l'avouer, aidé seulement de quelques compagnons
héroïques, tels que l'ingénieur Paradis et le colonel
Bussy-Castelnau, deux braves dont le succès de leur
cause aurait fait deux grands hommes, secondé par
une poignée de soldats dont il était obligé de payer
la solde de ses propres deniers, Joseph Dupleix
a pesé sur les destinées du monde indien aussi
souverainement qu'Alexandre : . et si les nouveaux
Athéniens ne s'étaient pas montrés aussi ingrats envers
le nouveau conquérant qui faisait tant de merveilles
pour leur plaire, que les parleurs de l'Agora se
montrèrent oublieux du conquérant macédonien, Calcutta et Delhy aux bazars merveilleux seraient aujourd'hui tributaires de Paris et de Marseille, comme
ils le sont de Londres et de Liverpool.

En voyant quelles grandes choses nous avons faites
dans l'Inde avec des ressources infimes, ou plutôt
sans ressources, et avec quelle impardonnable légèreté nous avons sacrifié l'œuvre de notre gloire
et de notre génie, le lecteur s'écriera comme moi:
« Quelle bizarre destinée que la nôtre! et quels
inépuisables trésors de mansuétude ne faut-il pas
à Dieu pour solder le compte de nos fautes dans
l'histoire! »

Quelques mots d'abord sur l'homme extraordinaire dont le nom et la main planent sur tous les événements que je vais raconter. Embarqué à quinze ans pour l'Inde par autorité paternelle, pour y expier quelques escapades de jeunesse, Joseph Dupleix partit avec plus de regret que d'espérance. Rien ne semblait le prédestiner à la glorieuse mission qu'il devait accomplir, si ce n'est un esprit très-vif, une intelligence très-ouverte, une volonté très-résolue. L'Inde ne fut d'abord pour lui que l'exil de sa jeunesse qui s'y écoul dans les emplois inférieurs. Mais une idée féconde germait déjà sous ce front devenu sérieux, celle de donner un monde à la mère-patrie. Dix ans de séjour à Pondichéry, centre de nos possessions indiennes, habituèrent Dupleix aux spéculations commerciales et aux spéculations politiques. L'idée féconde allait éclore enfin : par le crédit de son père, devenu directeur de la compagnie des Indes, Dupleix fut nommé gouverneur de Chandernagor. Chandernagor était un comptoir élevé par la France à l'entrée du Bengale. A son arrivée, Dupleix n'y trouva que quelques masures éparsés et un port désert. Deux ans après, Chandernagor était une ville de deux mille maisons bien construites, et que les navires de tous les ports de l'Inde venaient visiter. Pour montrer la route au commerce français, le jeune gouverneur se fit négociant lui-même. Il y dévoua la fortune paternelle dont il venait d'hériter, la fortune de sa famille et de ses amis, que son intelligence et son activité séduisirent.

La compagnie de l'Inde , dont il était représentant à Chandernagor, le laissa s'enrichir par des spéculations savantes, mais loyales, sans vouloir s'enrichir elle-même en se mettant de moitié dans ses opérations de commerce d'Inde en Inde. Mais pourtant, juste cette fois envers les services rendus, elle fit nommer Dupleix gouverneur de Pondichéry et de toutes nos possessions de l'Inde. Dupleix se mit aussitôt à l'œuvre. Afin d'arriver à dominer dans l'Inde , il fallait d'abord réussir à y compromettre nos rivaux, pour les en chasser ensuite. Nos rivaux, c'étaient les Anglais.

Voici quelle était à ce moment la position de l'Angleterre dans l'Inde :

Les Anglais occupaient Madras sur la côte du Coromandel, comme nous y occupions Pondichéry. Pondichéry, comme Madras, faisait partie de la nababie du Karnatik, et était, par conséquent, tributaire du nabab d'Arkot. Les Anglais occupaient également Calcutta, sur la côte du Bengale , comme nous y occupions Chandernagor. Partout les causes de rivalité et de contestation naissaient donc de notre voisinage même. Avant qu'éclatât en Europe la guerre de succession en 1744, notre lutte avec nos rivaux, sinon tout à fait pacifique et purement commerciale, se tint dans la limite des agressions indirectes. Nous nous disputions sous le couvert et sous le nom des divers prétendants indiens.

Dans ce temps-là, l'empire mogol de Delhy n'exerçait plus qu'un vain droit d'investiture sur les soubabies et les nababies de la Péninsule. L'autorité du

Grand-Mogol n'était jamais contestée, il est vrai, par les grands feudataires de l'empire, qui avaient besoin de ce prestige d'investiture impériale pour asseoir leur domination dans l'esprit de leurs peuples; mais ils l'interprétaient au gré de leurs intérêts, et leurs compétiteurs en faisaient autant au gré de leur ambition. Bref, toute l'Inde était en conflagration intestine, et il n'était ni nababie ni royaume sur lesquels un prétendant n'étendît la main, montrant un firman d'investiture que le Grand-Mogol de Delhy, souverain, mais impuissant, ne refusait jamais moyennant quelques roupies. Pour pénétrer dans les affaires de l'Inde et y faire sa part, il n'y avait qu'à se mêler et à prendre un intérêt quelconque à ces querelles intestines. C'est ce que faisait l'Angleterre. Mais l'ambition de Dupleix était plus haute : lorsqu'il se mêla à ces querelles, à l'exemple des Anglais, ce ne fut pas seulement pour avoir sa part de profits comme eux, ce fut pour les avoir tout entiers; ce fut, en d'autres termes, avec le but fermement poursuivi de substituer la domination incontestée de la France sur l'Inde à la domination purement nominale et illusoire du Grand-Mogol de Delhy.

Cette idée n'est venue aux Anglais que cinquante ans après notre ruine dans l'Inde. C'est uniquement l'inspiration que donnent des succès continus qui leur a fait comprendre l'idée grandiose et magnifique que le seul génie de Dupleix avait déjà réalisée en partie, après l'avoir conçue.

Il y avait alors dans l'Inde un homme de même

ordre et de même nature que Dupleix : c'était La Bourdonnais, gouverneur de l'île Bourbon et de Madagascar. Il avait justement élevé nos possessions insulaires
au même degré de prospérité que Dupleix nos pos-·
sessions continentales. C'étaient deux hommes de
même électricité, si l'on peut s'exprimer ainsi. Sur un
théâtre différent, tous deux faisaient merveille ; sur le
même théâtre, ils se heurtèrent comme deux nuages
d'électricité semblable.

Amoureux de la gloire et de ses hasards, prompt à
l'exécution et infatigable dans ses entreprises, La
Bourdonnais était mû par cette idée d'assurer au pavillon français la domination absolue dans les mers de
l'Inde : il était marin. Déjà, en 1741, par un coup de
main si hardi et si prodigieusement exécuté qu'il en
devient invraisemblable, il avait délivré Mahé, notre
comptoir sur la côte du Malabar, non loin de Bombay, le comptoir anglais. Les indigènes bloquaient
Mahé par terre, une escadre anglaise le bloquait par
mer. La Bourdonnais, du même coup, disperse l'escadre et foudroie les indigènes.

Lorsque le semblant de neutralité de la France et
de l'Angleterre, en guerre depuis deux ans en Europe,
disparut, dans l'Inde en 1746, La Bourdonnais attendit
impatiemment à l'île de France que l'escadre, que la
cour de Versailles lui avait reprise en vue de la neutralité, lui fût renvoyée. Elle arriva enfin ; il appareilla
aussitôt pour les mers de l'Inde, malgré le temps
contraire. Il craignait d'arriver après l'escadre anglaise, dont on lui avait signalé le passage. Déjà il

voguait dans le canal de Mozambique, lorsqu'une tempête furieuse le força d'échouer à Antongil. D'une épave, il songea aussitôt à faire une station de relâche. Sans perdre un moment, il construit un quai en pierre sur la grève, il élève une digue dans les marais, il abat une forêt lointaine pour y trouver la charpente d'une ville d'ateliers, de chantiers et de forges. Tout cela fut accompli dans l'espace d'un mois, et comme par magie. Ce que peut une volonté ardente à l'exécution, si les travaux magnifiques accomplis par La Bourdonnais à l'ile de France et à Bourbon ne le montraient pas, le coup de baguette d'Antongil serait une démonstration suffisante. Le grand Albuquerque lui-même n'avait fait ni mieux ni plus vite.

La Bourdonnais reprend la mer le 1er juin. Il rencontre l'escadre anglaise sur sa route et la disperse. Deux fois elle se rallie, deux fois elle fuit à tire de voiles, comme une volée de goëlands en effroi, devant La Bourdonnais obstiné à sa poursuite. Voyant qu'il était inutile de poursuivre plus longtemps un ennemi qui s'obstinait à le fuir, La Bourdonnais arrive à Pondichéry, pensant avec raison qu'il valait mieux attendre devant Madras, qu'il allait attaquer, l'escadre anglaise, qui avait pour mission de défendre à tout prix ce comptoir et ses dépendances.

Les voici donc en présence, le héros et l'homme de génie, La Bourdonnais et Dupleix! S'ils ne s'étaient pas exclus l'un l'autre par les analogies mêmes de leur nature, les instructions contradictoires que leur avait transmises le cabinet de Versailles devaient rendre inévitable leur antagonisme. Si le cabinet de Versailles avait eu pour but de paralyser ces deux hommes extraordinaires l'un par l'autre, et de les empêcher ainsi de pousser la France dans des succès trop éclatants et dans des engagements trop glorieux, ces instructions n'auraient pas été rédigées avec une habileté plus perfide.

Le plan de La Bourdonnais était d'isoler de la mer les possessions anglaises de l'Inde et de laisser, par conséquent, à notre marine toute la responsabilité de notre future suprématie dans l'Inde. Mais Dupleix, qui était mieux et autre chose qu'un marin, pensait qu'il valait mieux, vu l'état d'infériorité de notre marine et notre supériorité relative sur terre, faire en sorte que les escadres anglaises ne trouvassent plus de possessions territoriales et de comptoirs de commerce à protéger sur les côtes de l'Inde. C'est l'idée qu'il avait commencé de mettre à exécution à Chandernagor, dont il avait assuré en deux ans la suprématie sur Calcutta, qui n'était alors qu'un comptoir peu important.

La Bourdonnais alla d'abord investir Madras avec des troupes de débarquement. L'escadre anglaise n'osa contrarier ses opérations. Du reste, Dupleix avait préparé d'avance le succès de La Bourdonnais. Madras capitula. Aussitôt, la mésintelligence de Dupleix et de La Bourdonnais éclata. Celui-ci prétendit disposer de sa conquête, aux termes mêmes de ses instructions officielles. Dupleix revendiqua Madras, en sa qualité de gouverneur général de nos possessions indiennes, et il exhiba hautement ses pleins pouvoirs; il ordonna même impérieusement à La Bourdonnais d'aller s'emparer de Calcutta avec quatorze cents hommes de débarquement, ce qui eût été le dernier coup porté à la puissance anglaise. Le marin refusa d'obéir. Aussi inflexible et résolu que lui, Dupleix ordonna qu'on l'arrêtât au milieu de son escadre. Et, comme si le ciel avertissait lui-même le marin récalcitrant, dans ce moment il voyait son escadre se perdre dans la rade même de Madras, sous les coups d'une tempête soudaine. A grand'peine, La Bourdonnais put rallier assez de forces pour retourner à l'île de France, d'où il partit pour aller se justifier en France. Il n'y arriva qu'après avoir passé comme prisonnier par la cour du roi d'Angleterre. Aussi fut-il jeté en prison à son arrivée comme suspect; et c'est là qu'il fit ses mémoires, qui eurent tant de retentissement et même tant d'influence sur les événements qui allaient suivre.

La justification était facile à La Bourdonnais devant les contemporains; sa gloire et ses services éclatants plaidaient souverainement sa cause. Mais l'histoire impartiale lui demandera compte de notre domination dans l'Inde, compromise et perdue par sa faute.

Le jour même du départ de La Bourdonnais, Dupleix prenait possession de Madras. Le nabab d'Arkot, duquel dépendait Madras, aussi bien que Pondichéry, s'avança à la tête de cent cinquante mille hommes pour chasser les Français de leur conquête. Il fut repoussé, et, non-seulement repoussé, mais deux bataillons sortirent le lendemain de la ville assiégée pour attaquer l'armée indienne, qu'ils taillèrent en pièces, si bien que les vaincus ne s'arrêtèrent qu'après deux jours de fuite éperdue.

Cette victoire d'une poignée de Français sur une grande armée indienne eut un grand retentissement, parce que c'était le premier succès décisif obtenu par les armes européennes. Les armées indiennes manquent de cohésion pour la résistance, et de force d'impulsion pour l'attaque. Mais les soldats sont plus braves qu'on ne se le figure généralement, et leur cavalerie est redoutable, comme l'ont éprouvé les Anglais en plus d'une circonstance.

Dupleix, qui était un peu un homme universel comme tout homme de génie, vit d'un coup d'œil le parti qu'il pouvait tirer au bénéfice de la France de l'état de désorganisation où se trouvaient les forces militaires des divers despotes de l'Inde. Il vit que, suivant l'usage qu'il ferait des cinq ou six mille soldats qu'il avait à sa disposition, il ferait inévitablement pencher la victoire du côté où il porterait cette poignée de braves. Justement, il avait Bussy-Castelnau pour les commander. La manière dont Dupleix parle de ce Bussy, dans ses correspondances et dans ses rapports, est vraiment touchante et héroïque. « Quel héros que ce Bussy! s'écrie-t-il à chaque instant, et que Sa Majesté le roi de France doit s'estimer heureuse d'avoir un si grand homme! »

Est-ce donc là cet homme jaloux de la gloire de ses rivaux que nous représentent les mémoires écrits en faveur de La Bourdonnais? Et cependant le prestige

du nom de Bussy était si grand dans l'Inde qu'il suffisait à contre-balancer la puissauce d'une armée entière. Si la jalousie avait pu entrer dans la grande
âme de Dupleix, c'est de Bussy qu'il devait être
jaloux; mais, lorsque, arrêté dans l'accomplissement
de son œuvre par la disgrâce de la cour, Dupleix
s'écriait avec angoisse : *Au moins, que Bussy me suc-
cède!* un tel mot ne justifiait-il pas la colère dont il
avait accablé La Bourdonnais?

C'est que Bussy, ce grand homme, comme le qualifie
Dupleix, avait compris la grande idée qui dirigeait le
gouverneur de l'Inde ; et il lui était dévoué en raison
même de son propre héroïsme.

Les nabab et les soubab apprirent bientôt que la
victoire se portait toujours du côté où se trouvait
Bussy. Aussi, tous à l'envi recherchèrent-ils ce précieux auxiliaire pour leurs guerres; et Dupleix escomp-
tait toujours au profit de la France le prix des services
militaires rendus par Bussy aux nabab.

Bussy, lancé à travers l'Inde, ne s'arrêta plus, et
Dupleix ne recevait de ses nouvelles que par chaque
concession de territoire et d'influence qu'il arrachait
aux Indiens à la suite de chaque bataille où il avait
servi d'auxiliaire. Bussy aurait conquis le Bengale
après avoir conquis le Dekkan, si un ordre odieux et
jaloux de Lally-Tolendal, le successeur de Dupleix,
ne l'avait rappelé et brutalement frappé d'impuissance.

Plus tard, Bussy se vengea par une accusation pas-
sionnée et peut-être injuste contre Lally-Tolendal,

après sa disgrâce. Mais étonnez-vous que des hommes tels que Dupleix et Bussy, qui portaient un monde dans leur tête, ne restent pas impassibles sur les ruines de leur idée méconnue et brisée par de misérables intrigues !

Remonterons-nous station par station ce calvaire de deux grands hommes, morts avec la domination qu'ils voulaient donner à la France?

Le nom de Dupleix et ses succès rapides et décisifs avaient réveillé la cour de Londres, pendant que le cabinet de Versailles dormait. Une escadre, la plus forte qui eût jamais paru dans les mers de l'Inde, était arrivée venant mettre le siége à Pondichéry. Un poste avancé, le fort d'Ariancoupang, protégeait la ville assiégée. Les Anglais s'obstinent pendant huit jours contre ce fort défendu par Bussy, Paradis et Puymorin ; et il fallut un accident imprévu, l'explosion du magasin des poudres, pour qu'ils pussent s'en rendre maîtres. La défense d'Ariancoupang laissait prévoir quelle serait la résistance de Pondichéry. Ne se trouvant pas suffisamment attaqués, les Français attaquent à leur tour par des sorties meurtrières, si bien que les Anglais, éprouvés par le mauvais temps et découragés par une si héroïque résistance, lèvent le siége et se rembarquent en toute hâte pour ne plus reparaître. C'était au commencement de 1748.

A ce moment, la France dominait à peu près sur toute la Péninsule, et il aurait suffi de bien peu de sacrifices et d'efforts pour rendre cette domination désormais inexpugnable. Mais, quoi ! le cabinet de

Versailles vou'ait la paix. On aurait dit que la gloire que la France venait de rencontrer aux champs de Fontenoy, de Berg-op-Zoom et de Lawfeldt lui pesait comme un poids trop lourd pour son indolence et sa mollesse. La gloire a ses dangers comme ses devoirs : voilà pourquoi on cherchait à se faire pardonner la victoire comme d'autres auraient fait d'un échec. Peu importait l'avenir à ces courtisans amollis par le vice et l'impudeur. *Après moi le déluge !* c'était le mot d'ordre parti de l'Œil-de-Bœuf.

Nous étions en ce moment comme un joueur qui a trop'beau jeu et qui diminue sa mise à mesure que s'accroît sa chance ; il attend que la fortune ait tourné contre lui pour faire son va-tout. Nos conquêtes de l'Inde furent donc sacrifiées, comme tout le reste, dans le traité d'Aix-la-Chapelle. La France devait attendre que Dupleix eût quitté l'Inde avec notre fortune, pour se décider à y jouer son va-tout avec le malheureux Lally-Tolendal.

Dupleix sentait bien qu'il serait tôt ou tard abandonné par le cabinet de Versailles et, par conséquent, par la Compagnie ; aussi se hâtait-il de poursuivre son œuvre avec une activité presque fébrile. Dans cette prévision, il tenta un coup d'audace presque extravagante : il se fit investir, par le Grand-Mogol, nabab du Karnatic en personne. Tous les princes de l'Indoustan le reconnurent en cette qualité et le recherchèrent comme protecteur. Pour imposer aux populations conquises, il étalait autour de lui une pompe vraiment asiatique, qu'on devait plus tard lui reprocher comme un acte de vanité prodigue. Son épouse, une femme dévouée qui avait cette intelligence supérieure que donnent l'admiration et l'amour, était connue dans l'Inde entière sous le nom de la princesse Jeanne. Le souvenir de *Joanna Begum* s'est conservé jusqu'à nos jours parmi les populations de l'Inde. C'était une créole portugaise, veuve d'un négociant français.

Pour préparer la France à l'abandon de l'Inde, on lui fit croire que les conquêtes de Dupleix n'étaient qu'une chimère, presque une mystification. Et lorsque quelque patriote naïf parlait de l'Inde, on répondait plaisamment : « Ah ! oui, le pays des contes ! »

En effet, tout était fabuleux dans cette conquête, tout excepté les richesses entassées dans les bazars de Pondichéry et que des navires insuffisants transportaient en France, tout, excepté les bénéfices énormes, gaspillés par la Compagnie qui en était embarrassée, comme le cabinet de Versailles était embarrassé de la gloire de nos armes.

Eh bien ! tous ces prodiges d'habileté, de hardiesse et de bonheur allaient s'évanouir comme une fumée à l'arrivée d'un misérable et d'un traître venu pour souffler dessus. C'était Godeheu, expédié pour donner son congé à Dupleix. Ce grand homme que l'ingratitude venait chercher, on craignait qu'il se révoltât. Mais il tombait de trop haut pour se débattre. Il se soumit et se tut. On put seulement deviner combien sa douleur était immense lorsqu'il demanda Bussy pour successeur. Avoir sacrifié vingt-cinq ans de sa vie, et son génie et une fortune de plusieurs millions à une œuvre lentement méditée et victorieusement conduite, l'œuvre d'un homme qui donnait un monde à sa patrie, et se voir arrêté au moment d'atteindre le faîte sublime, par un caprice officiel, dicté à trois mille lieues; ah! les larmes que verse une pareille infortune doivent être silencieuses! Dupleix revint vers le prince qui l'avait sacrifié, avec un cadeau magnifique où était passé le dernier débris de ses immenses richesses!

Chose étrange! au moment même où Dupleix quittait le théâtre de sa gloire, Clive, le vainqueur de l'Inde pour le compte de l'Angleterre, prenait le commandement des forces anglaises. Et Bussy, le seul homme qui aurait pu avoir raison de Clive, Bussy était rappelé du Dekkan par Lally-Tolendal, le jour même où Clive ramenait enfin la victoire sous la griffe du Léopard abattu.

Pourquoi parlerais-je encore de Lally-Tolendal, et des extravagances furieuses par lesquelles il compromit dans l'Inde sa gloire militaire et les destinées de la France? S'obstinant dans la défaite, ne sachant tirer aucun parti de la victoire, croyant faire de l'énergie lorsqu'il ne savait faire que de la violence, ignorant les hommes et les choses de l'Inde et prenant tout au rebours, Lally-Tolendal ne quitta son poste qu'après en avoir rendu le maintien impossible à tout successeur. Clive ne pouvait demander une meilleure réplique à ses succès que les fautes de son adversaire.

Lally-Tolendal expia par l'échafaud sa longue frénésie, qui nous avait coûté l'Inde. Et comme si ce n'était pas assez des fautes de Lally pour nous enlever les débris de la conquête de Dupleix, les traités firent le reste !

L'Inde d'ailleurs a été fatale à tous les hommes qui lui demandaient alors un renom de gloire. A l'époque même où Dupleix revenait en France pour y mourir dans l'indigence, La Bourdonnais expirait d'affaissement dans sa prison. Au moment où Lally-Tolendal laissait sa tête sur l'échafaud, la voix de Bussy s'élevait pour l'accuser amèrement. Ah ! combien grande devait être la douleur de Bussy pour oublier tout sentiment de générosité dans ce moment suprême ! Bussy devait mourir aussi dans l'inaction et dans l'oubli, ce double supplice des héros. Clive, après sa conquête, recourut au suicide qu'il avait déjà invoqué au commencement de sa carrière. Douze ans après, l'Inde devait encore porter malheur à Warren Hastings, successeur de Clive.

Ne dirait-on pas cette tragique génération des fils de Cadmus, célébrée par les poëtes, et transportée de Grèce au fond de l'Asie ?

Tout est dit pour nous dans l'Inde : qui même se souvient du nom de Dupleix? Cet obscur mendiant qui tendait la main aux Romains dédaigneux, c'était pourtant Bélisaire, le vainqueur de l'Afrique ! Voyez ce que pèsent la gloire et le génie dans la balance de peuples ingrats !

# V

## Les Français en Égypte.

Le commencement de l'an 1708 fut fécond en espérances et en projets de gloire. Les succès d'Italie avaient enivré la France et ouvraient l'espace aux imaginations exaltées. C'est autour de Bonaparte que rayonnaient tous les rêves de domination et toutes les ambitions enthousiastes. Alexandre, à vingt-cinq ans, quoique né sur le trône, était moins chargé de gloire que le jeune héros de l'Italie, vainqueur de l'Autriche, dont le nom, inconnu la veille, résonnait sur le monde comme le génie même des combats.

Le but de tant de projets qu'inventaient chaque jour les imaginations surexcitées, c'était l'Angleterre. Le moment était venu enfin de frapper au cœur, dans son île si bien gardée, cette vieille et irréconciliable ennemie. L'Europe stupéfaite regardait, les bras pendants, la France partout victorieuse. L'Angleterre cherchait à rallier partout contre nous les forces éparses et dispersées de l'Europe. C'est donc chez elle qu'il fallait porter la guerre. Hoche, le glorieux général, l'avait tenté; Bonaparte devait l'entreprendre.

Tout à coup, on apprend que des approvisionnements considérables se font dans nos ports de la Méditerranée, et que Bonaparte veille lui-même à ces préparatifs de guerre. Dans tous les ports d'Italie, à Gênes, à Venise, l'amiral Brueys fait la réquisition de tous les vaisseaux de guerre et de tous les navires de convoi qu'il peut mettre en état de prendre la mer. L'armée d'Italie, dont chaque soldat, pour ainsi dire, a son nom inscrit sur un bulletin de victoire, l'armée d'Italie s'échelonne, brigade par brigade, sur la route de Toulon.

En Angleterre ! en Angleterre ! c'était alors le cri de toute la France. A Bonaparte qui demande à Kléber s'il veut le suivre, l'héroïque Kléber répond : « Lancez un brûlot sur l'Angleterre, et mettez-y Kléber : vous verrez ce qu'il sait faire. » Eh bien ! l'imagination populaire ne se trompait pas cette fois. C'était bien contre la nouvelle Carthage qu'étaient faits tous ces préparatifs d'expédition. L'armée d'Italie, assemblée à Toulon, avait reçu le nom d'armée d'Angleterre; et notre ennemie, se sentant menacée, avait fait des armements prodigieux de résistance. Seulement, ce n'était point dans leur île qu'on allait attaquer les Anglais, c'était dans leurs possessions lointaines. Bonaparte avait dit l'année précédente : « C'est en Égypte qu'il faut attaquer l'Angleterre. » Et, comme il l'avait dit, il l'allait faire.

Jamais secret ne fut mieux gardé que celui de cette

expédition. Les savants qui avaient accepté une mission, les généraux qui avaient pris un commandement, les soldats qui suivaient Bonaparte parce qu'il était Bonaparte, personne en s'embarquant ne savait vers quel rivage tendaient les voiles.

« C'est en Égypte qu'il faut attaquer l'Angleterre, » avait dit Bonaparte. Toute la pensée de l'expédition était là. — Albuquerque avait formé le projet monstrueux de détourner le cours du Nil pour assurer au Portugal la route de l'Inde par le cap de Bonne-Espérance, en fermant aux autres puissances l'accès de l'Inde par l'Isthme de Suez, que Bonaparte voulait au contraire fermer à l'Angleterre, en rendant inutile la route du cap de Bonne-Espérance. Il prenait la contre-partie de l'idée de Dupleix en la déplaçant.

Mais pour verser l'Inde dans l'Égypte par l'Isthme de Suez et la mer Rouge, il ne suffisait pas d'assurer l'accès du Nil aux convois de l'Asie, il fallait encore leur assurer le passage de la Méditerranée, de l'Égypte en Europe.

C'est dans ce but que Bonaparte avait mis en réquisition toutes les forces navales qu'il avait pu ramasser sur le littoral méditerranéen, et qu'il en avait formé la flotte de l'amiral Brueys. En occupant Malte et Corfou, la France pouvait dominer tous les points de ce bassin intérieur, formé de la mer de Grèce, de l'Adriatique et de la Méditerranée.

Les flottes anglaises étaient à notre chasse par tout le bassin, et guettaient partout le passage de notre expédition, dont le but restait inconnu. Quoique le

danger d'une surprise fût imminent et que les conséquences dussent en être fatales à notre expédition, Bonaparte s'arrêta quelques jours devant Malte pour en
assurer la possession à la France. L'audace était
grande; et après le succès, un de nos généraux disait
de Malte qu'il avait été fort heureux pour nous
d'y avoir trouvé quelqu'un pour nous en ouvrir les
portes.

Après avoir assuré ce point de relâche à notre
flotte, Bonaparte toucha enfin le rivage égyptien.
Étrange contrée que cette Égypte! Berceau de tous les
arts et de toutes les civilisations, elle a servi d'étape
inévitable aux pérégrinations éternelles de la science
et de l'ambition; de tout temps elle a été le point de
mire des docteurs et des conquérants. Mais par un
privilége mystérieux, elle a toujours échappé aux dominations étrangères qui ont passé sur elle. C'est la
Cléopatre enchanteresse, assise au rivage, comme la
sirène qui attire vers elle tous les dominateurs pour
les perdre dans ses mortels embrassements. Bien
avant que Bonaparte eût été tremper sa jeune renom-
mée dans les lointains mystérieux de l'Égypte, les
Français des croisades avaient bien des fois abordé les
rivages du Nil; et tout nous y avait été funeste, même
la victoire. Saint Louis lui-même n'avait pu conjurer
les maléfices de la magicienne.

Qu'est-ce donc que l'Égypte? C'est le confluent de
trois mondes, le point de jonction de toutes les traditions historiques, le jalon posé par la Providence sur
toutes les routes de l'humanité, comme le sphinx qui

de tous les points du désert marque la route aux caravanes qui passent.

La configuration de l'Égypte n'est pas moins étrange
que sa destinée. C'est un pays qui ne ressemble à
aucun autre. Étroite vallée, partout resserrée entre
deux déserts, le Nil est chargé depuis six mille ans de
la disputer aux sables qui l'envahissent. Longue de
deux cents lieues, elle n'a guère jamais plus de six
lieues de large. A cinquante lieues de la mer, le Nil
se sépare en deux branches qui forment à leur embouchure la base d'un triangle de soixante lieues;
c'est le Delta. Derrière le sommet de ce triangle que
commande Alexandrie, c'est l'Égypte des Pyramides,
dominée par le Caire; plus loin encore, et se dirigeant vers l'Abyssinie, est l'Égypte des oasis, la Haute-
Égypte.

La fertilité de l'Égypte, tant vantée, n'est pour
ainsi dire qu'une fertilité intermittente et précaire.
C'est encore, comme du temps du Pharaon, le règne
interrompu des sept vaches grasses et des sept vaches
maigres. Les eaux du ciel ne visitent jamais l'Égypte;
l'inondation est l'unique source de  fécondité. Quand
le Nil ne se soulève pas pour disputer l'Égypte au désert, comme le Scamandre se souleva jadis pour combattre les Grecs, les sables livrent l'Égypte aux vaches
maigres. Les terres cultivables se mesurent à l'étendue de l'inondation. La manière dont cette inondation
se produit sans le secours des pluies est elle-même un
phénomène. Le soleil, après avoir pompé les vapeurs
de la terre, les condense en nuages au front du Delta.

Le vent pousse ces nuages bien au delà des cataractes, au fond de l'Abyssinie. Arrivés là, ils se fondent, et l'inondation fonctionne avec la régularité d'un organisme vital [1].

Lorsque les hommes viennent en aide au Nil dans sa lutte contre le désert, en ouvrant des canaux à l'inondation, le désert recule jusqu'où l'inondation s'avance. Du temps des Pharaons, l'Égypte nourrissait vingt millions d'habitants; elle en nourrissait peut-être douze millions du temps de Saladin. Aujourd'hui, à peine deux millions de fellahs y trouvent une subsistance précaire. Une dérivation du Nil vers la Haute-Égypte ferait de toute la région des oasis de véritables jardins d'Armide. Aucune végétation, ni arbre, ni plante, ne pousse d'elle-même sur ce terrain d'alluvion qui se refait et se déplace tous les ans. Mais tout ce que la main de l'homme lui confie prend racine presque instantanément. Le sol petille et fermente sous l'action d'un soleil torride dont aucune verdure ne vient tempérer les ardeurs. Ce soleil, qui fait l'éther toujours pur, est tellement jaloux de l'Égypte qu'il ne permet pas même aux flaqués croupissantes du Nil d'exhaler des miasmes pestilentiels : le climat, malgré

1. Ce système climatérique s'est un peu modifié depuis que Mehemet-Ali, mettant à profit les notes laissées par Bonaparte, a fait des plantations d'arbres. Ainsi il pleut quelquefois à Alexandrie et huit jours au Caire. L'inondation fonctionne aussi plus régulièrement. S'il y avait assez de bras en Egypte pour curer les canaux du Nil une fois par an, l'Egypte se trouverait incessamment arrosée, et incessamment productive, par conséquent. On y pourrait faire presque une récolte par mois.

tant de foyers putrides, n'est point malsain. Le riz et le coton viennent admirablement dans les marais du Nil : les légumes, d'une saveur exquise dans leur primeur, montent bientôt en graine et perdent toute qualité alimentaire. De loin en loin, quelques bouquets de palmiers ou de sycomores disputent au désert avare une parcelle de terre végétale.

Bonaparte trouva l'Égypte au pouvoir des mameluks; l'autorité du pacha, représentant du Grand-Turc, n'était plus que nominale. Ces mameluks étaient des garnisaires, la plupart pris dans la Circassie et dans le Caucase, que la Porte avait expédiés en Égypte pour y lever l'impôt, et qui peu à peu s'étaient rendus indépendants. Ils étaient trente mille environ, vigoureux, intrépides et infatigables; tous montés sur ces admirables chevaux du Nil dont on a dit qu'ils buvaient les sables. Ibrahim était leur chef d'état-major et d'intendance : l'héroïque Mourad était leur chef de bataille. Les mameluks ignoraient la tactique et la stratégie militaires; mais ils se tenaient bien en masse, évoluaient avec une rapidité effrayante, et se précipitaient au-devant du danger par un élan à peu près irrésistible. Ils tenaient les populations sous un vasselage abrutissant et excessif.

Mis au courant par notre consul d'Alexandrie des choses de l'Égypte, Bonaparte savait à qui il avait affaire et ce qu'il avait à faire. Dans ses proclamations, il chercha à intéresser à ses succès la population comprimée par les mamelucks, en lui parlant de délivrance. Ces proclamations avaient cela de remarquable

alors, que tous lés protocoles orientaux y étaient exactement observés dans un style imité du Coran et de la
Bible. A cette époque de sa carrière, l'imagination de
Bonaparte avait quelque chose de mystique et d'exalté
qui n'enlevait rien à la netteté de son esprit, mais
qui lui prêtait cette physionomie étrange dont s'é-
prit la population dans tous les pays où rayonna sa
gloire.

Après s'être emparé d'Alexandrie et l'avoir occupée,
Bonaparte abandonna dans la rade d'Aboukir la belle
flotte qui avait transporté notre expédition, et, sans
perdre un seul jour, il s'enfonça dans la vallée du Nil
avec toutes ses forces disponibles, vingt-cinq mille
hommes environ.

Les premières épreuves de cette marche dans les
sables et de ce climat incandescent furent démoralisantes pour le soldat, habitué aux routes ombragées
de pampres de la Haute-Italie; mais la vue de l'ennemi rendit bientôt le courage à cette armée qu'ef-
frayait la solitude immense. Nos campagnes d'Algérie nous ont depuis rendu familières les épreuves du
désert. Les mameluks, qui s'étaient essayés déjà dans
quelques escarmouches contre notre avant-garde, attendaient Bonaparte derrière le sommet du Delta, en
face des Pyramides, aux bords du Nil et tout près du
Cairo.

Dans ce premier choc contre nos demi-brigades
tomba tout leur prestige et s'évanouit tout leur ascendant sur les populations d'Égypte. Avant Bonaparte,
on connaissait mal la tactique qui pût permettre à

une ligne de fantassins de résister au choc des escadrons de cavalerie. Même lorsque les cavaliers étaient
accueillis par un feu meurtrier de mousqueterie, l'élan
communiqué aux chevaux n'était pas arrêté pour cela
et brisait invariablement les rangs de l'infanterie. Il
fallait donc trouver aux bataillons une plus grande
force de résistance contre l'impulsion encore irrésistible des escadrons. Mettre les fantassins sur trois
rangs ne suffisait pas, même contre la cavalerie d'Europe ; cela n'aurait pas suffi, à plus forte raison,
contre les mameluks. Il fallait inventer surtout une
disposition de rangs, une sorte de contexture de pha-
lange qui rendît les lignes inébranlables ; c'est alors
que fut adopté le bataillon carré sur six rangs. Les
fantassins se trouvèrent ainsi disposés contre le choc
des escadrons en véritable redoute, d'où les baïonnettes
sortaient comme des chevaux de frise au milieu des
feux incessants de mousqueterie.

Cette disposition de rangs, quoique moins nécessaire contre les Arabes que contre les mameluks,
nous a bien souvent garantis en Algérie, particulièrement à la retraite de Constantine et au combat de Ten
Salmet ; elle nous eût sauvé un désastre à la Macta, si
on l'eût employée.

La cavalerie des mameluks vint se briser invariablement contre cette muraille d'acier hérissée de
pointes. Cette tactique, inaugurée par Bonaparte à
la bataille des Pyramides, allait nous assurer la
conquête de la Haute-Égypte contre les réserves
de Mourad-Bey, après nous avoir donné l'entrée du

Caire et la domination sur toute la vallée du Nil depuis le Delta jusqu'aux cataractes.

Par l'administration qu'il organisa au Caire, on peut entrevoir l'immense projet qui avait poussé Bonaparte sur l'Égypte. Les éléments dont il avait composé son expédition pouvaient facilement la transformer en colonie. Presque tous les savants illustres dont la France s'honorait alors, avaient aveuglément suivi Bonaparte dans la voie inconnue où il les avait conviés; ils étudièrent le sol et ses ressources, les phénomènes de cette nature exceptionnelle, les meilleures conditions de culture et d'exploitation, les travaux à entreprendre, les améliorations à introduire, enfin toutes les possibilités d'installation d'une colonie conquérante. Leurs études nous restent, du moins, et qui sait si elles n'intéressent pas nos destinées futures sur cette terre, tant de fois par nous visitée, plus pratiquement que toutes les victoires de Bonaparte?

Bonaparte était sans doute aussi grand organisateur que grand capitaine, mais il n'était point un génie créateur : il n'avait pas de système, il avait des projets : il ne concevait pas des idées, il formait des plans. Aussi, quand ses projets et ses plans avaient échoué, il n'en restait rien, ni un enseignement, ni une tradition : ses victoires n'étaient alors qu'autant de jeux gagnés dans une partie perdue. C'est précisément ce qui va nous être démontré par les résultats négatifs de cette mémorable expédition d'Égypte.

Deux faits la dominent, un désastre et un échec ; le désastre, c'est la bataille navale d'Aboukir ; l'échec, c'est l'assaut de Saint-Jean-d'Acre. Entre ces deux faits il n'y a plus de victoire, il n'y a qu'un projet grandiose échoué.

Ces deux faits sont connexes, ils sont nés l'un de l'autre. Combien peu il s'en est fallu que la fortune de Bonaparte échappât à cette double fatalité, on va le voir. Par ce qui serait arrivé, si le conquérant y avait échappé, qui sait si la face du monde ne serait pas renouvelée ?

Bonaparte avait déjà conquis l'Égypte et se disposait à conquérir la Syrie, que l'Europe ignorait encore quelle destination avait eue l'expédition française ; les escadres anglaises voguaient sur toutes les mers à la recherche de notre flotte. Une de leurs frégates la découvrit enfin au fond de la rade d'Aboukir, à l'entrée même du port d'Alexandrie. L'amiral Nelson, averti, parut aussitôt avec toutes ses forces. Arrivé le 1er août 1798, à six heures du soir, en vue d'Alexandrie, il prit ses dispositions d'attaque sans perdre un instant, et donna le signal vers huit heures. Une partie de nos équipages se trouvait à terre ; et l'amiral Brueys n'eut pas même le temps de les rappeler.

Notre flotte, de même force que la flotte anglaise, 11 vaisseaux de haut bord, était embossée parallèlement au rivage, ses deux ailes faisant pointe vers la mer, et prêtes à envelopper l'ennemi s'il attaquait notre centre où était le vaisseau-amiral *l'Orient.* Notre aile droite, que commandait l'amiral Villeneuve, était composée des cinq plus beaux vaisseaux de l'escadre; c'était le point le plus accessible entre notre ligne et le rivage; notre aile gauche, au contraire, s'appuyait sur un îlot, où l'on avait établi une batterie. Entre cet îlot et l'extrémité de notre ligne, il n'y avait qu'un étroit canal; c'est par là pourtant que Nelson résolut de tourner notre flotte. La nuit était sereine et splendide, et la lune éclairait les manœuvres de ses plus clairs rayons; mais les feux des batteries allaient bientôt faire pâlir cette blanche nuit orientale.

La manœuvre de Nelson était audacieuse, elle ne réussit qu'à demi. Le premier de ses vaisseaux qu'il engagea dans l'étroit passage s'ensabla sur la côte: le second et le troisième furent plus heureux; mais tel avait été leur élan, qu'ils avaient été poussés jusqu'à la hauteur de notre centre, et qu'ils n'avaient pu entamer en passant notre position de gauche.

Cependant nos vaisseaux se trouvaient pris entre deux feux; ce premier choc fut terrible, une immense fumée s'empara des airs. Quoique nos équipages fussent insuffisants, par suite de l'absence des matelots restés à terre, notre feu était supérieur, et la plupart des vaisseaux anglais furent condamnés à l'immobilité par les ravages que notre artillerie avait pratiqués dans leurs agrès. Mais notre centre se trouvait exposé entre deux feux, isolé de notre aile droite, compromis par son aile

gauche, et ne pouvant répondre au feu de l'ennemi à l'avant et à l'arrière. Les canons tonnaient
depuis trois heures consécutives; les pertes étaient
égales des deux côtés, avec cette différence pourtant que notre aile droite, commandée par Villeneuve, était encore intacte, tandis que toute la flotte
anglaise avait donné, et que la plupart de ses vaisseaux avaient dans leurs flancs et dans leur gréement
de graves avaries.

Il était onze heures de la nuit : l'amiral Brueys
avait fait à l'amiral Villeneuve le signal de mettre
à la voile et de se replier sur l'ennemi en tête de
notre centre; c'eût été répondre à Nelson par une
manœuvre pareille à celle que l'amiral anglais avait
exécutée lui-même contre notre ligne. Cette manœuvre, dans l'état d'épuisement où se trouvait déjà
l'ennemi, aurait certainement décidé le sort de la
bataille; mais l'épaisse fumée, plutôt que la nuit,
avait empêché Villeneuve de voir le signal, et notre
flotte n'avait pas de barque pour lui transmettre
l'ordre par aide de camp.

L'amiral Brueys venait de recevoir une blessure
mortelle; l'héroïque marin s'étant fait transporter
sur son banc de quart pour dicter ses derniers
ordres, un boulet l'emporte; dans ce moment une
lueur épouvantable enveloppe le vaisseau-amiral, le
plus magnifique vaisseau de l'escadre; le feu avait
pris à ses écoutes. Le noble *Orient*, condamné par
l'incendie, lutte encore; on dirait qu'une volonté
intelligente le pousse au milieu des vaisseaux enne-

mis pour leur communiquer l'incendie qui le dévore. Ces vaisseaux immobiles et muets attendent l'incendie qui s'avance. Soudain *l'Orient* fait exploision, et ses débris enflammés menacent au loin les vaisseaux qui l'entourent. La lutte, interrompue par ce formidable sinistre, recommence plus violente et plus acharnée ; le brave capitaine Dupetit-Thouars, déjà mutilé par la mitraille, meurt héroïquement sur son banc de commandement, comme était mort son amiral. Cinq de nos vaisseaux soutiennent ainsi la lutte jusqu'à l'aurore, dominant le feu ennemi ; ils attendaient l'intervention de Villeneuve pour donner le dernier coup de main à la victoire incertaine. La bataille avait fait tant de ravages dans les deux flottes qu'il était devenu impossible à un seul vaisseau d'exécuter aucune manœuvre.

. Villeneuve s'émeut enfin, il met à la voile ; même dans la précipitation de l'appareillage, trois de ses vaisseaux se jettent sur la côte ; mais avec les deux vaisseaux qui lui restent et deux frégates, il fait force de voiles loin du champ de bataille, et va se réfugier au port de Malte. Il n'aurait eu qu'à s'avancer sur les vaisseaux de Nelson, paralysés et rendus impuissants, pour que l'amiral anglais lui lâchât une victoire qui avait épuisé toutes ses forces de résistance.

Il ne faut pas condamner trop légèrement l'honneur de Villeneuve. Il y a des hommes que le malheur poursuit en toutes choses, Villeneuve était un de ces hommes; le sentiment de sa mauvaise chance le rendait hésitant et irrésolu dans toutes ses entreprises, quoique son courage personnel fût incontestable. Il n'avait pas à Aboukir de bâtiments légers qu'il pût expédier pour aller s'informer des positions de la bataille; mais, en l'absence de tous signaux, il savait bien qu'il y avait un engagement formidable de notre centre et de notre gauche contre des forces supérieures, et que cet engagement avait dû épuiser toutes les forces de notre adversaire, puisque nos vaisseaux avaient répondu toute la nuit à leur feu. Il valait donc mieux, pendant la bataille, s'exposer à faire une manœuvre fausse que de rester dans l'inaction; après la bataille, Villeneuve aurait dû faire une démonstration, au moins, avant de fuir, puisqu'il était sûr toujours d'échapper avec des vaisseaux sans avaries à des vaisseaux avariés, et revenir, puisqu'il voyait bien qu'il n'était pas poursuivi.

Le malheur qui suit l'homme de guerre est presque un crime dont il devient responsable devant la nation que ce malheur compromet. Villeneuve aurait dû passer devant un conseil de guerre; mais il était encore destiné à compromettre, par son irrésolution, l'expédition du camp de Boulogne, comme il venait de compromettre l'expédition d'Égypte.

Si j'ai tant insisté sur la bataille navale d'Aboukir, c'est parce que ses conséquences pesèrent autant sur les commencements de la carrière de Bonaparte que Waterloo devait peser sur son déclin;

Aboukir fut son Waterloo de la mer. L'analogie des deux désastres devient frappante jusque dans les péripéties mêmes de la lutte. Le retard de Grouchy équivaut à l'abstention de Villeneuve.

Ah! si la flotte de Brueys, une flotte admirable, avait pu échapper à cette fatalité qui commençait à poindre déjà sur la merveilleuse destinée de Napoléon Bonaparte, la France aurait gardé la clef de ce bassin des mers intérieures, depuis Alexandrie et Constantinople jusqu'à Trieste et Gibraltar. Si Villeneuve avait pris part au combat, l'Angleterre se serait trouvée, dans son île, dans la même position que l'escadre de Nelson dans la rade d'Aboukir, paralysée et démembrée.

En apprenant ce désastre, Bonaparte s'écria avec un sourire amer: « Allons! nous voilà forcés de faire de plus grandes chóses! — Général, je prépare mes facultés, » répondit Kléber; et ils se précipitèrent sur la Syrie, avec l'instinct des lions blessés qui ne veulent pas rester acculés dans leur retraite.

Il fallait assurer la route de l'Inde par l'Euphrate et le golfe persique jusqu'au marché de l'Égypte, en attendant que la France pût reprendre la mer et relier ainsi la conquête de l'Orient au système européen. La clef de ce vaste plan de campagne, qui aurait embrassé le monde entier, se trouvait à Ptolémaïs, à Saint-Jean-d'Acre. Cette place, devant laquelle nous avaient donné rendez-vous nos fidèles alliés du Liban, les Maronites, s'ouvre sur la Méditerranée et commande les communications avec la mer Rouge. La possession de Saint-Jean-d'Acre était donc le nœud de notre conquête de Syrie et d'Égypte. Pendant que Kléber et Desaix seraient restés à la garde de cette conquête précieuse, et que l'institut d'Égypte aurait présidé à l'installation de notre colonie, Bonaparte aurait enrôlé quatre-vingt-mille Maronites prêts à le suivre jusqu'à Constantinople, d'où il aurait pu prendre à revers toute l'Europe Orientale. Chateaubriand s'est étonné d'entendre, à quelques années de là, un enfant du Liban faire l'exercice militaire en français; c'était le plan de Bonaparte dénoncé par une tradition déjà familière, mêmes aux enfants.

Ce plan était gigantesque assurément, mais il était moins compliqué que les plans combinés depuis par le génie du même capitaine, et qui devaient lui réussir partout. On croit que c'est à Waterloo que Napoléon Bonaparte s'est vu trahi par la fortune; mais ce qu'il a fait sur la Vistule et sur le Rhin n'est rien à côté de ce qu'il voulait et pouvait faire à Saint-Jean-d'Acre. Ne l'a-t-on pas entendu dire lui-même à Sainte-Hélène, en parlant de l'expédition de Saint-Jean-d'Acre, échouée par l'intervention de l'amiral Sidney Smith: « Cet homme m'a fait manquer ma fortune? »

Voyez, au demeurant, avec quel acharnement furieux il s'obstine devant ces bicoques! Sidney Smith s'était emparé des batteries de siége que Bonaparte faisait venir par mer d'Alexandrie; cela ne

le décourage pas. Manquant de boulets, il expose
ses soldats au feu des Anglais, afin d'attirer les
les boulets ennemis qu'ils ramassent dans la plaine
et qu'ils renvoient sur la place assiégée. Il fait
jouer la sape et la mine ; et les bataillons tombent mutilés sous les pans de muraille qui s'é-
croulent. Il apprend qu'une armée turque de vingt-
cinq mille hommes va passer le Jourdain et le
prendre à revers ; il se contente d'envoyer la division Kléber et n'en continue pas moins le siége ;
puis, au moment précis, pendant que les trois mille
hommes de Kléber sont encore aux prises avec cette
armée qu'ils déciment, il tourne le Mont-Thabor et
tombe sur l'ennemi avec la soudaineté de la foudre
qui anéantit ; mais il revient aussitôt sous les murs de
Saint-Jean-d'Acre.

Il était temps ; douze mille hommes de renforts
allaient être introduits dans la place par l'escadre anglaise. Bonaparte lance ses grenadiers par une brèche
pratiquée à la hâte ; l'assaut réussit, ils emportent la
place. Soudain, les vainqueurs voient paraître derrière
eux les nouveaux assaillants débarqués que conduit
Sidney Smith lui-même ; les voilà coupés, et bientôt
cernés dans une mosquée où ils se défendent à outrance. Pendant qu'ils capitulent, n'ayant plus de
munitions, Bonaparte ramène dans la place l'ennemi
qu'il avait repoussé, et l'écrase sous les remparts ;
mais les rues étaient barricadées comme de véritables
redoutes, c'eût été folie de s'obstiner encore dans un
assant devenu impossible. Nos ambulances étaient

remplies de malades et de blessés. Depuis deux mois que Bonaparte s'obstinait devant ces remparts qu'il ne pouvait ni miner, ni ébrécher, faute de matériel, chaque jour avait eu son combat et son escalade. Il fallut y renoncer enfin : le regard que dut, en s'éloignant, jeter Bonaparte sur Saint-Jean-d'Acre où il laissait la destinée qu'il s'était promise, fut sans doute un regard de fureur et de désespoir. Tout était à recommencer pour lui : cet échafaudage de victoires remportées s'écroulait comme un édifice où manque la clef de voûte. Il venait d'apprendre qu'une nouvelle armée turque avait débarqué à Alexandrie; il se précipite au-devant d'elle pour se venger du moins par l'extermination, de l'impuissance qui l'écrasait lui-même.

Pareils à ces animaux que la peur cloue à l'étable pendant que la grange brûle, les Turcs n'osent ni résister, ni se rendre ; ils aiment mieux se précipiter dans la mer qui les engloutit, comme si l'ange exterminateur agitait sur leur tête éperdue son épée flamboyante. Ce fut un véritable massacre que ce combat de Madiah, une tuerie épouvantable ; mais qu'importaient des victoires amoncelées? il y manquait une escadre et Saint-Jean-d'Acre pour les rendre fécondes.

A défaut de l'Orient qui lui échappait, Bonaparte se retourna vers l'Europe. Où en était la France? Sans la miraculeuse victoire de Zurich, Bonaparte ne serait revenu d'Égypte que pour sauver la patrie d'une invasion étrangère, comme Desaix allait en revenir juste à temps pour le sauver lui-même à Marengo.

Mais il porta toute sa vie le regret de l'Orient perdu ;
et au faîte de sa puissance, il s'entretenait encore sur
les bords du Niémen avec l'empereur Alexandre....
de la conquête de l'Inde. Le héros de l'Égypte donnait
raison à Dupleix, le vainqueur de l'Inde !

En quittant l'Égypte, Bonaparte avait emporté la
pensée de l'expédition ; en vain Kléber, déjà voué au
poignard, gagne la victoire d'Héliopolis, et meurt assassiné après son triomphe. Ce n'était qu'une victoire
de plus, comme Dieu en accorde parfois pour montrer
le néant de la gloire !

# VI



### Les Français dans la Plata.

Ce n'est qu'en 1838 que la France apprit avec étonnement qu'elle avait dix mille de ses enfants établis sur les bords de la Plata. Qui les avait attirés sur ces rives lointaines ? et pourquoi s'étaient-ils fixés là plutôt qu'ailleurs ? C'étaient des artisans pour la plupart et des journaliers, peu au fait par conséquent des notions géographiques et d'informations commerciales. Ils ne savaient guère en partant ce qu'ils trouveraient sur le rivage où le navire allait les déposer, ni les ressources qu'il leur présenterait, ni l'avenir qui leur y serait réservé. Ils étaient partis cependant, un à un, jusqu'à dix mille. Ce n'était point l'appât de l'or qui les attirait vers la Plata où il n'y avait pas de mine; ce n'était pas la certitude d'un salaire assuré, dans une contrée dépeuplée et en pleine guerre civile. Avaient-ils donc vu le doigt de Dieu? suivaient-ils l'étoile mystique ?

Les réclamations produites par quelques-uns de ces nationaux contre les autorités du pays nécessitèrent de la part du gouvernement français l'envoi d'une escadre de guerre dans les eaux de la Plata; et, nos réclamations n'étant point accueillies, nous mîmes le blocus devant Buénos-Ayres.

Notre intervention eut pour premier résultat de réveiller dans ces contrées la guerre civile presque assoupie. La diplomatie, à cette époque, résolut d'intéresser à sa querelle les adversaires du pouvoir que nous venions attaquer, et de s'en faire des auxiliaires. Autorisés par l'exemple de leur gouvernement, des nationaux prirent aussitôt parti dans cette lutte intestine qui désolait depuis longtemps les rives de la Plata. Aussi, lorsque notre gouvernement crut se dégager par un traité de paix et voulut se retirer de la lutte, il s'aperçut qu'il était trop tard. Nos nationaux, mis en goût d'aventures et d'expéditions, ne voulurent pas déposer les armes : si bien qu'après les avoir soutenus dans leurs griefs, le gouvernement se résigna à les suivre dans leurs fautes. A partir de ce moment, malgré elle ou du moins à son insu, la France se trouva engagée dans la Plata, moins par l'instinct de ses intérêts que par l'entraînement de ses erreurs diplomatiques.

Il y avait en ce moment à Buénos-Ayres, capitale de la Confédération argentine, un homme que l'histoire jugera diversement, mais dont elle parlera à coup sûr comme d'un homme extraordinaire. C'est Rosas. Né dans l'intérieur des terres, au sein de ces immenses prairies où errent d'innombrables troupeaux, seule richesse de ces contrées inexploitées, Rosas prit les mœurs et mena la vie à moitié sauvage d'un *gaucho*, ou conducteur de troupeaux. Mais comme sa naissance, son éducation et sa fortune le distinguaient de la plupart de ses compagnons, le jeune ambitieux eut bientôt pris sur eux un ascendant qui le rendit maître de toute la campagne. Justement, l'époque était aux guerres civiles dans toute l'Amérique du Sud, à peine échappée à la domination espagnole. Sous la désignation générale de *Fédéralistes* et d'*Unitaires,* deux partis se disputaient le pouvoir. Les *Fédéralistes* voulaient que toutes les provinces de la Plata formassent une confédération ayant Buénos-Ayres pour centre et pour métropole. Les *Unitaires,* au contraire, voulaient que chaque province devînt un centre politique et ne fût rattachée aux autres provinces que par les liens d'un intérêt commun, celui de la défense en cas de guerre extérieure. Mais sous prétexte de politique, ces deux partis ne cherchaient réellement que l'intérêt de leur ambition respective. Naturellement, le parti unitaire se recruta de tous les hommes qui, désespérant de dominer sur leurs voisins, s'arrangeaient pour dominer au moins chez eux, dans leur province natale. Aussi, triompha-t-il d'abord : mais les rivalités et les compétitions commencèrent aussitôt entre les chefs ; et la lutte, en se subdivisant province par province, ne fit que rendre la guerre civile plus ardente et plus âpre. Enfin les excès et les violences des Unitaires s'accrurent à ce point qu'ils soulevèrent contre eux la population entière, épuisée par tant de déchirements. Ce fut à ce moment que Rosas s'avança du sein des *Pam-*

*pas* à la tête des *Colorados*, ou milices provinciales qu'il avait recrutées. Il dispersa les Unitaires presque sans combat; et il entra à Buénos-Ayres comme un libérateur. Ces malheureuses contrées respirèrent un moment, et voulurent confier le pouvoir suprême à l'homme qui venait de les délivrer. Rosas refusa, disant qu'il ne prendrait jamais la responsabilité d'un pouvoir s'il n'était pas illimité. C'était en 1833.

Tel était alors l'état misérable où la guerre civile avait réduit ces malheureuses contrées, que les Indiens venaient enlever les femmes de Buénos-Ayres aux portes même de la ville, et qu'on ne pouvait faire un pas sans s'exposer à être assassiné ou volé.

Rosas prit avec lui les *Colorados* et s'enfonça dans les déserts du grand Chaco à la poursuite des Indiens. C'était son expédition d'Égypte. Comme Bonaparte, son absence le fit regretter. Pendant deux ans on n'entendit plus parler de lui; mais la guerre civile s'était rallumée avec toutes ses haines et toutes ses horreurs. Aussi, lorsqu'il revint, il apparut comme Bonaparte au milieu des malheurs de toute une nation. C'était le sauveur, peut-être; le vengeur, à coup sûr.

On lui donna enfin le pouvoir illimité qu'il réclamait; et il s'en servit en véritable justicier espagnol, sans pitié et à outrance. Je ne sais quel moine dominicain a dit: « Il y a des cruautés nécessaires. » Quoique les cruautés de Rosas aient été exagérées par la haine des partis, c'est pourtant bien la doctrine du moine dominicain qu'il a mise en pratique de 1835 à 1840. Ce qui du moins excusera Rosas devant l'histoire indulgente, c'est l'ère de repos et de prospérité dont l'Amérique du Sud a joui pendant sa longue dictature. Avant lui, la confédération argentine ne produisait pas de céréales, et tirait tous ses grains de l'étranger; aujourd'hui elle en exporte. L'administration publique, livrée aux citadins et aux hommes réputés honnêtes, était un gaspillage et une déprédation scandaleuse lorsqu'il arriva au pouvoir. Il la retira aux mains de ces nouveaux Pharisiens, et la confia aux gens les plus mal famés et les plus suspects de la république. Chose étrange ! cette administration, livrée à des mains déloyales, devint irréprochable ; les comptes furent tenus à jour et publiés chaque mois. Et l'économie qui présidait à cette gestion administrative fut telle que la balance du budget se soldait par des excédants de recette, chaque année grossissants. Enfin le nom de Rosas s'imposa si bien au respect ou à la terreur des provinces que le voyageur put parcourir en toute sûreté des espaces immenses sans trouver ni voleur ni coupe-jarret. Tarquin avait coupé les têtes de pavot ; et la guerre civile fut acculée dans Montévidéo avec les vaincus.

Cependant une autorité si formidable n'avait pu faire le niveau autour d'elle sans passer par-dessus le respect de quelques droits acquis. La plupart des réclamations exercées contre Rosas par nos nationaux étaient fondées. On a dit à ce propos que Rosas détestait les étrangers. Les événements ont prouvé depuis que cette accusation était fausse. Mais à ce moment de sa dictature, il est certain que les priviléges dont jouissaient les étrangers, à côté de la sujétion qu'il exerçait sur les naturels du pays, gênaient comme un mauvais exemple le despotisme de Rosas; et il tenta de plier les étrangers au joug commun, au risque d'attirer sur lui l'intervention des gouvernements protecteurs.

C'est précisément ce qui arriva; et notre blocus lui prouva qu'il devait désormais compter avec le droit des gens.

Sur la rive orientale de la Plata, aux avenues même de son embouchure, se trouve Montévidéo. C'est une rade aux eaux tranquilles sur une mer agitée et turbulente, une position admirable. Montévidéo est la capitale du petit État oriental, dont la population ne s'élève pas au-dessus de soixante-dix mille habitants. Sur l'autre rive, à soixante-dix lieues de Montévidéo, Buénos-Ayres s'étend sur les bords du fleuve, sans abri contre les vents des pampas et sans mouillage assez profond pour que les navires y puissent aborder sans pilotes. Comme position maritime et commerciale, Buénos-Ayres est donc bien plus mal partagé que Montévidéo. Seulement, Buénos-Ayres est la capitale et l'aboutissant d'une confédération de provinces dont les produits, l'étendue et la population sont quinze fois plus considérables que ceux de l'État oriental. Le cours de l'Uruguay, un des affluents de la Plata, sépare le territoire des deux États.

La nature destinait évidemment Montévidéo à servir d'entrepôt aux produits des provinces argentines, comme cela avait lieu sous la domination espagnole.

La politique en décida autrement. Montévidéo voulut être indépendant, et Buénos-Ayres l'aida même puissamment à reconquérir son indépendance sur le Brésil en 1828. Mais comme cette indépendance politique lui faisait perdre en même temps le débouché commercial des produits argentins, Montévidéo se mit aussitôt en rivalité avec Buénos-Ayres. L'histoire de cette rivalité est aussi féconde en ruses, en conflits et en haines que la rivalité plus héroïque d'Athènes et de Sparte, et la rivalité plus imposante de Rome et de Carthage. Bref, lorsqu'en 1840 la France signa avec Buénos-Ayres une convention de paix, à laquelle l'amiral de Mackau a attaché son nom, les Unitaires, expulsés par Rosas du territoire argentin, se réfugièrent à Montévidéo, où ils étaient sûrs de trouver un asile inviolable pour leurs intrigues et leurs projets d'ambition et de vengeance. Notre population, que le blocus de Buénos-Ayres forçait à abandonner la rive occidentale de la Plata, avait suivi à Montévidéo les Unitaires, nos auxiliaires pendant le blocus. On persuada aisément à cette population amoureuse de bruit et d'aventures que la conduite du gouvernement français n'engageait nullement la neutralité de nos nationaux. Et, comme l'allié de Rosas, le général Oribe s'avançait pour mettre le siége devant Montévidéo, à la suite d'une bataille gagnée contre les Unitaires sur le territoire même de la confédération argentine, nos Français prirent les armes et battirent le rappel à l'instigation de leurs intérêts menacés. En vain nos agents leur dirent-ils qu'en prenant ainsi part à une lutte qui ne les touchait point

politiquement, ils compromettaient l'avenir de notre
établissement et le sort de leurs compatriotes laborieux ; que, s'ils étaient menacés par l'invasion d'O-
ribe, nos marins étaient présents pour les protéger et
suffiraient pour les défendre ; que, finalement, le gouvernement français ne pouvait pas permettre qu'ils
l'engageassent par leur turbulence dans les mêmes
difficultés dont la convention de paix venait do le dégager. Nos nationaux, malgré les avis et les ordres de
nos agents, ne voulurent point déposer les armes ; et
pour avoir un prétexte de les garder, ils se firent na-
turaliser Orientaux. On sait avec quel héroïsme ils se
se sont obstinés dans leur entreprise. Pendant plus de
dix ans qu'a duré cet interminable siége de Montévidéo, deux mille volontaires français ont admirablement résisté aux privations et aux découragements
d'une lutte sans issue probable. Mais leur constance
et leur héroïsme n'ont pu empêcher notre commerce
et notre émigration de subir tout le faix de cette pro-
longation d'hostilités. Cependant il faut bien le dire,
le gouvernement de Juillet a eu le double tort d'engager nos nationaux dans la lutte en 1838 et de ne pas
les y suivre en 1842 ; et comme conséquence de ce
double tort originaire, il n'a jamais pu se résoudre ni
à les abandonner ni à les soutenir tout à fait. Cette
politique indécise et hésitante nous avait entraînés vis-
à-vis de la Plata dans une série de complications, in-
terventions ou négociations qui décidément ne pouvaient aboutir ni à la paix, ni à la guerre. Toujours
tiraillé en sens contraire entre les intérêts de notre

commerce et les susceptibilités de notre honneur, le gouvernement de Juillet ne pouvait manifester sa politique que par des fautes nouvelles qui ne l'engageaient pas tout à fait, mais qui l'empêchaient aussi d'abandonner cette partie compromise. Cependant, les Unitaires, meneurs de tout cet imbroglio politique, négociaient depuis longtemps sous le couvert avec le Brésil. L'occasion était belle pour le cabinet de Rio-Janeiro de prendre sa revanche de la guerre de 1828, qui avait mis l'empire à deux doigts de sa ruine. Pendant qu'une armée brésilienne se portait contre le général Oribe, le gouverneur de l'Entrerios, Urquiza, se prononçait contre Rosas, passait l'Uruguay pour joindre l'armée brésilienne, délivrait Montévidéo, et, renforcé par l'insurrection grossissante, après six mois de préparatifs, il se portait contre Rosas qui l'attendait à Santos-Lugares, en avant de Buénos-Ayres, dans une inaction inexplicable, prélude certain de sa chute.

Mais, pendant ce long siége de Montévidéo, notre population émigrante, qui, en 1840, avait passé de la rive droite à la rive gauche de la Plata, était retournée en grande partie sur le territoire argentin. Ce Rosas, qu'on peign it à l'Europe comme l'irréconciliable ennemi des étrangers, recevait à Buénos-Ayres soixante dix mille Européens. Buénos-Ayres n'a que cent-vingt mille habitants ; les étrangers forment donc les deux tiers de sa population. Il n'y a pas d'exemple d'une pareille hospitalité et d'une telle affluence.

Aujourd'hui que le jour de la vérité commence à luire pour Rosas, puisqu'il est tombé, la justice peut

se faire indulgente à son égard. Pendant qu'il exerçait toutes les rigueurs de son despotisme sur les naturels du pays, Rosas couvrait les étrangers de sa
protection souveraine. Il semblait qu'il tînt à prouver
à l'Europe, qui le méconnaissait, qu'il était le seul
homme et le seul pouvoir dans l'Amérique du Sud,
sur qui pussent compter le commerce et l'émigration
du vieux continent. Les hommes d'État de l'Angleterre
ont eu la loyauté de reconnaître publiquement que
l'administration de Rosas était la seule, dans toute
l'Amérique du Sud, vis-à-vis de laquelle le commerce
européen n'eût aucune réclamation à exercer ; et nos
armateurs lui avaient rendu la même justice. Les faits
sont là, d'ailleurs, plus probants que tous les bruits
sinistres répandus contre Rosas, et qui ont fini par
faire contre lui un corps de tradition historique en
Europe. Pendant que deux mille de nos résidents se
battaient contre son allié, à Montévidéo, vingt-cinq
mille de nos émigrants s'établissaient tranquillement
à Buénos-Ayres même. A une lieue de là, à Las Bar-
racas, trois mille Basques fondaient une ville exclusivement française, et confiaient à la place de Buénos-Ayres leurs économies amassées, neuf millions
de francs environ.

L'appât du gain, si ce n'est pas la volonté de la
Providence qui pousse nos enfants vers l'Amérique
du Sud, doit être bien irrésistible, pour leur avoir
fait ainsi braver, outre la distance et les incertitudes
politiques, la terreur que devait naturellement leur
inspirer ce dragon effroyable qu'on évoquait sous le

nom de Rosas, à leur arrivée dans ce nouveau jardin des Hespérides. Cependant, malgré la guerre et malgré les embarras accumulés par nos différends et par la conduite de quelques-uns de nos nationaux, le contingent de notre émigration, qui était de dix mille nationaux à peine en 1840, s'élevait, dix ans après, à quarante mille environ sur les deux rives de la Plata.

On connaît d'avance leur caractère ; ils sont là ce que leurs devanciers ont été ailleurs, — laborieux et prodigues, honnêtes et turbulents, impatients et tenaces, prompts à la plainte, enclins à la révolte, supportant avec un courage inébranlable les longues épreuves et les dures privations : mais infidèles à la prospérité, inconstants à la bonne fortune, et fourrageant avec une précipitation aveugle une récolte à peine en herbe. Et pourtant grand nombre d'entre eux, qui étaient partis avec l'espoir du retour, se sont si bien acclimatés dans ces parages féconds, qu'ils ont appelé autour de leur prospérité croissante leur famille métropolitaine. Aujourd'hui déjà, la race française pousse sur le sol argentin, pareille au figuier indien, dont chaque branche se fait tronc ; et l'on peut prévoir l'époque prochaine, dix ans de paix tout au plus, où notre émigration dans les contrées de la Plata se comptera par cent mille individus, chefs de famille, tiges nouvelles de notre race désormais implantée.

Cette invasion dans le continent sud-américain se fait par des moyens plus irrésistibles que la conquête

ou que la domination militaire ; elle se fait par infil-
tration. Les fautes, même excessives, de notre diplomatie seraient impuissantes, désormais, non-seulement à arrêter ce mouvement d'immersion, mais
encore à le retarder. Il a, comme nous l'avons vu,
surmonté des obstacles qui auraient dû nous compromettre pour jamais dans l'Amérique du Sud, et qui
n'ont abouti, en définitive, qu'à y consolider notre
établissement.

C'est une région admirable que ce bassin de la
Plata; et si l'émigration s'en empare, comme elle l'a
fait de la vallée du Mississipi ou du bassin du Saint-
Laurent, avant un siècle les Etats-Unis du Sud-Américain n'auront rien à envier aux Etats-Unis du Nord.
Son étendue est de plus de sept cents lieues en dia-
mètre. De l'embouchure de la Plata au Paraguay, le
fleuve Parana est navigable, même pour les navires
de fort tonnage ; l'autre affluent de la Plata, l'Uruguay,
malgré les *passes* et les chutes qui, pendant certains
mois de l'année, mettent des solutions de continuité
dans sa navigation, mène plus directement que le
Parana dans l'intérieur même du continent américain,
jusqu'au bassin de l'Orénoque ou des Amazones. La
limite septentrionale du bassin de la Plata est formée
par la Cordillère transversale des Andes.

Avant Rosas, l'immense région qui, de la rive droite
du Parana, s'étend jusqu'au Chili et jusqu'au territoire des Patagons, était vierge de toute culture.
D'innombrables troupeaux errent en liberté dans ses
prairies sans fin, sillonnées par des rivières (*arroyos*)

qui vont se déverser, les unes à la mer, les autres
dans le Parana. A la garde, ou plutôt à la poursuite
de ces troupeaux, unique richesse de ces plaines sans
culture, vit une population nomade de créoles, qu'on
nomme *gauchos*. Cet homme que vous rencontrez dans
les rues de Buénos-Ayres, vêtu du *poncho* ou manteau
sans ouverture, marchant maladroitement, comme s'il
ne savait que faire de ses jambes, c'est un gaucho. Il
passe toute son existence à cheval ; il mange à cheval ;
il dort à cheval ; c'est à cheval qu'il traverse les fleuves profonds et rapides, avec toute sa famille mise en
remorque dans une petite nacelle de cuir que le
moindre écart ferait chavirer. Un vrai gaucho doit
pouvoir faire cent lieues de trajet sans s'arrêter et
sans manger. Lorsque le cheval sur lequel il galope
toujours à fond de train est fatigué, il prend son *laço*,
avise un cheval au milieu d'un troupeau qui court
devant lui, lance son nœud coulant souvent à cent
cinquante mètres de distance, ramène à lui le cheval
captivé, lui met la selle et repart comme un trait. Ce
relai ne doit pas lui prendre plus de trois minutes. Si
la faim ou la soif viennent le surprendre au milieu
de cette course effrénée, il aspire quelques gorgées
de *maté* ou infusion d'herbe du Paraguay, qu'il prépare toujours au galop de son cheval, et le voilà ré-
conforté pour toute la journée, et pour le lendemain
souvent, quelquefois même pour la semaine entière.

Telle est la vie du gaucho, une véritable existence
de centaure. Cette population, néanmoins, a tous les
instincts et même quelques habitudes de la civilisa-

tion. Sobre et infatigable, le gaucho s'oubliera, six mois durant, dans les délices de la ville, jusqu'à ce qu'il ait dépensé les richesses qu'il avait acquises par trois années de privation et de solitude ; puis, il reprend d'un cœur satisfait sa vie errante, où le ramèneraient, d'ailleurs, son amour d'indépendance sauvage et son goût d'aventures. Lorsque le hasard lui fait rencontrer un étranger dans le désert, qui est son domaine, il exerce envers lui une hospitalité de grand seigneur ; à moins, pourtant, qu'il ne le détrousse : ce qui, du reste, n'arrivait jamais, depuis que Rosas avait appesanti sur lui sa main de fer et son autorité redoutée.

Le seul abri de ces plaines sans limites, dont la main de l'homme ferait si facilement des merveilles de fécondité, c'est l'*embù*. L'*embù* est l'arbre le plus colossal de la création : ses branches forment un dais immense, sous lequel des villages entiers, avec leurs troupeaux, trouvent un couvert contre les intempéries des saisons. Et comme si Dieu avait voulu préserver l'embù contre l'instinct qui pousse l'homme à la destruction, il a rendu cet arbre impropre à la charpente et à la combustion, en le formant d'un aubier mou et relâché, sur lequel n'ont prise ni le fer ni la flamme.

Sitôt qu'on se rapproche du Parana, les arbres reparaissent. Les deux bords du fleuve sont couverts de bois variés et tellement continus qu'on les nomme les *Sourcils du Parana*. Dans la vaste péninsule que forme ce fleuve par sa jonction avec l'Uruguay, se trouvent les trois provinces argentines les plus riches d'avenir : l'Entre-Rios, Corrientes et Missiones, où les jésuites du Paraguay avaient fondé leurs établissements les plus prospères. Ces trois provinces, relativement à leur étendue et à leur fécondité, sont à peu près dépeuplées, Missiones surtout dont les guerres ont fait un désert.

La nature prend ici des proportions et des aspects étranges. On y donne, par exemple, le nom de ruisseaux à d'innombrables courants d'eau, qui, partout ailleurs, passeraient pour des fleuves considérables. La plupart des animaux y ont deux portées par an ; la terre a deux récoltes ; les arbres ont deux floraisons. Le sol, déjà prodigue à l'Entre-Rios, devient plus fécond encore à Corrientes, et atteint à Missiones une fertilité presque fabuleuse, qui n'a d'autre analogue que dans la vallée du Nil. Ainsi, les légumes livrent leurs primeurs à chaque mois de l'année. Les naturels du pays n'ont pas besoin de cultiver la terre pour en tirer leurs substances : en fouillant seulement ses entrailles, ils y trouvent en abondance des racines savoureuses et des cryptogames dont le nom même est encore inconnu aux naturalistes. Presque toutes les productions intertropicales y croissent sans le secours de l'homme, et sous l'unique influence d'un soleil généreux et d'une atmosphère vivifiante. Des arbres au bois précieux y portent des fruits succulents : dire que l'oranger, par exemple, y atteint à une grosseur telle que, souvent, dix hommes ne peuvent en embrasser le tronc, et que sa double floraison couvre deux fois l'an les campagnes d'alentour avec une telle abondance que la terre en est toute blanche, et qu'on dit dans le pays : « l'époque des *neiges de l'oranger* », serait s'exposer à n'être point cru ; et c'est pourtant la vérité sans exagération.

Joignez à cela un air d'une pureté élyséenne, des chaleurs tempérées, et une telle exubérance de prolification que les propriétaires ne comptent leurs troupeaux que par cent mille têtes, et vous aurez le bilan de toutes les promesses que ces heureuses contrées de la Plata offrent aux émigrations prochaines de l'Europe, et surtout de la France.

Qu'on ne rêve plus ni d'expéditions armées, ni de conquêtes sanglantes. L'avenir nous attend sur ces rivages bénis du ciel, une branche d'olivier à la main. Ce que la race anglo-saxonne a fait de l'Amérique du Nord, nous le ferons de l'Amérique du Sud, si nous ne compromettons pas nos destinées par nos impatiences et nos découragements traditionnels. Les Anglais le savent bien : pour dominer, les ballots valent mieux que les canons. Le jour où nos émigrants sauront se résigner à ne plus faire de la politique dans la Plata, notre influence y sera souveraine. Encore vingt ans de prudence, et l'Amérique du Sud est à nous !

Nous voici arrivés à la fin de cette longue Odyssée de la France à travers les âges et à travers le monde. Nous avons suivi ces destinées errantes d'un peuple que la main divine conduit vers un avenir qu'il ignore, de la Syrie, labourée par les miracles, jusque dans la Grèce, toute rayonnante encore des souvenirs de la poésie antique; de l'Égypte, aux profondeurs mystérieuses jusque dans l'Inde, d'où le soleil jaloux nous envoie les parfums et les épices qu'aucune culture humaine ne saurait reproduire ailleurs; de l'Amérique du Nord, que nous avons perdue sans retour, jusqu'à l'Amérique du Sud, qui attend notre domination future : et nous trouvons enfin la France, toujours tournée vers l'Orient, cherchant sur le rivage africain les clefs de cette vieille Méditerranée, qu'elle n'aurait jamais dû perdre, et qu'elle gardera, si son nom n'est pas destiné à disparaître de la carte de l'Europe[1]. Avons-nous encore dormi tout notre sommeil d'Épiménide, et nous souviendrons-nous, à notre réveil, de ce que nous avons été, en voyant ce que nous sommes? Par quel signe éclatant se manifesteront sur nous les desseins de la Providence? L'avenir nous sera-t-il dévoilé sur le mont Sinaï, au milieu des éclairs et de la foudre; ou bien au sein de la terre de Chanaan, au milieu des vendanges bénies?

Nous restons en Algérie, où notre domination ne fait pas de progrès : nous avons perdu le Mexique, où

1. La question de la Plata est dénouée comme diplomatie et comme politique; elle est entrée dans le domaine de l'histoire. Il n'en est pas de même de la question de l'Algérie; ici c'est l'avenir qui se débat sous les étreintes du présent. Suivre sur cette terre promise les destinées encore incertaines de notre race, ce serait rentrer par un côté ou par un autre dans ce que nous avons déjà dit à ce sujet.

nous avions rêvé l'union des races latines: nous sommes au Japon où nous n'avons su nous créer encore ni relations ni commerce régulier; et nous irons certainement à Madagascar, où les Sakalaves opprimés nous appellent. De tant d'efforts, d'argent et d'héroïsme dépensés, que nous restera-t-il? Le passé, on vient de le voir, fait une mauvaise réponse; et c'est un passé d'hier. Plaise au ciel que l'avenir vienne enfin lui donner un démenti!

Je sais bien que, au temps où nous sommes, les fautes d'un gouvernement ne peuvent plus prévaloir contre les destinées des pays qu'ils commandent. Mais sommes-nous prêts, nous-mêmes, à nous faire nos propres destinées?

L'ouverture de l'isthme de Suez va tout à l'heure ouvrir à la navigation le mystérieux littoral de l'Afrique orientale, où les Anglais ont déjà touché barres en Abyssinie.

L'avenir, quoi qu'on fasse, n'est plus à la guerre; il est tout à l'activité féconde du négoce. Il faut prendre position dans le globe comme sur un échiquier. A quoi bon se disputer des frontières? il faut s'assurer des marchés, si l'on veut conserver son lot dans la distribution des richesses et des influences.

Octobre, 1868.

FIN.

# TABLE.

FIN DE LA TABLE.

---


Imprimerie générale de Ch. Lahure, rue de Fleurus, 9, à Paris.